戦後日本の反戦・平和と「戦没者」

遺族運動の展開と三好十郎の警鐘

今井《imai》 勇《takeshi》

御茶の水書房

まえがき

本書では、敗戦とその後の占領政策にともなう強い喪失感の中から形成された戦没者遺族運動が、自己表象としての戦没者遺族像の模索と並行しながら、運動そのものの求心力の源泉として求めた「戦没者」像の再評価過程を分析対象とした。そして、遺族運動によって再評価された「戦没者」像の分析と批判的検証を通じて、平和憲法体制下の戦後日本における反戦・平和の実相を明らかにした。

本書のセールスポイントは以下の二点である。第一に、戦没者遺族運動によって担われた「戦没者」像の再評価によって、敗戦後における日本の反戦・平和の論理が事実上解体された点を明らかにした。つまり、一体のものとして考えられるべき反戦と平和の論理が解体されることによって、保革両陣営は平和を乱用し互いの正当性を主張しあう一方で、反戦の使用が避けられるようになるのである。それは、後になし崩し的に国連平和維持活動（ＰＫＯ）が認められ、戦後長きにわたって否定されてきた集団的自衛権行使容認が「積極的平和主義」の名のものに進められたことと決して無関係ではない。

第二のポイントは、そのような反戦と平和の解体状況に対し、保革両陣営に対峙する形で批判を続けた劇作家三好十郎の言説に注目した点である。三好十郎はいわゆる転向作家であるが、転向前・転向後においても彼の視線は変わらず戦没者・遺族の存在に注がれていた。その三好が反戦・平和の解体状況を前に示したのが「国家への献身」、「国のため」を拒否する姿勢であった。そのような三好の抵抗の姿勢こそ、現代においてもなお必要とされる姿勢であったといえるのではないだろうか。

各章の要旨はそれぞれ以下のとおりである。

序章では、本書における問題の所在と課題を明らかにした上で、二つの主要な分析視角を提示した。第一には、「戦没者」評価の際に多用される「犠牲」の論理には受難的犠牲と貢献的犠牲の二つの側面が内在化されており、その両者の使い分けが「戦没者」評価の変化を可能にしたという分析の必要性を示し、第二には、「戦没者」の再評価は決して戦没者遺族運動による孤立した試みであったわけではなく、同時代の保守勢力・革新勢力にも共有され得る評価基準が存在した点を分析することの必要性を示した。

第一章「戦没者遺族運動の出発と戦後国家への志向」では、戦没者遺族の組織化において先駆的役割をはたした戦争犠牲者遺族同盟の形成・分裂過程に注目して分析を試みた。敗戦後の混乱の中からの始動を余儀なくされた戦争犠牲者遺族同盟は、主に戦争未亡人を中心として組織化が進められ、戦没者遺族＝犠牲者としての自覚を重視し、犠牲者＝受難者と殉道者＝貢献者の相違を明確に示すことによって戦争憎悪、戦争反対の運動方針が示された。しかし、同時期に高揚した革新勢力による民主統一戦線への関心を示したため、組織内部の批判が高まり、天皇制廃止を求める演説を契機として分裂するに至った。その後、男性遺族を中心とした全国組織化が進められるが、その際の求心力となったのが天皇の存在であった。代表者による天皇・皇后への拝謁後、全国組織化は一気に加速することになるが、敗戦後も存続を認められた天皇の存在によって日本国家の連続性が証明され、その連続性を根拠として戦没者遺族運動は「戦没者」の再評価や国家補償を求める正当性を主張することが可能となったといえる。

第二章「犠牲者＝受難者としての「戦没者」と反戦・平和」では、全国組織として出発した日本遺族厚生連盟の直面した、占領軍からの厳しい警戒・監視下での活動内容の変化を明らかにした。結成当初、戦没者遺族としての特別な援護を求めた日本遺族厚生連盟であったが、占領軍の意向により挫折を余儀なくされる。その結果、戦没者遺族の特殊性として戦争による犠牲者＝受難者であることが強調され、「戦没者」もまた国家命令による犠牲者＝受難者であったという立場から国家補償を求める論理が展開される。それは、敗戦後廃止の危機に直面した靖国神社によって示された「戦没者」像とも共通するものであった。その両者において、犠牲者＝受難者としての「戦没者」像、そして戦後平和国家との関係性が強調される一方で、個々の戦争の正当性に対する評価を避けることで「戦没者」の戦争責任論を回避し、国家への貢献者としての再評価も確実に模索されるようになったのである。

第三章「受難者から貢献者へと転換する「戦没者」」では、占領下における「戦没者」像の模索が講和・独立直前の愛国心論争と結びつき、再び求められる愛国心の象徴的存在として「戦没者」が位置づけられる過程を明らかにした。占領下における愛国心論争では、保革両陣営が愛国心の正当性をめぐって論争を繰り広げたが、愛国心そのものの存在を問う議論は皆無であった。そのような中で、「戦没者」の示した愛国心こそ独立後の日本に不可欠となる愛国心であるとの主張が展開されたのである。そして、独立直後の「全国戦没者追悼式」において、首相をはじめとする政府関係者から「戦没者」が公式に「平和の礎」として位置づけられ、はじめて戦後日本の平和と結びつけられた国家への貢献者としての再評価が可能となった。

第四章「戦没者遺族の世代間格差克服の試みと英霊精神の再生」では、まず「平和の礎」として確立された「戦没者」像において、いかなる側面が貢献者として評価されるに至ったかについて、独立後に建設の決まった「無名戦没者の墓」をめぐる議論を通じて具体的内容を明らかにした。そこでは、保革両陣営の対立構図を超えて、戦争における死は等しく「国家への献身」として評価することができるとの主張が共有され、「戦没者」の犠牲者＝受難者としての側面以上に、「国家への献身」が評価基準とされることによって、その貢献者としての位置づけを確立させていったといえる。

そして、受難者から貢献者へと「戦没者」像が変化していく中で、遺族運動内では「戦没者」の犠牲的精神や英霊精神こそが継承されるべきものとして強調されるようになる。そのような「戦没者」評価の変化に対して、戦没者遺児から単なる戦前回帰ではないかとの批判が示される。その結果、遺族運動の次世代を担う戦没遺児研修会における議論を経て、『英霊精神に関する報告書』がまとめられる。そこでは「戦没者」の存在が戦争の評価と切り離されることによって、国家の「難局に当り、尊い身命を犠牲にした」存在として純化して位置づけられる。そして、「戦没者」の精神＝英霊精神は自然発生的な素朴な感情として普遍化され、戦後日本の享受する「平和と民主主義」を守るためにも「戦没者」精神の継承が必要であるとの結論が示されたのである。ここに至り、「戦没者」は国家の危機に際して生命をかけて献身した貢献者として純化され、その精神は時代を超えて継承されるべきものであり、「平和と民主主義」を基調とする平和憲法体制下においても矛盾するものではないことが明らかにされたのであった。

第五章「兵士・戦没者・遺族をめぐる劇作家三好十郎の視線」では、戦中から戦後に至るまで一貫して兵士・戦没者・遺族に注目することによって独自の反戦・平和論を確立した劇作家三好十郎の分析を通じて、再評価されるに至った「戦没者」像についての批判的検証を試みた。敗戦後の三好は、兵士や戦没者、遺族を純化して描くことで自らが戦争協力へと至った過程を直視し、再び戦争協力に陥ることのない拠り所を、戦没者遺族の存在を通じて示そうとした。そこでは、戦没者遺族の揺るぎない反戦・平和の願いを主体化することによって、徹底した反戦、戦争放棄を貫くためには国家を守るための戦争をも否定せざるを得ず、そのためには「戦没者」像の中核である「国家への献身」、「国のため」という意識をも拒否しなければならないことを明らかにした。さらに三好は、共に平和への願いを高唱しながら、決して明確な反戦の意志を示さず、「国家への献身」、「国のため」という意識を否定することのない同時代の保革両陣営の立場を鋭く批判した。

以上第一章から第五章までの分析を通じて、三好によって批判された「国家への献身」、「国のため」という意識の無批判な受容こそが、再評価された「戦没者」像において反戦や戦争放棄の明確化を挫折させる決定的な要因となったことが明らかとなった。その結果として、戦争放棄を謳う平和憲法体制下にありながら国の平和を守るための再軍備が可能となり、「国家への献身」を支える愛国心の必要が求められるなど、戦後日本における反戦と平和の乖離、平和憲法の空洞化がもたらされたといえる。

終章では、再評価された「戦没者」像に依拠して靖国神社国家護持運動を展開した遺族運動に対して、戦没者の戦争責任を問う立場からの新たな運動が形成された過程を明らかにした。その戦没者の戦争責任への注目が、結果的に新たな遺族運動における「国家への献身」、「国のため」という意識の対象化を可能にしたのである。そして、本研究が明らかにした「戦没者」像における「国家への献身」、「国のため」という意識の無批判な受容は、兵役義務が存在しないために直接的な国家との対峙を必要としない平和憲法体制下に生きる日本国民総体としての課題を反映するものであったことを確認し、国家を対象化する運動形成の課題と展望を示した上で総括とした。

戦後日本の反戦・平和と「戦没者」　目次

目次

凡例

一．本文はもとより引用についても可能なかぎり新字体・常用漢字を用いた。ただし、人名・社名などについては旧字体を使用している場合、旧字体のまま記載した。

二．本文中の年号表示は、西暦年を用いることを原則とした。

三．引用史料のうち、全国紙・地方紙・専門紙など新聞資料については日付・面数を記載し、機関紙誌・雑誌については可能なかぎり号数・日付を記載した。

四．省略する場合は（略）とし、原文にない語句を補ったり、注を付したりする場合は、〔　〕で示した。

五．不自然な字句を原文どおりに残す場合は、該当箇所の右にママと付した。

戦後日本の反戦・平和と「戦没者」

——遺族運動の展開と三好十郎の警鐘——

序章

第一節　問題の所在と課題——戦没者遺族運動が主導した「戦没者」の再評価

靖国神社の国家護持を企図した「靖国神社法案」は、一九七〇年五月の国会において審査未了のまま二度目の廃案となった。その直後の一九七〇年九月、その「靖国神社法案」成立を強硬に推し進めようとする中心組織でありながら、恩給予算獲得のために「陳情の波状攻撃をかける」日本遺族会を、日本の圧力団体の「最右翼」として位置づけた広瀬重夫は以下のような分析を試みた(1)。その分析によって、日本遺族会を象徴する大きな二つの要素として、第一に「恩給増額への執念」が強調され、第二の要素として、来るべき通常国会における靖国神社国家護持実現という大きな活動方針に一切の動揺がみられない状況が明らかにされたのである。

そのような強硬路線が批判の対象となった一方で、注目されるべきは、日本遺族会に対する同時代的な国民感情の在り方として広瀬によって示された、以下の「二律背反的」側面の存在であった。

一つは「国家への忠誠」という美名のもとに肉親を犠牲にしたことへの同情と〝贖罪〟、もう一つは逆に圧力団体への反感、非難である(2)。

確かに、後に池谷好治の研究によっても明らかにされたように、日本遺族会だけではなく、旧軍人関係団体を中心とした恩給増額要求は厳しい批判を招くものであった。(3) その一方で右にあげた広瀬分析でも指摘されているとおり、「戦争の傷あとがなお国民の心に深くうずいている」状況では、遺族会の存在と活動に「国民的な合意が得られる可能性が強」かったこともまた事実であった。(4) そのような反感と同情の併存こそ、同時代の日本遺族会に向けられた「二律背反的」国民感情の実像だったのである。

それは、日本遺族会とは異なる新たな遺族運動の潮流を形成したキリスト者遺族の会の西川重則が、靖国神社法案をめぐる国会審議の過程で実感することになった、新人議員の間にまで浸透した「日本遺族会の人々に対する心情的共感」からも明らかであろう。その日本遺族会と袂を分かった西川自身が、「多くの日本人が素朴な日本遺族会の人々に素朴な心情的共感を示すこと」が「日本人としてはむしろ自然な感情の発露である」として、それまでの活動を容認し続けた自らの姿勢について、のちに自戒の言葉を述べている点にも注目しなければならない。(5)

それでは何故、戦後日本社会における代表的「圧力団体」の一つとさえ評される日本遺族会に対して、(6) そのような「二律背反的」評価が成立し得たのであろうか。そこには、戦争によって「一家の支柱を失」い、「戦争ほど恐ろしいものはないということを、泌々身を以て体験」したとする、戦没者遺族運動形成期からの原則ともいうべき自己規定が影響したであろうことは容易に想像できる。(7) しかし、そのような遺族自身の自己規定以上に、なにより「戦没者を追悼し慰めたい」という幅広い「国民一般のねがい」こそが、遺族運動の正当性を担保する重要な基盤となっていたと考えられるのである。(8) そこに、日本遺族会に対する「二律背反的」評価の成立し得る根拠が存在したのであり、その際に国民が「心から追悼し感謝し慰霊しよう」と願った対象こそ、運動を担った遺族たちではなく、国家のために尊い生命を捧げた存在とされ、平和国家建設の礎として位置づけられるようになった「戦没者」(9) だったのである。

つまり、繰り返された首相による靖国神社参拝の政治問題化に象徴されるように、国家による「戦没者」の慰霊・追悼のあり方をめぐる対立や葛藤が未だ解決の方向すら見いだせない状況にある一方で、「戦没者」という存在そのものに対する国民的な合意形成は、「戦没者」の範囲をめぐる政策的な議論は残しながらも、独立後早い段階において成立したと考えられるのである。それは、独立の回復を祝う平和条約発効祝賀式典の前日、一九五二年五月二日に実施された「全国戦没者追悼式」について、「死者の霊が何を願っているかをめいめいが真剣に考えなければならない」として、国家と「戦没者」の関係性についての明確な評価を避けた主要新聞が[10]、それから一一年ぶりに開催された一九六三年の「全国戦没者追悼式」に際しては、「戦没者を「平和国家の人柱」として国が改めて追悼することは遅きに失した[11]」として、国家による「戦没者」追悼の必要性を明確に打ち出した変化からも明らかであろう。そして、そのような「戦没者」像の確立に並行して、「平和国家の人柱」たる「戦没者」に、「政府も国民も、平和の確保について決意を新たにすること[12]」が謳われるようになるのであった。

しかし、敗戦後の混乱の中から出発した戦没者遺族運動が、そのような「戦没者」に対する国民一般のねがいと結びつくことによってその存在を確固たるものとするに至るまでの過程は、決して単調なものではなかった。本稿では主に、その成立期から長く唯一の全国組織であった日本遺族厚生連盟から日本遺族会へと至る組織によって担われた運動を戦没者遺族運動として分析の対象とする[13]。敗戦直後の占領下において、様々な遺族援護政策が停止・制限された戦没者遺族には、物質的にも精神的にも「不当な社会的冷遇」を痛感させる状況がもたらされていた[14]。それは同時に、それまで「英霊」とされてきた「戦没者」の評価にも変化を生じさせ、なかでも神道指令による打撃が「戦没者」評価に決定的な影響を及ぼしたことは、以下の内容からも十分に理解できる。

この「神道指令」は、戦没者遺族の精神的なささえを失わしめたばかりでなく、靖国神社は軍国主義思想や過激なる国家主義的な考え方の温床であり、根源であるかのような感を、広く国民に抱かせ、国のために尊い生命を捧げた人々の英霊に対する国民的感謝尊崇の感情にも影響するところが大きかった。(15)

確かに、先行研究においても明らかにされている通り、敗戦とその後の占領政策にともなう強い「喪失感」に基づいて形成された戦没者遺族運動は、戦没者遺族として独自の物質的・精神的処遇改善の獲得を目標とした運動であったことは間違いない。

敗戦直後の戦争未亡人の動向に注目し、戦後遺族運動形成期に果たした役割について明らかにした北河賢三も、運動形成に至った戦没者遺族の苦悩呻吟のなかには、「「夫を喪った生活の苦しさ」という窮乏感」と「「国の犠牲として殉難した」という矜恃に報いられない寂寞感」との二面性があったことに言及している。(16)しかし、そのような苦悩呻吟に基づいた物質的・精神的処遇改善を求めるためには、戦前・戦中(17)に「誉の家」と賞揚された遺族像はもとより、名誉の戦死によって「英霊」となったはずの「戦没者」に対する「感謝尊崇の感情」さえも、もはやその根拠とならなくなってしまったのである。

また、遺族組織の形成過程やその後の展開については田中伸尚、波多野澄雄らによっても明らかにされてきたが、その中でも、「戦没者」が「聖戦」を戦った「祭神」であるとする位置づけが「神道指令」によって否定されたことにより、国家からの援護を受けられなくなった経済的困窮が運動形成の直接的な動機であったとされている。(18)

さらに、遺族運動の中心組織である日本遺族会自身も、敗戦後の「戦没者」や遺族に対する評価の変化こそが、物質的及び精神的な冷遇をもたらしたと認識しているのである。

敗戦国にあり勝ちな「権力否定」の風潮が、わが国にもおこり、従来の在り方を無批判に反動的だとして否定する気風が一般に浸潤し、昨日までは「誉の家」として尊敬された戦没者遺族は、終戦後には、或いは遺骨を抱えて、混雑する汽車の中で、座席もあたえられず、片隅に立って肩身の狭い思いをさせられた。[19]

つまり、確かに占領政策の影響が大きかったとはいえ、戦前・戦中の戦没者遺族への厚遇や「英霊」としての「戦没者」像が批判・否定の対象となった敗戦後の日本社会においては、戦没者遺族や「戦没者」に対する評価の再定義こそが、あらゆる組織論・運動論の形成に先行すべき絶対条件であったということができる。それにもかかわらず、物質的・精神的処遇改善の前提となるべき、戦没者遺族や「戦没者」の再評価過程はこれまで十分には明らかにされることはなかったのである。

その理由として、運動の正当性を示すためにも何よりも早急な再評価が求められた「戦没者」像ではあったものの、運動結成当初には確定的な「戦没者」像が存在していたわけではなかった点は確認される必要がある。つまり、占領政策の変化や運動自体の進展にともなう様々な対応を繰り返した結果として、最終的に反戦・平和を基軸とする平和憲法体制と融合する形での「戦没者」像が再定義され、それに基づく形で戦没者遺族運動が展開されるに至ったと考えられなければならない。

さらに、敗戦後の靖国神社における平和論を分析した赤澤史朗は、一九五〇年代において「殉国」と「平和」の二つのシンボルが「戦没者」を捉える発想として広く共有されていたことを明らかにし、一九五〇年代末からはその両者の結合が社会的に次第に解体され、以下の二つの方向に純化していったと分析している。

それは一方ではほとんど「平和」に言及しない「殉国」者の顕彰という国家主義的な動きとなり、他方では「殉国」賛美を軍国主義的なものとして否定し、戦争した国家の戦争責任を追及するような反戦論と結びつく方向に、それぞれ純化していくのである。(20)

確かに赤澤の分析のとおり、一九五〇年代末以降の靖国神社と同様に、遺族運動においても「戦没者」の「殉国」的側面が強調されるようになることは間違いない。しかしその一方で、本書で明らかにするとおり遺族運動によって示される「戦没者」像においては、常に「平和」への言及が失われることはなく、加えて民主主義との結びつきも強調されるようになるのである。そこには、赤澤によって示された「平和」と「殉国」の二つの側面だけではなく、「殉国」として包摂されるに至る「犠牲」の意味の多様性や、「平和」の論理そのものが解体される過程が存在していたことを見落としてはならない。その過程を組織的な課題として担った存在こそ、戦没者遺族運動だったのである。

また、白川哲夫は戦後の靖国神社・護国神社が進めていこうとした路線に注目し、「公共」「福祉」「平和」といった戦後的理念に基づいた「戦没者慰霊」の可能性について分析を進めた。(21) そこでも、護国神社が反映した戦後的価値としての「平和」の存在について言及されたが、その「平和」が内包した可能性と限界についての具体的な検証・分析が必要であると考えられる。

以上のことから本書では、八百万遺族の運動として全国的に組織化された戦没者遺族運動が、独自の物質的・精神的処遇改善を実現していくために、いわば自己表象としての遺族像の模索と並行しながら、運動そのものの求心力の源泉として求めた、平和憲法体制下における「戦没者」像の再評価過程を明らかにする。分析対象とする期間としては、敗戦後に戦没者遺族運動の全国組織化が模索された一九四六年から一九六二年に日本遺族会基本問題調査部会によって「英霊精神に関する報告書」が取りまとめられるまでの期間を分析の対象する。当然のことながらそれ以後も戦没者遺族運動は継続して展開されることになるが、戦前・戦中の評価を否定された「戦没者」像が、様々な模索を繰り返した結果、「現代に即して解明しなければならない[22]」との決意をもって示されたものが「英霊精神に関する報告書」であった。その中で示された「戦没者」像こそ、戦後日本の反戦・平和論理の中に位置づけられた「戦没者」像の到達点として位置づけることが可能であり、「戦没者」像の再評価過程を明らかにするためにはその期間に分析が集中される必要があると考えられる。

そして、その再評価過程において示された「戦没者」像は、単に遺族運動の内的論理にのみ忠実であることは許されず、占領下にあって存続の危機に瀕した靖国神社によって示された新たな「戦没者」像や、千鳥ヶ淵戦没者墓苑の設立構想段階において議論の交わされた「平和への感謝と平和への祈念とに自らに結びつく[23]」「戦没者」像とも共存し得るものでなければならなかった。

つまり、戦没者遺族運動において模索された「戦没者」像は、決して運動固有の独善的なものであったわけではなく、常に戦後日本社会が受容し得る「戦没者」像であることが求められた点に注目しなければならない。そのことが、結果として「敗戦によって、祖国と民族の観念を失った[24]」とさえ評された戦後日本社会において、新たな愛国心や国民像を具体化する稀少な試みとなり、遺族運動内部にとどまらない広汎な「戦没者」像をめぐる議論の趨勢こそ、戦後日本社会において反戦・平和がどのように位置づけられ、具体化されようとしたのかを如実に描き出すものであったということができる。

その一方で、遺族運動によって確立された「戦没者」像が戦後日本における反戦・平和の論理を反映するものであったからこそ、その「戦没者」像が内包した矛盾や課題もまた明らかにされなければならない。つまり、平和憲法との一体性が強調されることによって広く国民に受容されることの目指された「戦没者」像であったが故に、そこで示された「戦没者」像の受容や継承が、はたして平和憲法の実践、中でも反戦・平和の実践につながり得るのか否かについての検証は不可欠であったといえる。しかし、そのような検証は皆無であったため、本稿では同時代において独自の立場で反戦・平和論を展開した劇作家三好十郎の分析に注目し、「戦没者」像の批判的検証を進めたい。

プロレタリア作家として出発した三好十郎は、その後マルクス主義との訣別によって戦争協力へと傾斜していくことになるが、その作品を通じた兵士・戦没者・遺族への視線は生涯を通じて揺らぐことはなかった。さらに、戦争協力をもたらした背景には自らが主体的に描き出すことになった兵士・戦没者の美化という問題が存在したことを自覚し、敗戦後において揺らぐことのない反戦・平和論の確立のため、徹底した自己批判と同時代において乱立した様々な立場からの反戦・平和論に対する分析を怠らなかったのである。

そして三好は、敗戦後における反戦・平和の実践主体として戦没者遺族の存在に注目した作品を数多く発表することになるが、そこで描き出された戦没者遺族の立場は、「戦没者」の再評価を求めた遺族運動の立場とは一線を画するものであった。共に反戦・平和を求めながら、異なる存在として描き出された三好作品における戦没者遺族の存在は、単なる遺族認識の相違として見過ごされるべきではなく、遺族運動の展開を批判的に検証することを可能にするとともに、遺族運動によって導き出された「戦没者」像における矛盾と課題を明らかにするものであったといえる。

反戦・平和の実践主体として戦没者遺族を位置づけた三好の分析は、平和憲法体制下においてさえ、反戦・平和の実践が常に空虚なスローガンと化してしまう危険性が存在することへの警鐘でもあったが、それは敗戦後の愛国心に関する議論の動向を注視し、平和憲法体制下における愛国心問題の限界と課題を明らかにした経済学者大熊信行の問題意識とも共通するものであった。

以上のように、遺族運動によって再評価された「戦没者」像の分析と批判的検証を通じて、平和憲法体制下の戦後日本における反戦・平和の実相を明らかにすることを本書の課題とする。

第二節　「戦没者」とは誰か――本書における二つの分析視角

それではまず、戦没者遺族運動形成の原点ともいえる「戦没者」とは、どのような存在であるのかを確認しておきたい。

先行研究においても「戦没者」の定義について様々な見解が示されているが、その対象範囲も含め、必ずしも共通の「戦没者」認識が確立されているわけではない。

例えば、今井昭彦は「戦没者」が「国家による慰霊・追悼の対象になっている人々」であるのに対して、「国家祭祀から除外された人々」を含めて「戦死者」という語を使用している[25]。また、西村明は「各時代における政治的力学や社会的状況に大きく左右される」「不安定性」を避けるため、「戦没者」や「戦災死没者」の語は使用せず、新たな「戦争死者」の概念を提起した[26]。さらに、国家によって公式に「戦没者」の語が使用されることに注目して、「〝没した〟という言葉で、戦死者の〝死〟の様相・状況が隠蔽されている」点を明らかにした川村邦光の分析は興味深い[27]。

以上のように、論者によって多様な「戦没者」の定義が示される最大の原因として、「「戦没者」の範囲も一定したものではなく、法律の制定や改正によって揺れ動いてきた[28]」ことが挙げられるが、その一方で、「戦没者」の規定に関わる法律が複数併存しており、その法律それぞれにおいて多様な「戦没者」の解釈が可能な状況にあることは十分に言及されないままにある。

全国組織の結成以来、一貫して遺族運動の中心的役割を担ってきた日本遺族会が再編・再評価の必要性を求め続けた「戦没者」とは、戦死、戦傷病死した軍人・軍属・準軍属であり、同じく戦争死没者である空襲などによる戦災死者や原爆犠牲者とは明確に区別している。その根拠の一つとなったのが、独立直後に「国家補償の精神に基き、軍人軍属等であつた者又はこれらの者の遺族を援護する目的」で制定された「戦傷病者戦没者遺族等援護法」（以下、援護法）であったことは間違いないが、その法解釈においても、現在に至るまで「国との雇用関係」の有無によって両者は明確に区別されているのである。[29]

そして、同じくその基準に基づいて靖国神社への合祀作業が進められたことは、以下の靖国神社の見解によっても明らかである。

当神社に合祀申し上げて居る二百四十六万余の御祭神中、唯一柱の方と雖も、国家機関が遺族援護法に基いて、戦没者、戦病死者、公務或は法務死亡者等の何れかに、法的決定が下されない儘御祀り申し上げて居る方は絶えて無い[30]

しかし一方で、その援護法においても「戦没者」の用語については「法律の名称に使用されているだけ」であり、法文では明文化されていないことが明記されている。[31] つまり、「戦争により死亡した軍人軍属等の中で、戦闘中に敵が使用した兵器によって死亡した者が「戦没者」の典型[32]」とする援護法の規定も、あくまで援護法に基づく行政措置を滞りなく実施するために「戦没者」の範囲を限定したまでであり、決して「戦没者」そのものの定義を公式に定めることを意図するものではなかったのである。

そのため、法の適用者を限定するために設けられた援護法の「戦没者」規定とは対照的な、「内外地を通ずるもろもろの戦争犠牲者を広く対象とする」[33]「戦没者」の規定が政府によって示されていることもまた事実なのである。

一九六三年五月一四日、「今次の大戦における全戦没者に対し、国をあげて追悼の誠を捧げる」ことを目的とした「全国戦没者追悼式」の実施が閣議決定された。[34]その第二項において、「戦没者」の範囲について以下のように示されている。

二　本式典の戦没者の範囲は、支那事変以降の戦争による死没者（軍人・軍属及び準軍属のほか、外地において非命にたおれた者、内地における戦災死没者等をも含むものとする。）とする。[35]

ここに示された「戦没者」は、明らかに援護法の「戦没者」規定とは異なり、「戦没の軍人軍属はもとより、動員学徒や徴用工などの死没者も、また、原爆や一般戦災によつて死没した人びとなども広く対象[36]」となっているのである。そして、この閣議決定に基づき、一九六三年八月一五日に日比谷公会堂で実施された式典を第一回とし、以来同様の閣議決定を経て、例年「全国戦没者追悼式」が実施されていることは周知のとおりである。

また、一九五三年当初から海外の主要戦域に派遣された戦没者遺骨収集団によって収集された遺骨のうち、遺族に引き渡すことのできない遺骨を国家の責任において維持管理するための施設として、一九五九年三月二八日に千鳥ヶ淵戦没者墓苑が竣工した。その墓苑に納められる遺骨の範囲について、建設が正式に閣議決定された「「無名戦没者の墓」に関する件」（一九五三年一二月一一日付）には説明資料が附されているが、その中に「戦没者」について次のような記述がある。

戦没者（戦没軍人軍属及びこれ等の者と同様の事情のもとにおいて死没した一般邦人を含む。）[37]

ここでも「一般邦人」の犠牲者も「戦没者」の範囲に含めるという方針が明らかにされていたのであるが、一方で「内地における空襲等による死没者の遺骨」については、「これらの遺骨を併せて納めることとすることは、「墓」の性格があいまいなものとなる」ため「「墓」には納めないこととしたい」とされている。[38]この納骨の対象となる「戦没者」の範囲については、この後竣工に至るまで、遺族運動のみならず保革両陣営入り乱れての二転三転の議論が繰り返されることとなるが、議論の詳細については本書の主要な論点となるため、章を改めることとしたい。

結果的に千鳥ヶ淵戦没者墓苑の性格としては、「支那事変をふくめて太平洋戦争の全戦没者の象徴遺骨を納骨した施設」とすることが政府の統一見解として決定されたものの、[39]竣工から五年後の一九六四年、衆議院予算委員会における墓苑の性格に関する質問に対して、管理を司る厚生省国立公園部長は以下のような答弁をおこなったのである。

それは従来の国民感情、御遺族の御心情の問題と、いま出ましたように靖国神社との関連、その辺が非常にむずかしいので、結局、いまのところにおきましては、全戦没者の象徴的な御墓所であるというところまでは決定しないままに今日まできておる。[40]

さらに、「英霊全体の象徴的な墓地である、かように理解をしてもいいのじゃないですか」との質問に対しては、「実態としましては、先生のおっしゃるようなものに非常に近くなってきつつあることは事実だと思います」と述べながらも、明確な回答を避けたのであった。[41]

以上のように、千鳥ヶ淵戦没者墓苑の完成から五年を経てもなお、国家による墓苑の位置づけは不確定なまま放置され、「全戦没者」の範囲についても、「靖国神社との関連」もあり、不明確なままに「英霊全体」と同義のごとく扱われていることが理解できる。

つまり、「戦没者」の中に原爆被災者や一般戦災者を含めるか否かが一つの重要な争点であったにもかかわらず、様々な法律や政府見解が並立されることによってその争点が表面化されず、「戦没者」認識のダブル・スタンダードが放置されたままとなっているのが現状であるといえよう。

その一方で、対象となるべき存在が極めて曖昧であるにもかかわらず、川村邦光も指摘するように、国家との関係において「特定の個別的な死は消し去られて、従順な服従する主体、国家のために平和のために貢献し犠牲となった「追悼」されるべき最良の国民（「忠良の臣民」）として」[42]「戦没者」が位置づけられていることもまた事実である。

本書では、以上のような「戦没者」認識のダブル・スタンダードがいかなる理由と背景をもって形成され、戦後日本社会における「平和と繁栄の礎」としての「戦没者」像が確立されるに至ったかについて、主に二つの分析視角から明らかにしていきたい。

第一の分析視覚は、戦没者遺族運動によって示される「戦没者」像が内在させた対照的な二つの論理の明確化と使用方法の変化に対する分析である。それは、これまで特定運動内部の限定的な議論としてほとんど対象化されてこなかった内容ではあるが、既に述べたとおり、自己の運動の正当性を主張する絶対条件ともいうべき「戦没者」像については、他のあらゆる組織・運動体以上に遺族運動内部での議論が重ねられたことは揺るぎない事実である。さらにその際、世論の動向や平和憲法との整合性が常に意識され続けてきた経緯からも、「戦没者」像が内在させた二つの論理の使い分けこそ、「戦没者」像の再評価過程の核となると考えられるのである。そして、その二つの論理が明確に区別されることのないまま「戦没者」像において併存し続けていることが、「戦没者」認識のダブル・スタンダードを可能にしているといえる。

第二の分析視角は、戦後日本の保守勢力と革新勢力が展開した「戦没者」評価、反戦・平和論の共通性に関する分析である。これまで、戦後冷戦構造の深刻化の中で保守勢力と革新勢力はそれぞれ異なる反戦・平和論を展開し、対立を深めていったと考えられてきた。しかしその一方で、保革両者の「戦没者」評価に注目するとき、決して対立的な議論ばかりが繰り返されたわけではない事実は何を意味するのであろうか。本書では改めて保革両者によって提示された「戦没者」像に注目することによって、表面的な対立構造に覆い隠された両者の共通性を明らかにすると共に、それによって生じた両者の反戦・平和論の限界について明らかにしていきたい。

第三節　「戦没者」の「犠牲」における二つの論理

それでは、第一の分析視角について詳しく述べておきたい。

占領下における遺族の組織化は好ましいことではないとのＧＨＱの意向に反して全国組織が結成された遺族運動にとっては、占領期間を通じて「戦没者」像の再編はおろか、運動の主体たる遺族像の確立さえ容易なものではなかった。軍国主義的・国家主義的な組織の復権を警戒するＧＨＱの監視下において、遺族組織もその予備軍として位置づけられたため、「英霊の家族」、「誉れの家族」からの脱却が急がれなければならなかったのである。そこで導き出された方針こそ、敗戦後にもたらされた遺族の苦境は「国家の強制」によって動員され戦死した「戦没者」の「犠牲」に原因が求められるべきであり、「戦没者」と同様にその遺族もまた、国家の強制による最大の犠牲者であったとする自己規定であった。それはまさに、戦没者遺族の再評価が、「戦没者」像の再評価と不断の関係にあったことを如実に示す一例であり、以後の遺族運動の展開を通じても、その両者の補完関係の変化にこそ、運動理論の核心が内在化されていたということができる。

さらに注意すべきは、「戦没者」やその遺族の「犠牲」が強調される場合、そこには常に二つの意味への転化の可能性を内包していたということである。つまり、その「犠牲」を積極的に評価しようとするならば、全体（国家・民族）やある目的のための積極的な自己否定として解釈し得たのに対して、消極的な評価を求めるならば、一定の意志的な行動を前提としない外的要因による災禍としての解釈も可能だったのである。確かに、国内外を問わず、膨大な「犠牲」を経験した敗戦後日本においては、二つの意味の混在は避け難かったに違いない。そのような二つの意味の混在と、冒頭でみた日本遺族会に対する「二律背反的」評価の成立は決して無関係ではあるまい。

しかし一方で、遺族運動においては、意識的に「犠牲」の二つの意味を混在させながら、運動の展開状況に応じた主体的な意味選択が進められていたのであった。その際、「戦没者」と遺族それぞれの立場における「犠牲」の具体的内容が、運動の転換期を中心に、活動方針をめぐる議論を通じて顕在化されることになったのである。そして、「犠牲」内容の具体化は、遺族像や「戦没者」像の再編・再評価と密接に関わるものであったことはいうまでもなく、まさに遺族や「戦没者」における「犠牲」の意味転化が繰り返されることによって、対内的にも対外的にも、遺族運動としての求心力が再生産され続けたと考えられるのである。

本書では、遺族運動における段階的な「犠牲」の意味内容の転化に注目することによって、運動が求め続けた戦後日本と遺族・「戦没者」の接合論理の変化についても明らかにしていきたい。そのためには、使用される「犠牲」の意味内容のうち、積極的な評価を与えようとする場合には貢献的犠牲として、受動的な災禍として強調される場合には受難的犠牲として分化することにより、両者の差異と意味転化の様相を、運動の展開状況に応じて分析することが求められる。

さらに、遺族と「戦没者」が互いに受難的犠牲と貢献的犠牲を選択的に内在させただけでなく、先に述べたとおり両者が常に平和憲法体制下における反戦・平和論理との関係を問われ続けた点を忘れてはならない。つまり、敗戦の中からの出発を余儀なくされた戦没者遺族運動においては、「犠牲」に内包された受難と貢献の論理、そして新たな国是となった反戦・平和の論理を加えた三位一体の論理の統合によって、遺族像、さらには「戦没者」像の再評価が可能となった事実は、その過程を含めて改めて確認される必要がある。

その際、「戦争による犠牲を再び繰り返さない」ための運動であることを自認する遺族運動が、国家のために尊い生命を捧げた「戦没者」の貢献的犠牲を顕彰・継承しようとするとき、ともすれば決定的な矛盾さえ生じさせかねない反戦・平和論理との整合性を、いかなる結論をもって調整するに至ったかについては極めて重要な論点であったといえる。それは、本来遺族運動内部において必要とされた結論であったにもかかわらず、結果として、反戦・平和を基調とする平和憲法体制下において、国家のために尊い生命を捧げた「戦没者」が、いかにして国民的な支持を得るに相応しい存在であるかを明らかにする内容となっていたのである。

第四節　保守勢力と革新勢力が共有した反戦・平和

次に第二の分析視角について、明らかにしておきたい。

遺族運動によって模索された「戦没者」像が戦後日本社会において受容され得るものでなければならなかったとい

う場合、その対象は自民党に代表される保守勢力にとどまらず、社会党や共産党など革新勢力もまた無視できない対象であったという点は確認されなければならない。なぜなら、平和憲法下における「戦没者」像を模索した遺族運動にとって、平和憲法擁護を理論的枠組みの基軸として掲げた戦後平和運動の展開は、ある意味で無視することのできない表裏一体の関係にあったと考えられるためである。その平和運動を担った社会党・共産党の反戦・平和論の中に、じつは平和憲法下における「戦没者」像の確立を支える論理が内包されていたことは明らかにされる必要があろう。

その一方で、前述したように遺族運動が「圧力団体」としての影響力を発揮するためには、いうまでもなく政治の場における利益代表の存在が重要となる。日本遺族会は、第三代以降の歴代会長（衆議院議員）をはじめ、組織代表（参議院議員）や推薦議員など数多くの議員をその組織力を背景に政治の場へ送り出すことによって、国会や地方議会において自らの主張を展開し、要求の実現を働きかけてきた[43]。そして、そのような遺族運動の利益代表となる推薦議員は、運動形成期を除いて全て保守系候補者で占められ、一九五五年の保守合同以降は自民党に所属したことは注目されなければならない。つまり、あえて極論するならば、戦後日本の保守勢力がその利益代表として遺族運動の模索する「戦没者」像や反戦・平和論の代弁者となる一方で、遺族運動もまた、執拗な靖国神社国家護持運動に傾斜していくなど、保守勢力の中でも極めて復古的な主張に同調する形で運動を展開していったといえる。その意味では、遺族運動によって模索された「戦没者」像や反戦・平和論は、自民党に代表される戦後日本の保守勢力が模索した反戦・平和論を内在化したものであったということができる。

そのような戦後保守勢力の論理を内在化させた遺族運動の反戦・平和論に対して、社会党・共産党に代表される革新勢力は有効な対抗論理をもって対峙し得たのであろうか。遺族運動が戦後保守勢力の反戦・平和論を体現する運動であったと同様に、戦後革新勢力の反戦・平和をめぐる立場を発信し、運動を牽引する役割を担ったのが戦後日本の平和運動であったといえる。
その戦後日本の平和運動について、熊倉啓安は「その発生の経緯、ならびに歴史的発展のあとをたどってみるならば、世界平和運動の一翼として」展開したと述べている[44]。その第二次世界大戦後の世界平和運動は当初、冷戦構造の深刻化にともなう、西側陣営のソ連封じ込め戦略に対抗する「反帝反戦の闘争」として位置づけられた。そのため、日本における平和運動も、主に社会党や共産党を中心とする革新勢力によって担われることになったのである。
しかし、一九五〇年のストックホルム・アピール（原爆禁止）の署名運動や翌年のベルリン・アピール（五大国平和協定締結）の署名活動などを経て、平和運動は「どのような考えをもつにせよ真に平和をのぞんでいる以上、誰もが承認しうる」原則が求められるように変化していったとされる[45]。その結果、中立主義の肯定的評価や「革命運動」と「平和運動」の区別が確認されるようになっていった一方で、党利党略によって反戦・平和の論理に揺らぎが生じたことも事実であった。

戦争はただ戦争であるという理由によって、小さな戦争でも、原子戦に発展する可能性をはらんでいるという理由で、それは不義であり、不正であるとして、糾弾されなければなりません。その意味で、私は、パリの平和擁護大会で、中共軍の南京入場が歓呼して迎えられたというニュースは、平和擁護にふさわしくないものと考えます…。要するに、私はいっさいの戦争に反対するために、平和擁護の運動に従っているのであり、一定の政策から、平和擁護に熱中しているのではありません[46]。

以上のような主張は、反帝国主義の闘争として出発した平和運動が、「戦争の阻止はプロレタリア革命の達成によってのみ可能[47]」であるとする原則に忠実であるかぎり、革命のための戦争は「正義の戦争」として容認し得る可能性を鋭く指摘するものであった。その主張の正当性は、コミンフォルムによる一九五〇年一月の日本共産党「占領下平和革命論」批判に端を発した党内の分裂・思想的対立の結果、軍事革命方針が決議され、中核自衛隊による火炎ビン闘争が展開されたことによって、早々に証明されてしまったといえる。

その一方で、朝鮮戦争が勃発し、講和問題が具体的に検討されるにいたり、米国を中心とした西側諸国との片面講和は冷戦下における一方の陣営への荷担を意味し、それが「新たな戦争の危機を増大する」として全面講和・再軍備反対・中立主義などの方針が平和問題談話会[48]から提起された。同様に、多くの文化人が様々な場において単独講和反対の意志を表明したが、その内容は単に講和問題に限定されるものではなく、その後の平和運動の方向性を明確に示すものであったといえる。

それは全面講和の要求とともに、中立、憲法擁護というわが国の政治的針路を具体的に明示したことである。当時、中立に対する考え方が、混乱し、あるいは否定的にとられていたとき、これを明確に提示し、その内容として、憲法擁護を、積極的意義をもつものとしてとりあげ、日本の独立の回復、世界平和への寄与へむかっての現実的形態として、全面講和、中立、憲法擁護を結合して、しかも積極的にとりあげたことは注目すべきことであった[49]。

熊倉の分析のとおり、以後の平和運動においては反戦・平和の主張が憲法擁護の実践を通じて展開されていくことになっていくが、「遺族は何人よりも強く、平和が永久に持続されることをこいねがつている[50]」として平和国家再建の主体となることを宣言した遺族運動もまた、その活動において平和憲法の尊重が重要な課題となっていったのである。

ここにおいて、戦後日本の平和運動の基本的な理論的枠組みが成立したといえ、講和条約・日米安保条約の賛否をめぐる党分裂を経ながらも、社会党・総評を主体とする平和運動は、その後軍事基地反対闘争や原水爆禁止運動など幅広く展開されていくことになる。しかし、そのような戦後日本における平和運動の形成過程が、平和運動における共産党と社会党・総評との根深い対立を内在化させたこともまた事実であった。

さらに注目すべきは、講和問題をめぐる議論が盛り上がりをみせていた一九五一年九月一日、単独講和反対、全面講和促進の国民大会が「戦没者」の祀られる靖国神社において実施されたということである。詳細については後述するが、総評系の労働組合を中心とする主催組織は、まさに同時代の平和運動の中核を担う組織であったといえ、その組織が靖国神社において全面講和・再軍備反対・中立主義を訴える集会を実施したことは、同時代の平和運動によって共有された「戦没者」像や反戦・平和思想を分析するうえで示唆的である。

そこには、戦後日本の平和を祈念する対象としての「戦没者」像が存在し、平和運動を主導する革新勢力もまた、「戦没者」の存在を自らの反戦・平和論のなかに位置づけようと試みたことが理解できる。それは、千鳥ヶ淵戦没者墓苑建設をめぐる議論の過程においても明らかとなるが、平和憲法体制下における「戦没者」像の再評価は、その中心は遺族運動によって担われながらも、保革両陣営の政治的対立を超えて進められていったといえるのではないだろうか。

その結果、後に各党から提出された靖国神社法案やそれに対する反応は、靖国神社の位置づけをめぐる政教分離の対立は存在しながらも、国家のために生命を捧げたとする「戦没者」の評価に関しては、もはや揺るぎのないものとして共有されたのであった。[51]

そのような「戦没者」像の再編に並行して進行した冷戦構造の深刻化と戦争の危機に対して、保守勢力の反動政策と同時に、平和運動を牽引する革新勢力の反戦・平和論の限界を鋭く批判した人物が存在した。その人物こそ劇作家三好十郎だったのである。三好は自らの戦争協力の経験から、自己の反戦・平和論の正当性を強調する革新勢力の中に存在した「トンボ返り」の可能性を見抜き、揺るぎない反戦・平和の実践の可能性を追求し続けたのである。そして、三好が明らかにした革新勢力の反戦・平和論の限界こそ、遺族運動によって推進された「戦没者」像の再評価過程とも深く関わる問題であったことは、あらためて注目されなければならない。

いずれにしても、戦後日本社会における遺族運動の展開は孤立したものであってはならず、共に敗戦の経験に基づいた反戦・平和を主張する平和運動の存在は決して無視できるものではなかった。両者の模索した反戦・平和の方向性は、保革両陣営の政治的対立を背景に一致することはなかったといえるが、一方で平和憲法の存在を強く意識した内容は両者に共通するものであったことは間違いない。その意味では、遺族運動の模索した平和憲法に順応し得る「戦没者」像を分析することによって、単に遺族運動の課題として限定することのできない、保守勢力・革新勢力も含めた戦後日本社会の反戦・平和論の課題をも明らかにすることが可能となるのである。

第五節　史料と構成

以上の課題を明らかにするため、本書では主に日本遺族会機関紙である『日本遺族通信』と日本遺族会によって編集された様々な記念刊行物、さらに日本遺族会を構成する地方遺族会の機関紙および刊行物の記述を中心に分析を試みたい。

『日本遺族通信』は、日本遺族会の前身である日本遺族厚生連盟によって一九四九年二月一〇日より発行が開始された月刊の機関紙である。当初はタブロイド判八頁で『日本遺族厚生連盟会報』として出発したが、一九五〇年三月発行の第九号より名称を『日本遺族通信』と改め、紙面も第六号より三頁へ、第五九号より裏表二頁へと縮小されていった。しかし、紙面は縮小されながらも各号に掲載される活動状況や政局分析、地方遺族会の動向は詳細であり、まさに「会報は本会の運動のうえで大きな役割を果たすことになった」[52]ことは間違いない。さらに、田中伸尚も指摘しているとおり、初期『日本遺族通信』には組織の運営や活動方針に対する一般会員からの多様な意見が掲載されており、なかには直接的な幹部批判や掲載記事をめぐる紙上論争までもが少なからず散見できるのである。

その内容の多くが、日本遺族会内部における反戦・平和観の多様性を如実に示すものであり、そのような内部意見の調整を経ることによって、敗戦後日本において受容され得る「戦没者」像、そして戦没者遺族像が形成されていったということができる。つまり、本書の主要課題である戦没者遺族運動における「戦没者」像の変遷、反戦・平和論の確立過程を明らかにするためには、運動内部で重ねられた様々な論点を抽出し、時には運動の方向性を左右する決定的な対立点がいかなる論理によって克服されていったのかを明確化することが不可欠となる。

その際に最も注目されるべき論点としては、刻々と変化する敗戦後日本の政治情勢、社会情勢のなかにあって、遺族運動がいかなる論点を共有・発信することで運動体としての求心力を再生産し続けようとしたのかという点にある。なぜなら、そのような論点への対応の積み重ねを通じて、遺族運動における「戦没者」像の再編や反戦・平和論をめぐる思想的営為が蓄積され、平和憲法体制にも順応し得る運動論理が確立されていったと考えられるためである。その意味では、運動体としての公式見解が明示され、その見解が会員に共有されたと同時に、貴重な意見交流の場ともなった『日本遺族通信』こそ、最も遺族運動総体としての思想を体現した分析対象といえる。また、『日本遺族通信』が遺族運動における全国規模の課題や問題意識を集約、反映したのに対して、各都道府県で組織された地方遺族会によって発行された機関紙では、それぞれの地方組織が直面している具体的な状況や個々の遺族の声が、より詳細に報告されている。特に、全国組織としての体制が未だ整わなかった遺族運動形成期においては、組織化のための多様な取り組みが存在しており、そのような取り組みの中に埋もれた地方遺族の声を検証することによって、遺族運動の内包した様々な可能性についての多角的な分析が可能となる。

さらに、各都道府県や市町村の遺族会が主体となって編集された記念刊行物にも注目しなければならない。それらの多くに遺族運動の全国組織化を支えた地方遺族会の組織構成、活動内容が記録されているだけではなく、特に独自の機関紙をもたない地方遺族会においては、記念刊行物の発行に際して組織独自で保管してきた文書や日記類を活用した詳細な遺族運動史の記録として刊行したものが少なくなく、その意味では形成期における地方遺族会の詳細な動向を知るための、唯一無二の史料となる記念刊行物も存在するといえる。確かに、地方遺族会に限らず日本遺族会編集の記念刊行物においても、後年編集による史料的価値の限界は明らかであるが、編集過程で使用された一次史料が散逸している場合、記述内容に関する聞き取り証言を得ることによって、不可欠の分析対象となり得ると考えられる。

そして、前述した平和運動の反戦・平和論との密接な関係性と同様に、たとえ組織内部の運動方針をめぐる議論であったとしても、それは対外的な活動と直結するものであり、決して孤立した議論が許される訳ではなかった。なかでも、「戦没者」を祀る靖国神社の存在は遺族運動と常に不可分の関係にあったといえ、占領下における靖国神社存廃の危機に際して示された靖国神社平和論や「戦没者」の評価基準は、その後の遺族運動内部における議論にも大きな影響を与えるものであり、その意味では靖国神社によって示された様々な公式見解もまた、重要な分析対象として扱われなければならない。

同様に、千鳥ヶ淵戦没者墓苑建設をめぐる議論に代表されるような国会における関係質疑は、積極的な政治活動を展開する遺族運動にとって最大限配慮すべき内容であったことは間違いない。さらに、国会において交わされた靖国神社の位置づけや「戦没者」の位置づけをめぐる議論では、常に同時代の国民感情を意識した答弁が繰り返されたことからも、その内容は遺族運動への影響に限定することのできない、敗戦後日本において共有された「戦没者」像、そして反戦・平和意識を内在化させた議論として評価されなければならない。

主に以上のような史料の分析を通じて、遺族運動によって牽引された「戦没者」像の再編過程とそれに伴う反戦・平和論の変容を明らかにするが、その一方で、公式の運動方針や活動内容に反映されることのなかった無数の戦没者遺族の声に耳を傾けることは、重要な課題として残されている。しかし、そのようなあまりにも多様であるはずの戦没者遺族の思いが、いかなる論理によって統合され、運動組織としての影響力を維持し得たのかに注目することによってこそ、運動の公式見解の陰に埋没せざるを得なかった個々の遺族の声が逆照射され、明確に浮かび上がってくるに違いない。それは同時に、遺族運動の示した「戦没者」像によって体現された反戦・平和論が、敗戦を経た戦後日本に生きる多様な国民に受容された背景とも通底するものであったと考えられる。そこに、大衆運動である戦没者遺族運動を、個々の遺族の声を統合する組織体としての枠組みで分析する方法を選択した理由がある。

第一章では、敗戦によって、それまでの「戦没者」＝「英霊」としての位置づけが否定され、戦没者遺族に対する従来の物質的・精神的な補償が失われた結果、大きな喪失感を背景とした全国的な戦没者遺族運動が形成される過程について検証をおこなう。

戦没者遺族の組織化において先駆的役割をはたした戦争犠牲者遺族同盟は、戦争未亡人を中心とした組織であったために、同じ生活苦への共感から広汎な共同戦線の結成をも視野に入れた活動を模索した。しかし、全国化の過程で戦没者遺族としての独自の補償を重視する勢力との対立が表面化し、戦争犠牲者遺族同盟は分裂、新たに日本遺族厚生連盟として歩み始めることになる。

そして、その遺族組織の分裂・再組織化の過程において極めて重要な役割を果たしたのが天皇・皇后の存在であった。戦没者遺族としての再組織化を企図する勢力にとっては、天皇制の存続こそが日本国家の連続性を保証するものであり、その日本国家の連続性の中においてこそ、「戦没者」の再評価、さらには、遺族運動の正当性を求めることが可能となったといえる。

第二章では、戦没者遺族運動形成期において展開された反戦・平和論についての検証を試みる。当初、戦没者遺族としての補償を求めて出発した日本遺族厚生連盟の運動も、GHQからの厳しい警戒・監視の下で挫折を余儀なくされ、結果として占領下においては国家命令の犠牲者＝受難者としての「戦没者」像を根拠に、遺族補償の確立を目指す運動にとどまることになる。

一方、軍国主義神社の象徴として廃止の危機に直面した靖国神社は、占領下において独自の平和論を展開する。その内容は、「戦没者」はあくまで祖国に殉じて一命を捧げた犠牲者であり、その犠牲への追憶こそが戦後日本の平和に対する祈念と感謝に結びつくとするものであった。そして、日本がおこなった戦争の歴史的評価と切り離すことによって、戦争の悲劇としての「戦没者」の受難者的側面を強調したのであるが、それは、受難者たる「戦没者」の死がまさに公務による死であった点に国家補償の正当性を得ようとした、占領下における遺族運動の展開と軌を一にするものであったといえる。

第三章では、独立により、それまで受難者としての側面が強調されてきた「戦没者」が、遺族運動の主導によって、戦後平和国家建設にも継承されるべき貢献者として転換を遂げる過程を中心に分析を試みる。

講和・独立を目前に控え、占領下において繰り返された愛国心論争はその具体化を迫られ、その結果、愛国心の具現者として再び「戦没者」への注目が集まるようになる。そして、独立を機に「戦没者」は「平和の礎」としての位置づけを公式に認められることとなったが、遺族運動内では、独立後に向けた更なる運動論理の模索が始められていたのである。それが、独立後の平和国家再建に生かされるべき「戦没者」の「犠牲的精神」の抽出であり、その「犠牲的精神」の継承が独立後遺族運動の最大の課題となっていくのであった。

また、占領下の靖国神社参拝をGHQへの配慮から控えていた天皇が、独立を機に参拝を再開させた姿は、「戦没者」やその遺族に対する不断の想いと平和祈念の象徴として位置づけられ、戦没者遺族もまた、その天皇の姿に寄り添うことによって、平和国家再建の主体としての運動の展開が可能となったのである。

第四章では、一九五〇年代の保革両陣営において、「戦没者」の「国家への献身」が共通して肯定的評価の対象となっていた状況に対して、遺族運動内部の世代間に「国家への献身」をめぐる認識格差が生じ、それを克服するための模索を経ることによって、戦後日本の国是ともいえる「平和と民主主義」に適応した「戦没者」像が確立される過程を明らかにする。

そもそも、無名戦没者墓苑建設をめぐる国会論議においても、一九五六年に自民党・社会党両党から提起された靖国神社法案においても、保革両者共に「戦没者」の「国家への献身」が肯定的評価の対象として位置づけられていた。その一方で、そのような「国家への献身」に対する評価をめぐって、遺族運動内部の世代間格差が表面化することになる。その打開のために青少年研修会が繰り返され、その結論としてまとめられた「英霊精神に関する報告書」（一九六二年）では、戦争自体の評価と切り離された、「平和と民主主義」とも両立し得る愛国心こそが英霊精神の本質であったとの見解が示される。

ここにおいて、平和憲法にも適応し得る「戦没者」像が確立されるに至ったといえるが、それは反戦・平和論理の分断によってこそ可能となった結論であった。なぜなら、いかに平和と民主主義と両立し得る愛国心であったとしても、「戦没者」の「国家への献身」自体が問題とされない限り、祖国防衛戦争や平和と民主主義のための戦争などの可能性を含め、厳密な意味での反戦を維持することは不可能であった。しかし、そのような矛盾が明らかにされることはなかったが、その矛盾に直面し苦悩する遺族が皆無であったわけではない。

第五章では、以上のように遺族運動によって示された「戦没者」像を批判的に検証するため、戦後日本の反戦・平和論が内在させた虚妄を告発するに至った劇作家三好十郎によって描かれた兵士や戦没者、遺族像について分析を試みる。三好は自身の作品において多くの兵士や戦没者、遺族を登場させたが、そこで描き出された兵士や戦没者、遺族像の変化は、遺族運動の模索した「戦没者」像の意味を明らかにする上で、極めて示唆に富むものであった。

また戦前・戦中の三好は、マルクス主義との訣別の果てに「あるがままの現実」として戦争を受容するに至った。そのような戦争協力の経験から戦後、二度と戦争協力を引き起こすことのない反戦・平和の立場を追求し続けることになる。その際、極めて大きな障害となったのが、保守勢力だけではなく、同時代の平和運動を担った革新勢力においても進行しつつあった反戦と平和の乖離状況であり、三好はそれを鋭く告発したのであった。

そして、戦没者遺族の苦悩に注目することによって、揺るぎない反戦・平和の立場を保持するためには愛国心や国家の存在自体を対象化する必要を明らかにした三好であったが、そのような三好の分析こそ、「国家への献身」自体を問い直せなかった「戦没者」像の核心や、同時代の保守勢力・革新勢力に共有された反戦・平和論の限界を改めて明らかにするものであったといえる。

(1) 広瀬重夫「日本遺族会」、『自由』一二巻九号、一九七〇、九。
(2) 同右、一八〇頁。
(3) 池谷好治「旧軍人援護に関する新聞の論調」、『アジア太平洋研究科論集』№七、二〇〇四、三。
(4) 前掲「日本遺族会」。
(5) 西川重則「遺族の思想」、『福音と世界』一九七三、八、『靖国法案の五年』(すぐ書房、一九七四)に再録、三五五頁。田中伸尚も、「「国のために」死んだ、もしくは一命を捧げたとされる戦没者」は、「当然、国に相応の扱いをされ、「国民」もそれに従うべきだ」という意識、感情が「この社会に根強」く、「遺族を守るように存在」している点を指摘している(田中伸尚『さようなら、国民』(一葉社、一九九八)、四七頁)。
(6) 波田永実は「圧力団体」について、「一定の目的(利益)を達成するために結成された「利益集団」が、その目的を達成するために、効果的な手段によって、議会や政党、官庁どに働きかけ、法律や政策の新設・改廃をおこなおうとする」団体と定義し、その一つとして日本遺族会を位置づけている(田中伸尚・田中宏・波田永実『遺族と戦後』(岩波書店、一九九五))。また、前掲広瀬論文や竹中労「賀屋興宣と「日本遺族会」の内幕」、『新評』二一巻三号、一九七四、三、平田哲男「日本遺族会と「英霊の顕彰」」、『歴史評論』通号三二八、一九八一、二など、日本遺族会の「圧力団体」としての側面を指摘する論考は少なくない。
(7) 森田俊介「日本遺族厚生連盟の任務について」、『日本遺族厚生連盟会報』一号、一九四九、二、一〇。
(8) 『朝日新聞』一九六九、三、七、五面。さらに、「従来の歴史と国民感情からみて靖国神社にたいする社会一般の尊敬が衰えるとは考えられない」ため、宗教法人のまま「国民護持ともいうべき状態」が続くことが望ましいとの立場を示している。
(9) 本書では、敗戦後の戦没者遺族運動の展開に主導されることによって、広く国民が共有することとなる没個性的な集合体イメージとして「戦没者」の表記を使用するが、その運動主体である戦没者遺族(遺族)や具体的な戦争死者としての戦没者には、混同を避けるために「　」を使用しない。
(10) 『朝日新聞　夕刊』一九五二、五、二一、一面。さらに同じ記事の中では、「靖国神社の宮司は、戦死者の遺族にたいし

『アジア諸国の独立は戦死者のおかげで《ママ》あるから、犠牲者でなく護国の神だ』と説いて慰めたという。それもあとでつけた理屈めくように思われる」と、靖国神社の見解が批判的に紹介されている。

(11)『朝日新聞　夕刊』一九六三、八、一五、一面。

(12)同右。

(13)一九七八年段階の調査では、全国の遺族世帯数一八五万世帯に対して日本遺族会への会費納入世帯数が一〇四万世帯とされており、その組織率は約五六％であったとされる（戦誌刊行会編『戦没者遺族の手引き（昭和60年版）』（日本遺族会、一九八四）、九頁）。

(14)日本遺族会編『日本遺族会十五年史』（日本遺族会、一九六二）、以下『十五年史』とのみ記述、一四頁。なかでも、経済的な「喪失感」を決定的なものとしたのが、「勅令第六八号」（一九四六年二月一日公布）による軍人・軍属の恩給、戦没者遺族に対する公務扶助料の停止措置であった。

(15)同右、一三頁。

(16)北河賢三『戦後の出発』（青木書店、二〇〇〇）。

(17)本書では、一九四五年八月一五日を敗戦による「戦没者」像再評価の出発点と捉え、それ以前の対外戦争が繰り返された期間を総体として対象化するため、戦前・戦中という用語を用いることとする。そして、敗戦によって戦前・戦中が否定される中で形成されていった戦後「戦没者」像の分析のためには、戦前・戦中から戦後に至る日本社会の連続面と断絶面への注目が不可欠となる。

(18)田中伸尚「日本遺族会の五十年」、『世界』通号五九九、一九九四、九、前掲『遺族と戦後』、波多野澄雄「遺族の迷走―日本遺族会と「記憶の競合」―」、細谷千博、入江昭、大芝亮編『記憶としてのパールハーバー』（ミネルヴァ書房、二〇〇四）所収。

(19)前掲『十五年史』、一四頁。

(20)赤澤史朗『靖国神社　せめぎあう〈戦没者追悼〉のゆくえ』（岩波書店、二〇〇五）、一二三頁。

(21)白川哲夫『「戦没者慰霊」と近代日本』（勉誠出版、二〇一五）。

(22)「英霊精神に関する報告書　まえがき」、『日本遺族通信』一三七号、一九六二、五、一。

(23)「靖国神社と平和の理想」、『神社新報』九号、一九四六、九、二。
(24)大熊信行「祖国喪失の日本的状況」、『日本の虚妄―戦後民主主義批判』(潮出版社、一九七〇)、四九頁。初出において同箇所は「敗戦によって、祖国の観念を失った」となっており、「民族」が追加されたことが理解できる(『現代の眼』三巻七号、一九六二、七)。
(25)今井昭彦『近代日本と戦死者祭祀』(東洋書林、二〇〇五)。
(26)西村明『戦後日本と戦争死者慰霊』(有志舎、二〇〇六)。
(27)川村邦光編著『戦死者のゆくえ』(青弓社、二〇〇三)、一七頁。
(28)谷口貢「戦没者の慰霊と民俗信仰」、松崎憲三編『近代庶民生活の展開』(三一書房、一九九八)、一七七~一七八頁。
(29)厚生省社会・援護局援護課『援護法Q&A』(新日本法規、二〇〇〇)、三七頁。
(30)『靖国』三七七号、一九八六、一二、一。
(31)前掲『援護法Q&A』、三七頁。
(32)同右、三七~三八頁。
(33)厚生省援護局編『引揚げと援護三十年の歩み』(ぎょうせい、一九七八)、四〇一頁。
(34)同右、四〇〇頁。
(35)同右。
(36)同右、四〇一頁。
(37)「別紙(二)「無名戦没者の墓」に関する説明資料(閣議決定に際してのもの)」、国立国会図書館調査及び立法考査局編『新編靖国神社問題資料集』(国立国会図書館、二〇〇七)、三三九頁。
(38)同右。
(39)厚生省援護局編『続々・引揚援護の記録』(厚生省、一九六三)、四五八頁。
(40)「第四十六回国会衆議院予算委員会第一分科会議録第五号」(一九六四、二、二一)。
(41)同右。
(42)前掲『戦死者のゆくえ』、一七頁。

(43)組織代表としての最初の例は、一九五〇年六月四日に投票のおこなわれた第二回参議院議員選挙で、日本遺族厚生連盟の会長であった長島銀蔵が全国第一〇位で当選した。また、推薦候補としては一九五二年一〇月の第二五回総選挙で「県支部の推挙により二三名の候補者を推薦」し、一五名が当選している(『日本遺族通信』二八号、一九五二、一〇、一)。
(44)熊倉啓安『戦後平和運動史』(大月書店、一九五九)、二五頁。
(45)同右、一九頁。
(46)杉捷夫「平和擁護について私はこう考える」、『新日本文学』四巻七号、一九四九、八。
(47)前掲『戦後平和運動史』、二二頁。熊倉は同書の中で、スターリンの「戦争の不可避性をとりのぞいてしまうためには、帝国主義を絶滅してしまうことが必要である。」などの主張について、明確に「誤りにおちいっていった」としている(二二頁)。
(48)平和問題談話会「講和問題についての平和問題談話会声明」、『世界』通号五一、一九五〇、三、平和問題懇談会「三たび平和について」、『世界』通号六〇、一九五〇、一二などを参照されたい。平和問題談話会は、『世界』編集部の吉野源三郎の働きかけで安倍能成、天野貞佑、和辻哲郎らオールド・リベラリストや久野収、清水幾太郎、丸山真男などの若手を中心に一九四九年三月に結成された。しかし、講和問題についての声明については、保守派からの批判が強まったこともあり、オールド・リベラリストの多くが署名者から抜けていた。
(49)前掲『戦後平和運動史』、五七頁。
(50)前掲「日本遺族厚生連盟の任務について」。
(51)自由民主党や日本社会党から提出された靖国神社法案に関する評価・分析は後述するが、独自の法案を提出することのなかった日本共産党も、自民党によって提出された法案に対する批判の中で、「国のために死んだのだから国でその死をいたみ、十分な補償をして欲しい」とする遺族の声を根拠に、国家が無宗教の施設において戦死者の追悼を行うことについては容認の姿勢を明らかにしている(『赤旗』一九七五、三、二六)。
(52)前掲『十五年史』、三〇頁。

第一章　戦没者遺族運動の出発と戦後国家への志向

はじめに

戦前、国家政策の必要上「護国の英霊」として感謝と尊敬の対象として位置づけられた「戦没者」は、敗戦を機に一夜にしてその地位を失うことになる。同時に、「誉れの家」として手厚く処遇されていた戦没者遺族もそれまで受けていたあらゆる社会的支援や公的援護を打ち切られ、日常の生活にさえ困難を来すようになる。戦没者遺族はそれを掌を返したような冷遇として受けとめ、様々な可能性を内在させた戦没者遺族運動を形成していったのである。

しかし、運動形成の初動段階において、戦後遺族運動の草分け的存在である戦争犠牲者遺族同盟によって主導された遺族組織全国化の試みが内部分裂によって挫折し、日本遺族会の前身組織である日本遺族厚生連盟によって改めて全国化が達成されたことはあまり知られていない。その戦争犠牲者遺族同盟（以下、遺族同盟）の分裂こそ、以降の遺族運動の方向性を決定づけた明確な路線対立の結果であり、戦没者遺族運動の初動段階における極めて重要な転換点といえるものであった。

第一節　戦没者遺族の苦悩と再出発への道

一．敗戦直後の戦没者遺族

戦場ではなく日本の内地で戦争を経験したいわゆる銃後の国民は、敗戦をどのように受けとめたのであろうか。各地域や国民各層の敗戦をめぐる動向を究明する論考は多数存在するが[1]、そこでは、ほとんどの国民にとって「玉音放送」＝「晴天の霹靂」であったということが敗戦体験の特徴として描かれている。そして、その中で自己を取りまく状況の急変を痛烈に感じながらも、戦没者遺族は戦後の道程を歩み始めなければならなかった。

『日本遺族会十五年史』（以下、『十五年史』）の冒頭では、敗戦を境に掌を返したような冷遇を受けた遺族の惨状が強調されているが、「『戦争協力者』であるかのような冷たい仕打ちを受ける身となった」や「遺族はおのづから卑屈になり、世を逃れようとして幼な子を道連れに親子心中の悲劇も起り、悲憤のあまり死を選んだ老令遺族もあった」など、諸々の地方遺族会誌が回想する敗戦後の状況においても、極めて苛酷な状況下で日一日の生活にすら苦悩する遺族の姿が印象的である[2]。

敗戦直後の戦没者遺族の動向は官憲にとっても関心の高いものであり、反軍反官的行動に出る恐れがあるとの認識から、その言動に対して警戒を強めていた。一九四五年九月八日付の神奈川県「大東亜戦争終結ニ伴フ民心ノ動向ニ関スル件」では、「一般民の動向」とは別に「戦没遺家族の動向」という項が立てられており、遺族が一般民衆とは異なる存在として扱われていたことが理解できる。長文となるが、敗戦直後の戦没者遺族の概況がよく理解できるので引用しよう。

三　戦没遺家族の動向

戦没遺家族ニ在リテハ大詔渙発セラルヽヤ殆ド耳ヲ疑ヒ失心センバカリニ驚愕セルガ、辛フジテ平静ヲ維持シツヽアリ。帝国ノ必勝ヲ確信シ大陸ニ南溟ノ孤島ニ散華セル子弟ヤ夫ノ霊ニ対シテ何ト言ツテ告ゲタラ良イカ分ラズ一般家庭復員軍人等ニ対スル羨望的言動散見セラレ将来ノ生活ノ不安ニ多大ノ不安ヲ感ジ居リテ其ノ動向ハ最モ注意ヲ要スルモノト認メラル。

然シ乍ラ時日ノ経過ニ従ヒ漸次冷静ニ復シ聖旨ヲ奉戴シ遺児ニ将来ヲ託ス等悲壮ナル決意ヲ以テ新日本建設ニ邁進シツヽアリ。

之等遺族ハ敗戦ニ依ル痛手ヲ最モ多ク受ケ其ノ言動ニ於テモ為政者政府指導者層ヲ恨ムモノアリ。

又復員軍人ガ除隊ニ際シ分与セラレタル物資食糧ヲ背負ヒ切レヌ程ニ持帰ルヲ見テ遺家族ニ何等ノ特配等ナキヲ羨望スルト共ニ寧ロ之等ヲ憎ムガ如キ感情ヲ醸成シツヽアリ。

ドウセ之迄戦ツタノダ最后ノ一人マデ戦フベキデアツタトノ意見ヲ洩シ居リ、戦没者ノ霊ヲ護リ新日本建設ニ邁進スル姿ハ悲壮ニシテ筆舌ニ尽シ難ク其ノ救護指導授産等ニハ最モ積極且慎重ナルヲ要スト認メラル。(3)

この後、戦時下の戦没者遺族などに対する援護事業を統括していた軍事保護院が廃止され、さらに一九四五年一二月の「神道指令」によって靖国神社と国家の関係が絶たれ、翌年二月の「勅令第六十八号」(4)に基づいて軍人恩給の停止・制限が決定された。(5)これら占領軍による一連の政策の実施によって、戦没者遺族には精神的にも物質的にも筆舌につくせない多くの困難が覆いかぶさってきたとされるが、それら諸政策が実施される以前の敗戦後一ヶ月の時点で、既に①戦没者の死の意義づけに関する動揺と、②復員軍人等に対する不満や将来への不安が広がりつつあったといえよう。

それからほぼ一年後、戦没者遺族組織化の動きが各地で始動しつつあった一九四六年七月に出された「福岡県及ビ福岡市遺族状況ノ概貌」の中でも「遺族の本質ニ就テ」以下のように報告されている。[6]

1. 誉レノ遺族トシテノ矜持高ク困窮スルモ克ク耐忍ス如何ニ貧シクテモ仏壇ヲ廃ス　ルモノナシ
従ツテ貧困ソノ極ニ達スルモ闇的餞業ニ陥ラズ
註（第三者ガ積極的ニ愛護ノ手ヲ進メザレバ遺族ハ破断ス）

2. 一家ノ支柱ヲ捧ゲタル遺族特ニ老幼婦女ノミヲカコウモノハ経済面ハ勿論精神面　ニ頼ル辺ヲ喪失シアリテ国家的恩典ノ停止セラレタル今日ニ於テハ同胞愛ニ依ル援　護ノ手ヲ希求シアリ

3. 戦争ノ犠牲ガ最モ深刻ニ身ニ泌《ママ》ミテ体験セルハ遺族ヲ措イテ他ニナシ
特ニ注意ヲ要スルハ敗戦後一部ニ於テ精神面ニ「ジレンマ」ニ陥リ厭世自棄的動向　ノ嫌ヒ認メラルル点ナリ
之ヲ要スルニ遺族擁護ノ問題ハ単ニ郷土愛ニ止マラズ国家的更ニヒイテハ国際的ニ同胞愛、民族愛、国際上ノ重要課題（遺族ノ互助愛ニ国境ナシ）ニシテ放視ヲ許サズ[7]

この調査自体は福岡地方世話部（旧連隊司令部を前身として、その後県の管轄下に置かれる）によるものであり、遺族に対する好意的、同情的な報告も少なくないが、ここでも「経済面ハ勿論精神面」における喪失感と動揺が強調されている。

また、両者の報告が共通して「為政者政府指導者層を恨むものあり」や「精神面ニ「ジレンマ」ニ陥リ厭世自棄的動向ノ嫌ヒ認メラルル」など、遺族の中に醸成されつつあった「反政府・反体制」的気運を警戒し、積極的かつ慎重な遺族援護の必要性を訴えていることは非常に興味深い。福岡地方世話部報告における「放視ヲ許サズ」の文言も、単に遺族の窮状に対する義務感だけでなく、「厭世自棄的動向ノ嫌ヒ認メラルル」からこそ「放視ヲ許サズ」と報告したと考えられるのではないだろうか。

いずれにしても、予断を許さぬ切迫した状況下、新たな船出を余儀なくされた戦没者遺族の苦悩は筆舌に尽し難いものであったろうし、遺族の中でも特に、世間の冷ややかな視線や好奇の目に曝されながら、子供の養育、年老いた親の扶養に追われた戦争未亡人たちの苦難は想像を絶するものがある。(8) そのような苛酷な境遇の中から次第に戦後遺族組織の結成が模索され始めるのであったが、では、その動きの最も大きな原動力の一つになったと考えられる戦没者遺族の喪失感はいかにして形成されるものであったのだろうか。そして、官憲や地方世話部の調査に共通した、遺族の「反政府・反体制」気運の高揚に対する警戒感は何を意味していたのであろうか。

二.「戦没者の再生産構造」崩壊と喪失感の形成

調査の中でみられた、肉親の霊に敗戦の事実を「何ト言ツテ告ゲタラ良イカ分ラ(9)」ないといった戦没者遺族の戸惑いは、敗戦による戦前価値観の崩壊を、彼らが当事者として敏感に感じ取っていたことを如実に示す反応であったといえよう。具体的には、戦争完遂のため、大東亜建設のために悠久の大義に殉じたと納得させられていた、していた肉親の死が、敗戦によってその意義づけを突如として失ってしまったことに対する動揺であった。その動揺は、時として、遺族の側からの「犬死に」論として表出されるまでに至る。

「（略）勝利デ有レバ護国ノ神ト祭ラレテ永遠ニ魂ハ生キルコトガ出来得ルガコウナレバ犬死ニデアル。」（「香川県　戦死者遺家族の思想動向」）[10]

「倅ヲ国ニ捧ゲルコトハ何トモ思ハヌガ、敗戦トアッテハ倅ノ霊モ浮カバレヌ」（「栃木県　戦没者遺族の動向」）[11]

ここで述べられた「犬死ニ」は、明らかに戦争で勝利できなかったことを原因とした悔しさの吐露であり、この認識からは戦争指導者や軍部の敗戦責任を問うことはできても、戦争自体に対する批判や、アジア諸国への侵略責任を追及する視点は生まれてこない。

ただ、意識的にせよ無意識的にせよこのような戦没者遺族の認識は、戦前における「戦没者の再生産構造」、つまり「戦死→勝利→英霊・慰霊→教育→徴兵→戦死」といった「戦没者」再生産のサイクルを浮き彫りにし、その欠陥までも露呈させるものであった。

ここでいう「戦没者の再生産構造」とは、戦中の〈戦死→英霊・慰霊→教育→徴兵→戦死〉のサイクルを弁護士熊野勝之の呼び方を採用し、田中伸尚が「英霊サイクル」として紹介し、その「英霊サイクル」の要として靖国神社を位置づけたものである。[12] しかし、この「英霊サイクル」には絶対条件としての戦争における勝利という要素が欠落していると考えられ、ゆえに筆者は「英霊サイクル」の絶対条件として勝利をという要素を加味し、「戦没者の再生産構造」として以後の分析を進めたい。

すなわち、それまでは靖国神社を媒介することによって、国家の発動たる戦争で戦死することは決して悲劇でも無惨でもなく名誉なこととされ、その論理は輝かしい勝利によって補完され、正当化されるものであった。そして、勝利への貢献から「戦没者」が英霊として讃えられ尊敬の対象となることで、あとに続く者の再生産が保証されていたのである。そして、その構造に組み込まれることが「お国のため」として慫慂され続けたことはいうまでもない。

しかし、予想だにしなかった敗戦は「戦没者の再生産構造」において絶対的な必要条件たる勝利を欠落させた。それは勝利への貢献という意味での戦死の意義づけを不可能にし、同時に、勝利＝成果の存在しない戦死は単なる悲劇となってしまい、尊敬の念に基づく後続者の再生産も不可能にさせた。それは、決定的な「戦没者の再生産構造」の崩壊であり、戦没者＝英霊＝尊敬の対象といった構図自体が不変のものではなくなってしまったことを意味していたのである。

同時代を生きた民衆は、占領政策の中で様々な国家の欺瞞が明らかにされることによって、自分達が組み込まれていた「戦没者の再生産構造」の実態を理解し、国家や戦争指導者に対して素直に怒りや批判をぶつけることができた。そのような怒りが、平和憲法に基づいた戦後日本の反戦・平和思想を支える原動力となったことは確かであろう。しかし、戦没者遺族は自らの肉親の死が勝利を必要とした構造の中に取り残されたこと、敗戦によってその構造の崩壊が避けられないことを身をもって実感させられる立場にあり、肉親の死を取りまく劇的な状況の変化は、頭では理解できても、容易には受けいれられないものであったと考えられる。「戦没者」の死をとりまく状況の変化は、例えば「敬神観念の喪失」として現れたのであった。

二　敬神観念ノ希薄化

（略）殊ニ管下岩美郡倉田村馬場ノ倉田八幡宮ハ戦ノ神様トシテ、戦時中ハ武運長久祈願ニ必勝祈願ニ参詣人ハ早朝ヨリ踵ヲ断タザル状況ナリシモ、戦後ハ偶々参詣人ノ影ヲ認メラレル程度ニシテ本月十五日ハ例祭日ニ相

当スルニモ拘ラズ依然トシテ参拝人ハ殆ド数フル程度ニシテ一般ニ敬神観念ハ極度ニ稀薄化セルモノト認メラルル

（「戦後に於ける民心の特異動向に関する件」）[13]

二　敬神観念喪失傾向

（略）今次敗戦ノ現実ノ前ニ国民ハ「神ヤ仏モナヒ」「神サンナンカ信ジンデモヨイ」等神仏不信ヲ放言シ、之ガ発表以来神社参拝者跡ヲ絶チ、僅カニ昨今ニアリテハ海外派遣軍人家族乃至病気祈願ノ為メ極少数ノ特定人ガ参詣スル程度ニシテ、一般民ノ参拝祈念激減ヲ示シツヽアルガ、本件ニ関シ鳥取市内県社長田神社ハ左記意向ヲ洩シ居リ

記

県社　長田神社　松田安麿

十五日ノ発表以来参拝者ハ従来ノ三分ノ一位トナツタ。之ハ全国的ノ現象ト思フ。現在参拝ヲ続ケテ居ルノハ海外派遣兵遺族ノ日参ガ主ナル者デ、次ハ病気ノ平癒祈願位デアル。（「時局の急変を繞る民心の動向に関する件」）[14]

戦中は「皇国ノ必勝ト出征軍人ノ武運長久祈願」の参拝者が後を絶たず、戦局の悪化以降にも「神風来襲ニヨル皇国ノ必勝ヲ確信シツヽア」った[15]。このように、そもそも神社信仰も勝利を不可欠な条件とする構造の中にあったため、敗戦の結果として「神ヤ仏モナヒ」「神サンナンカ信ジンデモヨイ」といった神仏不信が生じたことは当然の反応で

あった。そして、神仏不信は神社への参拝者を激減させ、その状況は戦没者遺族の目に、「敗戦の混乱が戦没者に対する感謝、弔いの気持ちを人びとから奪った」結果としてうつり、やりきれない思いを募らせたと考えられる[16]。

しかし、実際には戦争犠牲者や遺族に対する弔いの意識が失われてしまったわけではなく、敗戦後の混乱の中で、遺族に対してはむしろ同情的な見方さえあった。ただ、同時に敗戦によって神社参拝の強制が無くなり、戦争の勝利を祈願する必要も無くなったために、過度の神社信仰から離れていったのである。つまり、占領政策としての「神道指令」が、靖国神社は過激な国家主義・軍国主義の温床であるかの如き感を民衆に抱かせたため、靖国神社や英霊に対する国民感情が動揺したとする日本遺族会の認識は、何よりも敗戦にともなった「戦没者の再生産構造」崩壊の必然性に対する視点が欠落しており、さらには、民衆意識における「戦没者の再生産構造」という戦前・戦中論理からの解放と、戦争犠牲者への追悼意識という二つの側面を混同して捉えている観が否めない[17]。

そして、その混同の原因となったのが、町を挙げ、村を挙げての盛大な慰霊祭が営まれた、敗戦前の慰霊・顕彰行事と比較したときに感じられる大きな喪失感であったことは間違いない。また、そのような敗戦前との比較のうえに成り立つ喪失感は、同じく復員軍人に対する不満や将来への不安の中でもしばしば語られるものであった。

家の倅も二月頃硫黄島で戦死しましたが、戦争に負けた今日になつて見れば遺家族と戦災者が一番惨めなものです。無事に帰つてくれば皆と同じに背負きれない程物資を貰つてくるのに、遺家族には何一つくれるわけではないし、本当に馬鹿〳〵しい事です（川崎市、河野治平[18]）

（略）戦死後本年ノ七月迄ハ役場ノ方カラ一日一円五拾銭位ノ扶助ヲ受ケテ居リマシタガ戦争ガ此ンナニナツ

テカラドウシタモノカ一銭モ呉レナクナリマシタガ、之レカラ先ドウヤツテ暮ソウカト案ジテ居リマス。戦争モ勝ツテ呉レ、バ死ンダ人モ死ニ甲斐ガアルガ、此ンナニナツテハ女ノ浅ハカナ考ヘデハアルガ死ンダモノ、損シタトモ思ツテオルノデス。（戦死者遺家族の思想動向[19]）

復員軍人に対する不満や将来への不安は大多数の民衆に共通する意識であったが[20]、「戦没者の再生産構造」の中で様々な優遇措置や補償を受けることができていた戦没者遺族は、その崩壊によって現実的に失われるものが多く存在したという意味で他の民衆とは異なっていた。復員軍人の不正や遺族扶助打ち切りへの批判が、戦死しなければ得られたもの、負けなければ得られたものとした、強い喪失感をもって語られているのである。そのような具体的な事実をともなった喪失感が、戦没者遺族に敗戦直後の早い段階で戦前構造の崩壊を実感させた一方で、あらゆる変化に反発を抱かせ、敗戦以前の価値観のまま民衆の意識変化を非難し、さらには主体的に肉親の死を「犬死に」として位置づける場面さえ生じさせたのではないだろうか。

しかし、実は戦没者遺族の喪失感の根拠として語られる「戦没者遺族や、傷痍軍人等に対する、国家の補償措置は物心両面にわたって遺憾のない方途がとられた」敗戦以前の状況、「軍国の母」「英霊の妻」「ほまれの遺児」などの尊称的標語が日常的に使用されていた状況こそが、「戦没者の再生産構造」浸透下においてのみ成立可能な極めて作為的な状況であったことを忘れてはならない。その作為的な状況の断片は、以下の文章からも十分伺い知ることができる。

未亡人問題は、戦争中から重要な問題である筈だった。然し、恩給法の遺族扶助料や、軍事扶助料の生活扶助や、一時賜金、弔慰金などの恩典があった上に、遺族援護事業が政府・民間で活溌に行われていたし、『靖国の妻』とか『誉れの遺児』とか官民がはやし立てるし、日々未亡人仲間は増えてゆくし、戦争には勝つに違いないと思うし、上官の老未亡人や婦人会のオールド・ミス達が『忍従の徳』と『再婚すべからず』を強調し廻ったりあれやこれやで表面化せずにいた。(21)

これはあくまで戦争未亡人について書かれたものではあるが、戦没者遺族の主要な構成員たる戦争未亡人の立場を考慮するなら、右のような状況が少なからず敗戦前の戦没者遺族全体に共通するものであったと考えても大きな問題はあるまい。(22)まさに「戦争には勝つに違いない」と思わせることで「日々未亡人仲間は増え」、つまりは「戦没者」が再生産され、それを全国民で支え続けた、いわゆる「戦没者の再生産構造」浸透下における極めて限定的な状況がそこにはあった。そして、そのような状況下で保証されていた遺族補償や英霊尊崇の念(23)は敗戦の結果として必然的に崩壊を余儀なくされるものであったが、その崩壊を少なからず喪失感をもって受容せざるを得なかったのが大多数の戦没者遺族であった。

ただ、構造崩壊の煽りを最も直接的に受けざるを得ない立場にあった戦没者遺族であったからこそ、敗戦後の変化を極めて敏感に感じ取り得たともいうことができる。「戦没者の再生産構造」からの解放を契機として戦前体制によるあらゆる欺瞞とその崩壊を自覚した一部遺族は、肉親の死や自らが置かれた苛酷な境遇を戦前軍閥政府に「背負された犠牲」として位置づけ、そこからの脱出を求める動きを戦後遺族運動として結集させていった。その犠牲者意識とりわけ受難者意識こそが、官憲や地方世話部をして反政府・反体制気運への警戒を喚起させ、一部遺族に「対策を誤まれば一触即発の危険を孕んでおる。これをこのまま野放しにはならない(24)」と、緊急な統一的指導の必要性を痛感させた意識であったと考えられる。そして、そのような受難者意識に基づいた戦争犠牲者遺族同盟の結成こそ、遺族運動形成期において多様な可能性を内包した運動の出発であったことを忘れてはならない。

その一方で、戦前・戦中と戦後の落差を強い喪失感をもって受容した遺族ほど、戦後社会において生じた戦没者遺族として特別な厚遇を受けることの否定＝援護施策の一般化を不当な冷遇として捉え、いわゆる復権運動の形成を模索しようとしたと考えられる。しかし、占領下という条件下においては、そして何よりも英霊尊崇の絶対条件たる勝利の存在しない敗戦後社会においては、「戦没者」や戦没者遺族の再評価実現は極めて困難な問題であった。さらに、「戦没者」が身を捧げて奉公した国家は占領政策の実施によって大きな変貌を遂げつつあり、遺族運動が批判する国情の百八十度転換は、戦前国家を守らんとした行為自体をも無意味なものにしかねない状況にあった。それ故に、一部遺族は「孤立無援となり破舟に乗せられて荒浪の大海に突き流され[25]」たと嘆きながらも、再び戦没者の死を意義あらしめる遺族運動実現のための条件整備に奔走し始めたのである。

第二節　戦争犠牲者遺族同盟の結成とその可能性

一．戦争未亡人を中心とした遺族運動の出発

敗戦後の戦没者遺族運動は、戦争未亡人を中心とする戦争犠牲者遺族同盟をはじめとして、次第に全国各地で組織化されるようになっていった。そのような組織化の進展を背景に遺族組織の全国化が模索される一方で、その過程において男性遺族を中心とする勢力が運動の主導権を握り、結果、戦没者遺族の全国組織として日本遺族会の前身である日本遺族厚生連盟の結成に至ったとされる[26]。確かに、敗戦後のインフレと食糧難の中で、現実生活の救済・改善を

第一義とした運動から出発した遺族運動が、運動の支柱として国家による「戦没者」の慰霊・顕彰を前面に押し出すようになるのは、戦争未亡人主体の遺族運動から男性遺族主体の遺族運動への転換が一つの重要な契機となったことは間違いない。しかし、なぜ女性遺族から男性遺族への主体の転換が必要となり、以降の遺族運動の方向性を決定づけた路線転換がいとも簡単に達成されたのであろうか。

戦後遺族運動は、東京都内の軍人援護会直営母子寮や遺族職業補導所などにいた遺族未亡人達が、第一次世界大戦後に世界で流行した「幸運の葉書」を真似た形式で七人の遺族に呼びかける団結の葉書を全国に発送したことで、全国化への道程を歩み始めたとされる。その試みは、遺族同盟組織化の中心人物となった軍人援護会直営武蔵野母子寮長牧野修二の提案によるもので、GHQの郵便検閲などによって中断された地域もあり、所期の効果はあがらなかったようであるが、『十五年史』は「自主的に打ち上げられた最初の「全国向け狼火《のろし》」と評価している。(27)

その後、一九四六年二月八日のNHK「私達の言葉」において、牧野投稿の「戦争犠牲者遺族救援会を作れ」と題する文章が全国に放送され、戦争犠牲者遺族同盟の組織と戦争犠牲者遺族救援会の結成を呼びかけたことは大きな反響をよんだ。これを機に、三月以来戦争犠牲者遺族同盟準備会を発足させ、資金獲得のための街頭資金募集を実施したり、準備委員会での規約・綱領案作成、GHQ当局との交渉など積極的な活動を展開した。なかでも、総選挙に向けた選挙対策活動においては、占領当局に気兼ねして遺族対策を明言しない候補者に面会を求めて抗議、詰問したり、「遺族のことを考えぬ候補者に投票するな」と書いたビラを目抜き通りに貼って廻るなど、驚くほどの政治的関心の高さを示した。(28)

これら一連の動きがすべて、武蔵野母子寮在寮戦争未亡人をはじめとした、東京都遺族職業補導所出身未亡人や都下在住の未亡人たちによって担われたものであったことは忘れてはならない。つまり、戦没者遺族全国組織の先駆的役割を果たすことになる遺族同盟は、極めて強く戦争未亡人組織としての性格を有した組織であったということができる[29]。ただ、そのことが後に遺族運動の路線をめぐる対立を生じさせ、遺族同盟による全国化への試みを挫折させることになるのであった。

また、大会費用の財源に窮する状態であった関係上、全国組織化実現のためには恩賜財団同胞援護会による財政、労力両面からの支援が不可欠であった。同胞援護会は、軍人援護並びに精神の昂揚を目的として設立された恩賜財団軍人援護会が、敗戦後のＧＨＱの方針に基づいて解散した後、恩賜財団戦災援護会と合併して設立された組織である。その事業は母子寮等の収容施設の運営や遺族子弟の育英資金貸付の回収など、軍人援護会の事業の一部を継続実施するものとされた。同胞援護会は純民間団体としての性格を強調したが、総裁に皇族の高松宮宣仁を推戴するなど、軍人援護会から続く、いわゆる恩恵的性格の連続性は否定し得なかった。その同胞援護会の絶大な支援を受けて、一九四六年六月九日、東京都京橋公会堂において戦争犠牲者遺族同盟結成大会が開催されたのである。

二．戦争犠牲者遺族同盟の二面性

遺族同盟は、その綱領の第二項で「私共は軍国主義思想と封建制度を打破し、永久平和の日本再建に邁進する[30]」と述べているように、反戦・平和思想を強く掲げる団体であった。その反戦・平和思想は、自らが戦争犠牲者であることを自覚してはじめて生まれるものであるとして、機関紙『戦争犠牲者』の中でも犠牲者意識の重要性が述べられている。

戦争の犠牲になった、といふ自覚する遺族、それなればこそ生活権と平和を要求し、人道と愛の民主日本を建てやうとする切実な行動が生れるのである。この明確な目的には連合国も絶対的支援をしてくれるであらう。否全世界の共鳴を得るに違ひない。

茲に、単なる「遺族会」とか保守反動化する「遺族連盟」、とかの名をとらず「戦争犠牲者遺族同盟」と名乗った、重大な意味がある。[31]

さらに重要な点は、その犠牲者意識が「反軍国主義、平和追求、人権確保」を基底とするものであり、「戦没者の再生産構造」の一端を担わされた「戦争中の遺族会」とは異なる意識であったことを、牧野は以下のように振り返る。

戦歿軍人遺族が「戦争犠牲者」と自覚するか戦争殉道者と思込むか、によって大きな差があることが解らないらしい。犠牲に供せられたからこそ、生活保障を要求するのも当然だし戦争憎悪も生まれるわけだが、欣んで殉死し、家族も殉死報国に満足したものとすれば（軍国主義の幻想から醒めず）生活権要求などすべきでなく戦争反対の自覚も生れない筈である。敗け戦はコリゞだが勝ち戦なら歓迎ということになる理窟だ。[32]

ここには明確に、犠牲者＝受難者意識と殉道者＝貢献者意識を峻別すべきとする強い意志が示されており、犠牲者＝受難者意識に基づく運動であるからこそ、「戦争反対の自覚」が生まれるとした牧野の主張は、初期遺族運動の立場を象徴するものであったといえる。

では、その「戦争の犠牲になった、といふ自覚」はどのような根拠をもって得られる「自覚」だったのであろうか。

先の『戦争犠牲者』第一号は、戦没兵士の遺族を取りまく「最も悲惨な」状況を以下のように描いている。

夫や父や弟妹や倅が犬死となつてしまつて精神的矜持が崩れ落ちたばかりではなく、子供連れの未亡人なるが故に職場を追われ、又多くの遺族は職場から淘汰、その上ならず遺族扶助料、軍事扶助料は廃止されて生活の安定が失はれ弊履の如く〇〔判読不能〕俄の街頭へ抛り出された。（略）政府は社会救護法を設けて、怠惰や犯罪や破産で窮迫した人たちと同じやうに、遺族を貧窮者として救助するといふ。

あ、、靖国神社に眠る霊は、これを何と観よう。(33)

以上のような認識は、「戦没者遺族は、精神的にも物質的にも公的処遇は廃止され、社会的にも、終戦前に比して、掌を返したように冷遇された」（『十五年史』）とする、後の日本遺族厚生連盟の認識とも共通するものであった。「反軍国主義、平和追求、人権確保」の方針を明確にした戦争未亡人を中心とする遺族同盟においても、敗戦によって精神的・物質的な支えが失われたことに対する強い喪失感が組織形成の前提となっていたことは明らかである。

つまり、遺族同盟が強調する「戦争犠牲者」としての自覚は、戦前・戦中報道の中でしばしば使われた「嬉々として死に赴く」や「笑顔の別れ」などの決まり文句によって、兵士がよろこんで殉死し、その家族も殉死報国に満足していたと描くような、いわゆる「戦没者の再生産構造」は否定し得たものの、その犠牲＝受難を根拠に生活保障を要求することで、結果的に肉親の死の代償を国家に求め、報奨か補償の名目の差はあれ、国家への犠牲に対する正当な代価は支払われるべきであるという構図からは脱し得なかったのである。

さらに、肉親の死が「犬死に」となり、遺族扶助料廃止によって生活の安定が失われたとする認識は、まさしく戦前・戦中の価値観に依拠した喪失感の表れであって、他の戦争犠牲者から戦没者遺族の犠牲のみを特別視することにつながる可能性を有するものであった。それが後に、援護施策の一般化を不当な扱いとして非難することによって、広範な戦争犠牲者が連帯可能な生活擁護運動としての側面を後退させ、遺族運動を戦没者遺族の特権である遺族扶助料の復活に固執する運動へと集約させてしまう大きな要因となったことは間違いない。

ただ、遺族同盟の提唱による遺族運動全国化の過程で、運動の方向性をめぐって対立が生じ、最終的に遺族運動の主導権が戦争未亡人主体の遺族同盟から男性遺族主体の日本遺族厚生連盟に移ることになったのは事実である。それが単なる共通の志向性を有した女性遺族から男性遺族への主導権移行であったとは考えにくく、遺族運動の方向性をめぐる決定的な対立を生じさせるような相違が両者のあいだに存在したと考える方が妥当であろう。では、その決定的な対立を生じさせたものとは何だったのであろうか。

まず、遺族同盟はその綱領の第一項で「私共は戦争犠牲の痛苦を共に慰め生活再建に互ひに励し扶け合ふ」と現実生活の改善にその活動の重位を置くことを明確に示した[34]。続く第四項でも「私共は団結の力を政治的社会的に活用して遺家族生活権の擁護と伸長を期する」と、あくまで「遺家族生活権の擁護と伸長」を強調するとともに、「団結の力を政治的社会的に活用」することを宣言したのであった[35]。牧野修二がこの時期を振り返って、「つい先頃まで、修養座談会などで温順そうに黙っていた彼女達が、どうして、こんなに押し強くなったのだろうか[36]」と回想するのも無理はないように思われるほど、積極的な意思表明であった。そして、少なくともこの綱領の中では、戦没者遺族の生活権保障に限定された要求が中心となり、後の「戦没者」の慰霊・顕彰を求めるような精神的処遇改善路線を想起させるような文言は一切見当たらない。

そして、先にあげた「全国の戦争犠牲者たる遺族よ！団結して生活を護らう」の中には、遺族運動を民主戦線の一翼たらんとする以下のような主張がみられる。

今や、言論の自由は許され、婦人参政権は与へられ、澎湃として民主戦線の声は起ってゐる。団結！その団結の力を政治的に社会的に十二分に能かしたならば、米司令部の理解と同情を得られるであらうし、政府や政党を動かすことも出来るであらう。遺族に対する完全な援護施策も講じられるであらう。(37)

まさに綱領で示した「団結の力を政治的社会的に活用」する具体的な方法として、澎湃として起こる「民主戦線の声」の中に身を投じようとした遺族同盟の高揚はもはや明らかであろう。また、遺族同盟「行動綱領（草案）」では、「社会的政治的活動」の一項目として、「恒久平和確立運動（平和記念日、平和メダル頒布）の展開と民主平和戦線の結成」が掲げられていたのである。(38)

確かに戦前の価値観に依拠した喪失感を組織形成の前提としたため、他の戦争犠牲者から戦没者遺族の犠牲＝受難のみを特別視する可能性を内在させたままの出発ではあったが、現実的な生活の窮乏感に基づいた生活擁護闘争を運動の主軸に掲げ、高い政治意識と民主戦線への関心を明確に示した遺族同盟の姿は、後の遺族運動と比較しても、極めて特徴的な様相を呈するものであったといえる。

三．民主戦線参加への志向

この時期、敗戦を機に再建されつつあった労働運動や農民運動は、それぞれが直面する経済的要求だけでなく、旧支配層の排除と支配機構の民主化を要求する、政治・社会の民主主義改革の貫徹を強く求めていた。占領軍の民主化政策自体が「民主革命」的様相を帯びていたことは確かだが、それに触発された諸運動が急速に発展し、根づいていった結果であったことは間違いない。

そのような中、一九四六年一月のいわゆる「天皇人間宣言」と、それに続く公職追放令を契機として、すべての民主勢力を結集した統一戦線の結成、いわゆる民主戦線の結成を待望する声が高まりをみせる。(39)そして、民主戦線を待望する世論が期待をかけたのが、中国から帰国途上の野坂参三であった。

民主戦線の結成には社会党と共産党の共闘が不可欠であったが、当時の社・共両党の関係は極めて険悪な状態にあった。その要因の一つとして天皇制の位置づけをめぐる対立があり、「即時打倒」を高唱する共産党に対して、「天皇の権限を大幅に縮減し」た形での天皇制容認論を模索する社会党との確執は決定的なものであった。そうした状況下で、天皇制についての柔軟な発想(40)が外電を通じて伝えられていた野坂の帰国に寄せられた期待は想像に余りある。その野坂参三の帰国歓迎国民大会が一月二六日、約三万人を集めて日比谷公園広場で開催された。社・共両党をはじめ二〇余の民主団体が共催団体として名を連ね、民主戦線結成の機運を大いに盛り上げた。

その席上、野坂は「民主戦線のために」と題する演説をおこない、「真の愛国者はだれか」という問題を提起するとともに、九項目にわたる民主人民戦線綱領案を発表した。(41)その中の一項目に「戦時利得者の負担による戦争犠牲者救済」が盛り込まれていたのである。(42)「戦争犠牲者」の救済が、確かに民主戦線運動の目標として位置づけられていたのであった。

さらに、三月一〇日には野坂とともに民主戦線結成を模索していた山川均が提唱して、共産主義者から自由主義者に至る幅広い民主人民連盟世話人会を発足させた。(43)そこで統一戦線運動の正式名称を民主人民戦線、組織の名称を民主人民連盟と決定した。そして、四月三日に民主人民連盟結成準備大会を開催し、暫定共同綱領一五項目が発表されたのである。それは野坂を含めた世話人会小委員会の起草したもので、その趣旨もまた、野坂が歓迎集会で述べた私案と一致するものであった。つまり、「民主人民連盟暫定共同綱領」の中にも「八．大資本家及ビ大地主ノ負担ニヨル戦災復興、失業、復員兵士、海外引揚同胞、傷痍軍人、遺家族ノ救済[44]」が盛り込まれていたのである。

このような状勢の中で、結成間もない遺族同盟が「戦時利得者の負担による戦争犠牲者救済」を掲げる民主戦線への参加を志向し、意識的にその「行動綱領（草案）」に「民主平和戦線の結成」を盛り込んだと考えることは、見当違いの推論ではあるまい。

また、遺族同盟綱領の一項目に掲げられた「一．私共は封建制を打破し自由正義博愛の民主社会を建設する[45]」といった文言も、単なる民主化讃美の風潮に迎合するものではなく、戦争未亡人を中心とした女性遺族としての苦悩、世間の偏見や「皇国の妻」「英霊の妻」といった呪縛からいまだ解放され得ない苛酷な現実感覚に基づくものであったと考えられる。『遺族新聞』一九四七年三月号では、「遺族と生活保護法」と題して、「おくせず遠慮せず恥と思はず生活保護法を「目前の生活苦打開に使」うことを推奨する。

辛抱強いといふ事は日本婦人の美徳の一つですが、だまつて一人で苦しんでゐる必要はありません。（略）他人の思わくを気にしたりいらぬ遠慮をする事は禁物。（略）求めよさらば与へられん、自分の背負ふものばかりだまつて背負ふ悲しむべき封建的思想から脱却しなければ、新しい平和日本の再建は出来ません。[46]

まさに女性遺族を取りまく現実状況に基づいた「封建思想からの脱却」の決意であったといえる。この他にも「働く母子の為労働法の研究」や「遺族婦人問題座談会」などの記事に見られるように、女性遺族の問題に対して極めて積極的な取り組みを行う遺族同盟の特徴を伺い知ることができる[47]。そして、前述の「民主人民連盟暫定共同綱領」の中にも「十一．封建的遺制カラノ婦人ノ完全ナ解放、妊産乳幼児ノ国家保障[48]」の項目が存在したことも単なる偶然の一致ではあるまい。

以上のことから、遺族同盟における民主戦線への共感と連帯への志向は疑いのないものであったといえる。そして、民主戦線の一翼を担わんとした遺族同盟の反封建的・民主的方向性は、「『婦人の立場』から『平和を追求する心情』が強く、『軍人遺族としての特恵』よりも『社会保障拡充』を要望する[49]」未亡人遺族たちの意志が、着実に遺族同盟の組織運営に反映された結果、確立し得たものであった。しかし一方で、そのような反封建的・民主的な方針の採用は、より尖鋭的な革新勢力をも組織内に内在させ得る可能性を有しており、あくまで国家との関係の中で遺族としての矜持（国家のために生命を捧げた戦没者遺族としての自覚）を重視しようとする遺族グループとの共存を極めて困難なものにしていったと考えられる。なぜなら、遺族同盟は既に、その結成前夜において、男性遺族主体の東京都遺族平和厚生連盟と「欣然合同」していたのであった[50]。

ところが、じつは民主人民戦線自体が、遺族同盟が結成された段階において既に有名無実化していたのである。前述の山川均提唱の民主人民戦線運動も、共産党との共闘に関して内部に対立を抱える社会党が党としての参加を見合わせ、共産党も同様に参加を見合わせたため、結成前にもかかわらず「民主人民連盟」の統一戦線組織として実体を失わせる結果をもたらした。そして五月一五日には、社会党が、共産党の影響力が強く、社会党左派にもくい込んでいた民主人民戦線運動を嫌って、社会党の主導権拡大をめざす救国民主連盟を組織する方針を発表する。山川は民主人民連盟世話人会で救国民主連盟への参加を提言し、それが決定される。共産党は救国民主連盟に批判的であったが、孤立化を避けるため支持を表明したものの、社会党に参加を拒否され、ここに社共中心の政治的統一戦線の可能性は潰えたといってよい[51]。それは社会党右派の徹底した反共主義の体質と、共産党における統一戦線思想の欠如、具体的には天皇制問題への固執に致命的ともいえる原因があったといわざるを得ない。

一方、その間ＧＨＱ・政府による天皇制存続のキャンペーンが着実に進行していた。一九四六年二月一九日以降の天皇巡幸である。背広姿の天皇は、民主日本にふさわしい立憲君主＝人間天皇として国民の眼に映じた。さらに、政府原案として発表された「憲法改正草案要綱」は、天皇統治権総攬反対の点で統一の可能性を残していた社・共両党の決裂を決定的なものにしてしまった[52]。四月一〇日に実施された総選挙も社・共の分裂選挙におわり、「天皇制擁護」を掲げた自由、進歩の両保守党が過半数の議席を獲得し、保守体制の根強さを示すものとなった。僅差で第三党になった社会党も、その「新憲法要綱」の中で主権在国家の天皇制の存置を明示しており、唯一「天皇制打倒論」を掲げた共産党は孤立化を余儀なくされ、獲得議席も五議席にとどまった。

このように、天皇制の問題をめぐって民主戦線結成の機運は終始攪乱され続け、食糧メーデーで最高潮に達した大衆運動の盛り上がりも吉田茂による組閣を断念させるに止まり、その後急速に議会主義勢力に絡めとられていったのであった。そして、その後の遺族同盟の分裂問題を考えるうえでも、天皇制の問題をめぐる民主戦線運動挫折の顛末は非常に示唆的であるといわざるを得ない。

第三節　初期遺族運動の分裂と再統合

一．地方遺族組織の一元化と分裂の萌芽

戦争犠牲者遺族同盟の結成以後、それに呼応するように全国各地に各種遺族団体が組織され始める。しかし、それ

は同時に「亜流団体が蔟出」する傾向を生じさせ、それを放置することは「戦争犠牲者の大同団結を紊」し、遺族団体に対する社会の信用を失墜させかねないため、「不純ボス団体に粛清の矢を向ける一方、純粋誠実な団体との統合」が促進されることになった[53]。遺族同盟の強力な支援団体であった同胞援護会もその方針に賛意を示して各県支部に同盟育成の旨を通牒し、それと歩調を合わせて遺族同盟も一九四六年七月二三日付で「遺族団体育成助長ニ関スル件」を発し、地方組織の一元化を訴えた。

尚最近類似団体蔟出の傾向有之、放置する場合は団体乱立し、或は相剋摩擦して純真なる遺族（主として可弱き未亡人）を去就に迷はしめ野望策動家の乗ずる処ともなり所管当局としても収拾に当惑する事態を招来する虞可有之、依而遺族援護の大局的見地より管下遺族の統一的組織化に積極的任務を御執り被下様願上候[54]。

遺族団体の乱立によって「純真なる遺族（主として可弱き未亡人）」が去就に迷う事態を防ぐため、「遺族援護の大局的見地」から「遺族の統一的組織化」への協力を求めるこの通牒は、同胞援護会都道府県支部長に宛てられたものであった。しかし、支部長の大多数に各県の県知事が就任している状況下では、「統一的組織化」の過程における行政の積極的介入や行政側と関係の深い男性遺族の影響力行使に道を開くものであったといえる。その中で、戦争未亡人主導で形成され始めた遺族組織にも、組織一元化の過程で行政や男性遺族の影響力が及ぼされるようになっていったと考えられる[55]。その中には影響力行使の結果、路線問題をめぐって激しい対立を引き起こす場合もみられた。

富山県では一九四六年六月以降、東京における遺族同盟の結成に共鳴し、「一日も早く地方本部を結成せねばならぬ」と感じた戦争未亡人たちが互いに連絡を取りあって組織化の端緒を開いた[56]。七月二九日には、遺族同盟本部[57]から県への後援依頼などを機に県厚生課からの指示を受けることになるが、既に「社会団体であるけれども、政治団体になり易いから、細心の注意が必要」と注意を促され、「殊に赤旗を先頭にデモ的行為をつつしむこと」と釘をさされた。[58]このような県厚生課の指示は、「行動綱領」として「社会的政治的活動」を明示し、その一項目に「民主平和戦線の結成」を掲げた遺族同盟の方針とは明らかに相反するものであった。

未亡人たちが富山県地方世話部を訪問した際の、「東京の遺族同盟は全くインチキだと一笑され全く狐につまゝれたようだ」ったとの感想は、地方において東京の遺族同盟に対する批判的な見方が少なからず存在していたことを示している。[59]また、旧軍人の昔ながらの威張り方や、復員将校に遺族会の仕事をやらせるつもりであるとの構想を聞かされ、「何故にも遺族を救ってやるといった恩にきせた態度」に戦争未亡人が腹を立てる様子も印象深い。[60]

戦争未亡人を見下す世話部との考え方の相違から、場合によっては独立組織を結成する決意を固めた戦争未亡人たちであったが、それでも自分たちの熱意は通じるものと信じながら、九月一六日遺族会の設立発起人会に参加した。ところが、未亡人の現実に目を向けようともせず、誰一人としてそれを話題にしようとしない発起人会に、戦争未亡人たちは怒りを爆発させた。それに対して会場は騒然となり、中には「折角世話部が心配してこゝまで運んでくれたのに今更何を言うか」「遺族会は英霊を慰めることを第一に考えればいゝので、未亡人のことなど会としてどう出来るというのだ。女のクセにつべこべ云うな」など罵倒する者まであった。[61]話し合いに限界を感じた未亡人五人は、以下の言葉を残して席を立ったのである。

色々御意見を伺いましたが、兎も角敗戦後既に一年経過した今日、男尊女卑の日本と全く変り、今や民主主義の時代です。私たちは夫の尊い生命と引換えに得た唯一のものは、この民主主義です。これさえ全く無視し、

「女のクセに」と虫けらの様に侮辱される方々の会には、とても入る気がいたしません。私たちは同じ悲しみと苦しみを持つもの同志で、さゝやかながら未亡人だけの会をつくること決意しましたので、之で退席いたします。[62]

「遺族の援護には物資は第二の問題で、精神的な支へが一番必要[63]」と主張する世話部主導の遺族会設立に決然たる不参加の意志を表明した戦争未亡人たちの姿は、「戦争の犠牲になった、との自覚」のもと、「生活権と平和を要求」し、「人権と愛の民主日本」建設を主眼とした遺族同盟の志向を体現するものであったといえる。九月一八日の『北日本新聞』も、二面記事で「お線香か、家族の生活安定か　県下の二遺族団体、意見対立」と題してその顛末を報じたが、その中で、後の遺族同盟分裂の核心に通じる物別れの原因が示されている。

（略）全国単一化をめざす戦争犠牲者遺族同盟の趣旨にそひ大雅量をもつて合流されたいと提議したが、二つのイデオロギーは相容れず、つひに対立したまま物別れとなった。[64]

それは、英霊顕彰を軸とする精神的処遇改善路線と、遺族生活困窮者の「生活権の確保と伸長」を第一に考える物質的処遇改善路線との、「二つのイデオロギー」の決定的な対立の結果であり、遺族組織全国化を目指す遺族同盟にとって最も大きな課題が既に現れ始めていたといえる。

しかし、旧軍人に厳しいとされた占領下の状況では世話部側のみでの遺族会の結成は困難と考えられたようで、県内務部長の調停によって未亡人たちの要求を容れる方向で両者の関係回復が図られた。そして、未亡人と軍政部の交渉の結果、戦災者や引揚げ者も入会させるという条件で遺族会設立が認められ、一九四六年一〇月二三日、富山県遺族会が創立されたのであった。その後も未亡人の生活の必要と要求を反映した活動が特徴的な富山県遺族会であったが、あくまで行政の強い影響下に置かれ、それに翻弄され苦悩する未亡人たちの姿は、この時期の地方遺族組織の実像を垣間見せるものであろう[65]。

富山県に限らず、地方における遺族組織結成の経緯は様々であるが、遺族運動の方向性を巡る相違が原因となったのか否かは明らかではないものの、遺族同盟とは異なる遺族の組織化をめぐる動きも存在した[66]。さらに、富山県以外でも「一地方に二つの遺族団体が結成され、互いに争った[67]」例もあった。

そして、そのような様々な動きが地方組織の統一、さらには全国組織化の過程で出会うことによって対立が顕在化、深刻化され、最終的に全国組織整備を企図した第二回戦争犠牲者遺族同盟地方代表者会議（前年六月の結成大会を第一回とする）で決定的な分裂に至ったといえる。

二．遺族同盟分裂を決定づけた天皇問題

一九四七年五月九、一〇日、遺族同盟の呼びかけのもと、第二回地方代表者会議が開催された。初日の千代田区丸の内工業倶楽部における会議には、三二都道府県代表者六七名以外に同胞援護会総裁高松宮宣仁が出席し、来賓として同胞援護会会長徳川家正、厚生省社会局長葛西嘉資、都議会議員本島百合子、共産党代議士小松勝子らが出席した。共産党代議士までも含む来賓の多彩な顔ぶれは、「一党一派に偏せず」との綱領を掲げる遺族同盟の体質を顕著に物語るものであろう。この初日の会議について、『十五年史』は「高松宮殿下が御臨席されたので、議事は円滑に進行した。然しわれわれは、この同盟を、戦没者遺族の全国組織の中心的拠点とするには、何か物足りなさを感じた[68]」と評している。

それでは、何に「物足りなさ」を感じたのであろうか。他の記録によると「会の目的、性格、行動綱領等について各代表間に意見の食い違い」があったとされる。[69]確かに、ここで指摘された遺族同盟の行動綱領は、富山県厚生課が釘をさした「社会的政治的活動」を掲げ、具体的には「援護施策の確立要請」「民主平和戦線の結成」を明示する一方で、いわゆる英霊顕彰、精神的処遇改善に沿う内容（戦没者の公葬要求など）が皆無な内容であった。しかし、この行動綱領で示された方向性こそが、戦争未亡人を主体とする遺族同盟の核心であったことは既に述べたとおりである。

翌日の武蔵野母子寮における会議では、前日の意見の食い違いが表面化し、戦没者遺族の全国組織を結成するにあたっては、あくまで一般社会から誤解を招くような組織であってはならないとする強い意見が出され、白熱した議論となった。さらに、遺族代表の多数が「同盟の行き方には、思想的にも政治的にも批判的であった[70]」ため、結論を得ないまま散会することになったのである。そして、遺族同盟主催の会場から退場した都道府県代表の中、一七県代表が、更に、その近くで露天会議を開いた。その露天会議で、「戦没者の死を意義あらしめるべき」などの意見が多数出され、国会や政府に対して要望すべき事項を主張し交渉するために、速やかな全国組織の結成が必要であるとの結論に達したのであった。

ただ、この露天会議は「予め十分な準備もなく、又中心的存在もなかった[71]」との記述からも、突発的な開催であったこと、主催者の予定には含まれない会議であったことは明らかであり、この会議が遺族同盟と袂を分かつ動きであったことは間違いない。しかし、「遺族の不満は鬱積してゆるがせにできない」状況下、一日も早い全国組織結成が望まれるこの段階で、あえて同盟分裂の道を決意させたものは何であったのか。

実は、この露天会議の直前に、全国会議の席上で一騒動起こっていた。この日も話し合いの内容は全国組織の結成方法であったが、高松宮が姿をみせて「激励の挨拶」を行った同じ席に日本共産党党員・衆議院議員の柄沢とし子らが現れ、「天皇制の廃止、プロレタリア独裁万歳をブッた」のである。[72] それに対して参加者の大部分が「憤然として会場を去り、武蔵野母子寮（東京杉並区）を見学した後、屋外で集会を開」いた。[73] その会議こそが遺族同盟の分裂を決定づけた露天会議だったのである。柄沢らの「アジ的挨拶」に対して、「遺族会が誤解されるおそれがある。好ましくない」との意見が出されたが、それは地方組織造りが始められた当初から最も注意深く警戒されていた、遺族会の左傾化を阻止しようとする強い信念に貫かれた反発であったことは間違いない。

民主平和戦線結成を行動綱領に掲げ、平和を追求する心情から軍人遺族としての特恵よりも社会保障拡充を要望しようとする遺族同盟は、さらなる共闘範囲の拡大を視野に入れていたであろうし、おそらくその関係から「再軍備反対の会員さえもふえる傾向」[74]がみられるなど、いわゆる左傾化の兆しは随所に現れていたと考えられる。時期は多少前後するが、戦争未亡人の思想状況の一端を示す以下のような報告もある。

> 戦争に対する憎しみは抜き難い深さを持って居ります。したがって国家の戦争未亡人に対する冷遇は国家に対する信頼感を一層悪□《ママ》しつつあります。又思想傾向は割合におだやかですが生活が苦しくなればなる程革新的になります。母親がそうした思想になりますと子供は勿論そうした生活にかならず入ることと存じます。[75]

だからこそ、戦争未亡人の組織は左傾化を警戒され、政治団体にならぬよう細心の注意をはらわれたのであろう。そもそも全国会議に出席した地方の遺族組織は、その成立過程は様々であっても、精神的処遇改善、例えば英霊の顕彰や公葬の実施などに活動に重きをおく組織が多く存在していた。[76] そのような組織にとって、戦争未亡人主体の遺族同盟の「会の目的、性格、行動綱領等」は、左傾化の臭いを感じさせる、鼻持ちならないものであったに違いない。つまり、以前から内部の革新勢力の存在を憂慮し、精神的処遇改善を重視しない戦争未亡人主体の遺族同盟に何か物足りなさを感じていた勢力が、全国会議を機に、同じく遺族会の左傾化を良しとせず、一般社会から誤解されないような全国組織結成を企図する他の地方遺族団体と歩調を合わせて一気に形勢の逆転を図り、新たな遺族組織全国化の動きを具体化させたのが遺族同盟分裂劇の実相であった。

そして、一日も早い全国組織結成が望まれる中で、あえて同盟分裂が決行されたきっかけが天皇制問題であったことは単なる偶然ではなく、共産党員が「天皇制の廃止、プロレタリア独裁万歳をブッた」直後の参加者の反応に裏付けられた、極めて確信犯的な決断であったと考えられる[77]。それは、後にこの分裂劇の渦中にいた高松宮をはじめとする同胞援護会役員たちによる座談会の席上、未亡人遺族運動の端緒を開き、日本遺族厚生連盟の国会対策委員に就任する牧野修二の発言からもうかがい知ることができよう。

殿下〔高松宮〕のいらっしゃるところで天皇制の問題をやったところ、殿下は平然として聞いて居られた。後で徳川会長さん〔徳川家正同胞援護会長〕に注意されたが、僕は殿下が平然と聞いていらっしゃることによって、殿下の偉さというものをみなに知らしめたことになっていいのじゃないかといって、会長さんに叱られました[78]。

牧野には、参加者の大勢が決して反天皇制のアジテーションなどに靡かないという、相当の自信と余裕があったに違いないし、参加者の反応はまさに牧野の予想した通りであった[79]。そのような参加者の反応に、主導権奪取の手ごたえを確かなものとした勢力によって提起された新たな遺族運動の潮流は、その後急速に全国組織化の道を歩むことになる。そして、一度分裂を来した遺族組織再統合の過程においても、天皇の存在が重要な役割を果たすことになるのであった。

三．天皇・皇后拝謁が支えた遺族組織の再統合

新たな全国組織化へ向けた動きは、分裂一ヶ月後の一九四七年六月に、「全国平和連盟東京都本部」と称する会名で、北原正幸、福本富次郎の両氏から各都道府県の遺族会や都道府県庁の関係部課に参集を呼びかけたことで進展をみせる。七月一三、一四、一五日に東京都芝増上寺で開催された会議には三三都道府県の代表者が出席し、初日に全国平和連盟総本部を東京に設置する構想が説明され、「全国平和連盟総本部規約」などについて協議した[80]。三日目の一五日には全国組織の結成に関して具体的な議論に入ったが、未だ県単位の結成を完了していない府県も多く、それらの府県代表から時期尚早論が出され、同年一〇月二〇日を期して再度東京に参集し、その時は必ず全国組織を結成することを申し合わせて会議を閉会した[81]。

結果的には露天会議に続き全国組織結成の困難さを露呈した会議であったが、遺族同盟の分裂後二ヶ月の状況では分裂の余韻未だ醒めあらず、新たな全国組織化の潮流に対して地方組織の反応にも温度差があったであろうことは容易に予想できる。それらを再び統合し、新たな全国組織化の流れを確乎たるものにすることこそが、遺族同盟分裂後二ヶ月という早い段階で、あえてこの会議が開催された大きな理由だったのではないだろうか。そして、新たな全国組織化の流れを確乎たるものにするためには、自らと遺族同盟との相違を明らかにし、自己の正当性を顕示する必要があった。それを極めて効果的に果たし得たのが、会議二日目に遺族代表が許された天皇・皇后との拝謁だったのである。

七月一四日、会議に集まった遺族代表百九十数名が「天皇、皇后両陛下に拝謁を許され」た。天皇は列立する遺族代表たちに「非常に遺族が苦しんでおることと思う。しかしいましばらく、どうか元気でしんぼうをして下さい。どうか日本の国のためにも、しばらくしんぼうして下さい」と声をかけ、それに対して東京都遺族代表の福本富次郎が「戦没者の意志をついで、日本の国家再建のため努力する覚悟である」と答え、遺族代表たちは万歳三唱をおこなった。[82]この拝謁時の両者のやりとりは、遺族組織再統合から全国組織成立に至る過程を支え、そして以後の遺族運動の方向性をも決定づけた天皇と戦没者遺族との関係を分析するうえで大きな示唆を与えてくれる。

他の回想によると、天皇は遺族の生活状況を質問し、遺族の窮状を聞きながら「青ざめたお顔、眼鏡越しに落ちる涙、卒倒しそうな苦悶のお姿」で「それで遺族の皆さんは日本再建の為に尽して下さるでしょうか」と重ねて質問をした。[83]日本国憲法の公布・施行によって、天皇は戦後日本国家の象徴と位置づけられた直後であったが、その象徴としての立場にもかかわらず極めて政治性の高い発言を行うことで、遺族代表たちに対して戦後国家への忠誠を問い質したのである。[84]そして、その返答として会議開催を呼びかけた遺族代表の一人である福本富次郎が以下のように「お誓いした」。

私共の大事な肉親は日本の国の安泰と繁栄を信じて死んで行ったのです。それが敗戦後のこの混乱状態では死んでも死に切れない思いでしょう。一日も早く日本を再建する為に遺族こそ先頭に立って努力する覚悟です。[85]

福本は、自ら提唱した新たな遺族組織全国化を目指す運動が、戦後体制の枠組みの中で日本再建に向けて邁進するものであることを天皇に誓い、左傾化の様相を呈し一般社会から誤解されかねなかった遺族同盟との方向性の違いを高らかに宣言したのである。また、「日本の国の安泰と繁栄を信じ」た英霊精神を強調し、復興の軸に英霊精神の継承を提起することで、戦後社会においても、「戦没者」並びに遺族に対する再評価の足がかりを築いたといえる。そして、英霊精神の継承を担うのは、遺族の矜持を持ち続ける新たな遺族組織でなければならなかったのである。

ここで問題となるのが、国家に「一家ノ支柱ヲ捧ゲタ[86]」戦没者遺族たちが、だからこそ自らも「戦没者」の意志をついで、日本の国家再建のために努力するのだと決意し、それを天皇にお誓いするという構図である。

少なくとも敗戦後の遺族厚遇政策打ち切りに直面し、日本政府は全然頼りにならず、役人たちの豹変を痛感した遺族（未亡人）たちであったからこそ、主体的に遺族運動を形成し、政府を相手に「生活保障拡充」などを要求し得たことは既に述べた通りである。そして、そのような国家の裏切り、いわば敗戦以前との断絶を有無をいわさず受容させられた境遇の中からこそ、戦前の価値観を否定し、新たな国家体制のあり方を模索する民主戦線運動への共感を生じさせ、さらには、

吾々遺族は肉親を国家にささげた一番大きな犠牲者である。然るに吾々をこのような取扱いをされるなら、敢て国家に何もお願いはしない。息子を元の姿で返してくれ、夫を元のままで返してください[87]。

といった、国家を対象化する思想形成の可能性までもが生じ得たのではないだろうか。つまり、様々な弱点を包含していたとはいえ、戦前の価値観と決別し、主体的に国家と対峙しようとする姿勢こそが、遺族同盟による運動展開の過程で示され得た最大の成果ではなかったか。それにもかかわらず、再び国家への献身を誓い、しかも戦後国家の再建を戦前の英霊精神を継承して行おうと決意する遺族たちの姿は何を意味していたのであろうか。少なくともそこか

らは、国家の裏切りや敗戦以前との断絶を経験したうえでの変化を窺うことはできない。

　その国家の裏切りや敗戦以前との断絶を隠蔽し、自己の存在によって国家の連続性を保証することで、敗戦後に至るまで「戦没者」評価の適用範囲を拡大可能にしたものこそ、象徴として延命をはたした天皇の存在であった。つまり、天皇の存在によって国家の連続性が保証されたということは、「戦没者」の死によってこそ、その国家の連続性を守り得たとする論理の構築が可能となり、その結果として、戦後社会における「戦没者」そして戦没者遺族の再評価を可能とする道が開かれたということができる。そして、程度の差こそあれ、多くの遺族に共通したであろう肉親の死を意義あるものにしたいとの願望に基づいた、戦没者遺族の再統合にも極めて効果的な作用をもたらしたと考えられる。まさに、天皇の存在のみが担い得た戦没者遺族の再統合であり、戦没者遺族運動の再出発であったといえる。

　確かに、天皇制廃止論議が直接の原因となって遺族同盟が分裂し、その直後に開催された新運動主催の全国会議で天皇拝謁が実施されたことは、遺族同盟との相違を明確化し、自己の正当性を顕示する必要があったからには違いない[88]。しかし、それ以上に英霊顕彰をはじめとする精神的処遇改善路線への方向転換を図らんとした新運動にとって、それを理論的に可能にさせる国家の連続性を目に見える形で誇示することこそ、新運動主導による遺族再統合への至上命題だったに違いない。そこに、国家の連続性の象徴たる天皇に対して、遺族代表が「戦没者」の意志をついで、日本の国家再建のために努力することをお誓いする必要性が存在したのであった。

　青天の霹靂といわれた敗戦とそれに続く占領下の状況においては、天皇の存在こそが、「戦没者」が守らんとした戦前・戦中国家と遺族が生きる戦後国家とを結びつけ、英霊顕彰＝精神的処遇改善を実現可能にする唯一無二の拠り所であったといわざるを得ない。

　戦後象徴天皇との結合を実現することによって、地方組織からの絶大な支持を得ることに成功した新運動は、完全に全国組織化への主導権を握り、一九四七年一一月一七日の日本遺族厚生連盟結成に至る流れを強力に押し進めていくことになる。それに対して、全国化の主導権を奪われた遺族同盟は一気に運動の求心力を失い、東京都未亡人連盟と日本遺族厚生連盟への「発展的解消」を余儀なくされたのであった[89]。

以上のように、戦争犠牲者としての自覚を重視して出発した戦争犠牲者遺族同盟は、広範囲な戦争犠牲者の共闘体制に結びつく可能性を有していたが、それと同時に、遺族同盟が依拠した犠牲者意識が少なからず敗戦後の処遇に対する物質的・精神的な喪失感に基づくものであったため、当初から戦没者遺族としての処遇改善を求める閉鎖的な勢力も包含せざるを得なかった。そして、戦没者遺族としての処遇改善を要求する勢力と、国家に対する犠牲者意識から幅広い共闘関係の確立をも志向した勢力が、渾然一体となって同一組織内で共存し続けるにはやはり限界があった。それ故に、戦前・戦中の価値観に基づいた「誉レノ遺族トシテノ矜持[90]」を重視せんとする勢力が、戦前・戦後の価値観を結びつける唯一の紐帯たる天皇の存在に対する批判を契機に、左傾化の傾向を強める遺族同盟からの離反を決意し、さらに天皇への拝謁を新運動展開の足がかりとしたことは、必然の流れであったといえる。

つまり、敗戦による戦前・戦中国家の崩壊によって、その欺瞞と作為を身をもって痛感させられた戦没者遺族が獲得し得た国家と対峙せんとする遺族同盟の可能性は、再び国家と寄り添うかたちで「戦没者」と戦没者遺族の再評価を実現しようとする男性遺族によってものの見事に絡め取られてしまったのである。そして、その動きを支えたものこそ、一貫して国家と不断の関係にあり続けた天皇の存在と、敗戦によっても衰えることのなかった絶大な影響力であったことを忘れてはならない。

おわりに

その後、ＧＨＱの厳しい監視下で結成された日本遺族厚生連盟の方針は、恒久平和の建設など、分裂した遺族同盟と共通する要素も含んではいたが、その核心はまさに一般の生活援護とは異なる戦没者遺族としての援護確立であった。そして、戦没者遺族としての援護確立の根拠として示されたのが、戦争最大の犠牲者は遺族であるとする序列化された犠牲者意識であり、それは反軍国主義・平和追求を明確に打ち出し、軍人遺族としての特恵よりも広範な戦争による犠牲者にも対応し得る社会保障の拡充を模索せんとした遺族同盟の犠牲者意識とは、似て非なるものであったことは既にみたとおりである。前者にとって「戦没者」の犠牲はあくまで殉死報国であったのに対し、後者にとっては、たとえそれが喪失感に結びつくものであったとしても、「戦没者」の死が「犬死に」でしかなかったことを受容した点で、両者の差異は決定的であった。

そして、日本遺族厚生連盟の精神的処遇改善路線を可能にしたのが、「戦没者」は今日の新しい平和日本の礎になったとの認識であり、そこには戦争には敗けたけれども祖国日本は守り得たとする国家の連続性への確信があったことは間違いない。その国家の連続性を名実共に支えたものが天皇の存在であったことは既に述べた通りである。また、同胞援護会会長の高松宮宣仁なども、占領下、戦没者遺族の葬儀などに県知事など公人が出席できない状況の中で、未亡人大会参加や母子寮の視察を精力的に実施することによって、戦没者遺族たちの完全な国家からの乖離を防ぎ得たといえるのではないだろうか[91]。これらはまさに、敗戦による国家体制の動揺期、人間宣言や全国行幸などによって天皇が果たした国民再統合の象徴的な一例といえるものであり、天皇・皇族の存在によって維持され得た戦後日本国家による戦没者遺族の再統合であったといえよう。

（1）敗戦直後の民衆の反応に関する分析は、吉見義明「占領期日本の民衆意識」、『思想』通号八一一、一九九二、一一、赤澤史朗「社会の変化と戦後思想の出発」、歴史学研究会編『日本同時代史　敗戦と占領』（青木書店、一九九〇）、赤澤史朗「戦後思想と文化」、中村政則編『近代日本の軌跡6　占領と改革』（吉川弘文館、一九九四）などの諸論考も参照されたい。

（2）前掲『十五年史』、一四頁。

（3）粟屋憲太郎「敗戦直後の神奈川県下の動向を示す警察資料」、『市史研究よこはま』第九号、一九九六、四一～四二頁。

（4）GHQ「軍人ノ恩給停止ノ件」の発表に基づく、一九四六年二月一日公布の「恩給法ノ特例ニ関スル件」を指す。その内容は①軍人、②GHQの命令により解散させられた団体等職員、③GHQの命令で逮捕された者等の年金や給与金について、その支給を停止する。ただし、身体障害者に対する補償金は、非軍事的理由による障害者に与えられる最低額を上回らない限度で支給が認められた。

（5）軍人恩給停止・制限の理由として最高司令部当局者の以下の証言が報じられている。
「日本における軍人恩給制度は他の諸国に類を見ないほど大まかのものであったが、この制度こそは世襲軍人階級の永続を許す一手段であり、その世襲軍人階級は日本の侵略政策の大きな源となったものである。（略）尤もわれわれは不幸の人々に対する適当な人道上の援助に反対するものではない、養老年金や各種の社会的保障の必要は大に認めるがこれ等の利益や権利は日本人全部に属すべきであり一部少数者のものであってはならない現在の惨憺たる窮況をもたらした最大の責任者たる軍国主義者が他の多数人の犠牲において極めて特権的の取扱ひをうけるが如き制度は廃止されなければならない」（『日本産業経済』一九四五、一一、二六、一面）。

（6）「福岡県及ビ福岡市遺族状況ノ概貌」一九四六年七月一日（財団法人福岡県遺族連合会編『三十五年のあゆみ』（福岡県遺族連合会、一九八三）、一二頁より重引）。

（7）同右。

（8）敗戦後の戦争未亡人たちの状況は、鈴木聿子編『未亡人たちの戦後史』上・中・下（筑波書林、一九八三）、婦人公論編集部『この果てに君ある如く　全国未亡人の短歌・手記』（中央公論新社、一九七八）なども参照されたい。
（9）前掲「敗戦直後の神奈川県下の動向を示す警察資料」、四二頁。
（10）粟屋憲太郎編『資料日本現代史2　敗戦直後の政治と社会①』（大月書店　一九八〇）、資料50。
（11）同右、資料41。
（12）前掲『遺族と戦後』、四〇頁。
（13）前掲『資料日本現代史2　敗戦直後の政治と社会①』、資料43。
（14）同右、資料30。
（15）同右。
（16）一九四六年六月九日の遺族同盟結成大会の日に、三百名の遺族が向かった靖国神社の様子を牧野修二は以下のように回想している。「靖国神社はひどいさびれかたであった。集団参拝は勿論、個人参拝も稀れだ。この間まで電車の中からお辞儀していた世人は、今は畏れ遠のいているのだ。遺族自身も何かしら憚かっていた」（牧野修二「戦争犠牲者運動の黎明期」、『厚生』六巻一一号、一九五一、一一）。
（17）一時賜金・寡婦扶助料額などの階級格差の大きさにみられるような「戦没者」に対する取扱いの疎略、すなわち国家が果たすべき政治的経済的責任の放棄に対して、それをとりつくろうものとして、安上がりの表面的な尊敬の表明が慰霊と顕彰の行事の場でなされていた（大江志乃夫『靖国神社』（岩波書店、一九八四））。それが、敗戦により国家の強制が解かれて以降、次第に低調になっていくのは無理からぬことであった。
（18）前掲「敗戦直後の神奈川県の治安報告」、四二頁以下。
（19）前掲『資料日本現代史2　敗戦直後の政治と社会①』、資料50。
（20）とりわけ軍需物資放出や統制を失って各々が獲得した物資を携行して郷里を目指す復員兵の姿には民衆からの非難が集中していた。
（21）牧野修二「浮き出した未亡人問題」、『厚生情報』四巻九号、一九四九、九。
（22）敗戦以前における戦没者遺族援護の実態や「戦没者」像・戦没者遺族像の詳細な分析は、郡司淳『軍事援護の世界―軍隊と地域社会』（同成社、二〇〇四）、一ノ瀬俊也『銃後の社会史　戦死者と遺族』（吉川弘文館、二〇〇五）などを参照のこと。

(23) 兵士が少なからず主体的に「英霊」たらんとしたのは、「天皇陛下の御ため一身を犠牲に奉公」することで、一家の生活をいくらかなりともうるおわせるだけの「孝行」を期待し得たことにもよる（大濱徹也「「英霊」崇拝と天皇制」、田丸徳善、村岡空、宮田登編『日本人の宗教3』（佼成出版社、一九七三））。それは経済的な孝行だけでなく、地域社会などからの賞讃によって精神的な孝行ともなり得たのであった。

(24) 財団法人山口県遺族連盟編『五十年誌』（山口県遺族連盟、一九九七）、六四頁。この他にも、未亡人組織化の段階で存在した左傾化の動きを警戒して、遺族組織の結成を急いだという証言も得られている。

(25) 「声、々！『ラヂオ放送』」、『山口県遺族連盟会報』三号、一九四八、六、一五。

(26) 前掲『戦後の出発』を参照のこと。

(27) 牧野の回想によれば、「…そして乏しい蓑口なので、一人五枚宛葉書を買って、二百枚くらい発送した。案ずるより産むが易しで、途中押収された地域があったぐらいで、M・Pに引っ張られもしなかった」（牧野修二「どん底の生命力」、前掲『十五年史』、三二二〜三二三頁）。

(28) 前掲「戦争犠牲者運動の黎明期」。

(29) 同胞援護会会史編纂委員会編『恩賜財団同胞援護会会史』（同胞援護会会史編纂委員会、一九六〇）も、「戦争犠牲者遺族同盟」について、「戦後最初の未亡人母子団体というより、我邦最初の未亡人母子団体」として評価している（一〇六頁）。

(30) 前掲「戦争犠牲者運動の黎明期」。

(31) 「ナゼ？戦争犠牲者遺族同盟と名付けたか」、『戦争犠牲者』一巻一号、一九四六、六、一。

(32) 前掲「戦争犠牲者運動の黎明期」、五一頁。

(33) 「全国の戦争犠牲者たる遺族よ！団結して生活を護らう」、『戦争犠牲者』一巻一号、一九四六、六、一。

(34) 同右。

(35) 同右。

(36) 前掲「どん底の生命力」。

(37) 前掲「全国の戦争犠牲者たる遺族よ！団結して生活を護らう」。
(38) 同右。前掲『恩賜財団同胞援護会会史』では、「戦争犠牲者遺族同盟『当面の目標』」に「社会的政治的活動」が含まれている（一〇四頁）。
(39) 戦後統一戦線運動の展開については、労働運動史研究会編『日本の統一戦線運動』（労働旬報社、一九七六）、松尾尊兊「旧支配体制の解体」、『岩波講座　日本歴史　現代1』（岩波書店、一九七七）、増島宏編『日本の統一戦線』上（大月書店、一九七八）、神田文人『日本の統一戦線運動』（青木書店、一九七九）などを参照されたい。
(40) 野坂は天皇のもつ二つの作用、すなわち「封建的独裁政治機構の首長」としての天皇と、「半宗教的役割」をもつ天皇に分類し、前者は「即時撤廃して民主的制度が実現されなければならぬ」が、後者については「戦後、一般人民投票によって決定される」べき問題とした（前掲『日本の統一戦線運動』、一五六頁）。
(41) 塩田庄兵衛「戦後日本の統一戦線運動」、前掲『日本の統一戦線運動』、一〇頁以下。
(42) その他の八項目は、①当面の緊急生活問題の打開、②現政府の即時辞職、③反動勢力の徹底的公職追放、④専制的天皇制廃止と民主憲法の作成、⑤耕作権の確立と土地を農民へ、⑥重要産業国有・独占資本の政府管理による工業高度化の促進、⑦八時間労働制、⑧中小企業保護が提示された（前掲「旧支配体制の解体」参照）。
(43) 世話人は、石橋湛山、羽仁説子、長谷川如是閑、細川嘉六、大内兵衛、横田喜三郎、高野岩三郎、辰野隆、野坂参三、藤田たき、安部磯雄、荒畑寒村、聴濤克巳、三浦銕太郎、森戸辰男、末川博、末弘厳太郎、山川均の一九人であった。ただ、社会党顧問安部、高野、顧問格の荒畑、森戸、共産党の野坂、細川らはいずれも個人参加であった。
(44) 吉田健二「資料紹介　民主人民連盟関係資料―民主人民連盟の組織関係資料を中心として」、『歴史評論』通号二九八、一九七五、二。
(45) 前掲「全国の戦争犠牲者たる遺族よ！団結して生活を護らう」。
(46) 「遺族と生活保護法」、『遺族新聞』一巻三号、一九四七、三（第三号から紙名を『遺族新聞』に改称）。
(47) 『遺族新聞』一巻二号、一九四七、三。
(48) 前掲「資料紹介　民主人民連盟関係資料―民主人民連盟の組織関係資料を中心として」。
(49) 前掲『恩賜財団同胞援護会会史』、一〇五頁。

(50) 同右、一〇〇頁。東京都遺族平和厚生連盟を組織したのは、遺族同盟分裂後、日本遺族厚生連盟の結成に向けて中心的役割を担った福本富次郎であった。
(51) 前掲『日本の統一戦線運動』、二〇八〜二一一頁。七月二一日、民主人民連盟は正式な結成大会を開催したが、ほとんど無意味な存在となっていたといえる。
(52) 政府原案「憲法改正草案要綱」の発表は山川提唱の民主人民戦線運動の第一回世話人会が開かれるわずか四日前の三月六日であった。松尾尊兊は、このGHQによる憲法草案提示が、憲法問題をめぐる保守戦線対民主戦線の対決の形勢を突き崩し、民主戦線を攪乱して支配層を救ったと評価する(前掲「旧支配体制の解体」)。
(53) 前掲『恩賜財団同胞援護会会史』、一〇〇頁。
(54) 同右、一〇一頁。
(55) 牧野修二によると、未亡人が中心となっての組織運動は、富山、茨城、長野その他で盛り上がりを見せ、「全国各地に狼火は点々とあがった」とされる(前掲「戦争犠牲者運動の黎明期」)。
(56) 富山県遺族会編『念力徹岩　富山県遺族会四十周年記念誌』(富山県遺族会、一九八六)、二六頁以下。本来、一次史料として同時期に発行された機関紙などを活用すべきであるが、富山県遺族会では組織結成当時から現在に至るまで独自の機関紙は発行していない。その一方で、組織結成四〇周年を迎えるにあたり記念誌の発行が計画された。その際、運動形成期の一次史料として「昭和二一年六月　県遺族会結成準備時代」や「軍政部関係日誌」と題された簿冊史料(内容の一部は写真にて確認可能)が活用されたが、現在その所在は不明となっている。そこで、簿冊作成を中心的に担い、四十周年記念誌における運動形成期の執筆を担当した濱岡玉喜元会長と運動初期から活動を共にしたY氏からの証言をもとに、四十周年記念誌を史料として扱いたい。
(57) 遺族同盟は、同盟員の細胞的活動と同胞援護会の協力が推進力となって各地で形成されつつあった地方団体の全国的連合組織に変化するようになっていった(前掲『恩賜財団同胞援護会会史』、一〇五頁)。
(58) 前掲『念力徹岩　富山県遺族会四十周年記念誌』、二八頁。
(59) 同右、三〇頁。富山県遺族会Y氏の証言によると、未亡人を中心とした遺族同盟に対する県担当者や男性遺族からの警戒は、組織化に至る「大きな障害」であった。

(60) 同右。
(61) 同右、三六頁。富山県遺族会Y氏の証言によると、遺族会結成後も男尊女卑的傾向は強く残されたものの、濱岡玉喜元会長を中心とした組織内部からの働きかけによって、遺族会婦人部の発言権が確立されていった。
(62) 同右。
(63)「お線香か、家族の生活安定か　県下の二遺族団体、意見対立」、『北日本新聞』一九四六、九、一八、二面。
(64) 同右。
(65) 富山県遺族会結成後、「今後のことは、内務部長が私たちとの約束を守って、すべて県でするものと思」っていた未亡人であったが、「産みっ放しで県へおかれては困る」と遺族への対応を任され、遺族の気持ちを逆なでするような皮肉に我慢しながら遺族の訴えに対応する姿が描かれている（前掲『念力徹岩　富山県遺族会四十周年記念誌』、四八頁）。また、結成前に未亡人たちと世話部の仲介役を担った県内務部長の、結成直後における知事選出馬問題で会は混乱し、以前の仲介自体が未亡人票の取りまとめを期待する「内務部長の大きなワナ」であったことに気づかされる。
(66) 前掲『十五年史』には、「この頃これとは別に靖国神社嘱託、大谷籐之助氏が、各地方を巡歴して遺族の組織結成の勧奨をしたこともあった」との記述がある。詳細は不明であるが、大谷は元大本営参謀（海軍中佐）で、この後、日本遺族厚生連盟結成の際に長島銀蔵を初代理事長（一九四八年四月から会長制）に推薦した人物である。
(67)「平和日本実現と互助を目指し　各地に挙がる遺族結成の旗　反動分子の潜入を防げ」、『遺族新聞』一巻三号、一九四七、三。一地方に二つの遺族団体が結成された地方が具体的にどこであったのかは明らかにされていないが、既に「組織された遺族は三十万を越えるものと推定され」るが、「先づ自分の加入する団体をよく研究する事が必要である」と注意が促されている。
(68) 前掲『十五年史』、一七頁以下。
(69) 財団法人福井県遺族連合会編『四十年のあゆみ』（財団法人福井県遺族連合会、一九八八）、八四頁。具体的には、前述した富山県遺族会結成時に対立をもたらした、「遺族の援護には物資は第二の問題で、精神的な支へが一番必要なのだ」といった意見と、「なき英霊が案じてゐるのは残された者の生活なのです」という意見の食い違いであったと考えられる（前掲「お線香か、家族の生活安定か　県下の二遺族団体、意見対立」）。

(70) 前掲『三十五年のあゆみ』、三八〜三九頁。富山県遺族会結成時の対立も、遺族同盟の政治性に対する警戒・批判があったとの証言が得られている。

(71) 同右。

(72)「あれから十年」、『日本遺族通信』八九号、一九五七、七、三一。

(73) 同右。

(74) 前掲『恩賜財団同胞援護会会史』、一〇五頁。

(75) 水海道美革会「最近の未亡人のさけび」(一九四九年四月一九日)。水海道美革会は、戦後結成された茨城県最初の未亡人組織である。その水海道美革会関係者への聞き取り調査の中で得られたパンフレットが「最近の未亡人のさけび」である。

(76) 北河によると、各地の遺族団体の成立過程は、遺族同盟と同様に未亡人主体のものや行政の支援によるものなど多様であるが、男性遺族や地方世話部などの働きかけで遺族会が設立されたケースが最も多かったようである(前掲『戦後の出発』一五九頁以下)。

さらに、女性遺族を中心に結成された団体であっても、遺族同盟とは異なり、英霊顕彰や靖国神社奉賛などを活動方針に明記する団体が少なくなかった。女性遺族の組織化運動が極めて早い時期に比較的スムーズに成立し、運動を主導した何人かの戦争未亡人が副会長など本部役員に就任した福井県遺族互助会も、その「規約」は、精神的処遇改善を主眼に据えるものであった(前掲『四十年のあゆみ』、六六頁)。

(77) 波田永実は遺族同盟分裂の原因について、「兵卒の「未亡人」たちが、生活の苦しさから、旧軍隊内の階級秩序を「無視」して、経済的補償要求を突出させて運動を展開したことにこそ求められるのではないだろうか」とし、本書で示した「左傾化」の要素をあまり「重視しない」としている(波田永実「遺族運動の形成と展開―講和以前と講和後」、倉沢愛子他編『岩波講座アジア・太平洋戦争2　戦争の政治学』(岩波書店、二〇〇五))。確かに、「「民主平和戦線」なる運動や組織化に実態があったか」という点については、同時期の民主戦線結成ムードの高揚に連帯するものであったとしても、その実態がいかなるものであったのかについては具体的に明らかにはなっていない。しかし、たとえ「実態のない「左傾化」」であったとしても、それを過大評価し、分裂を決断させる契機となったのが共産党員による反天皇制のアジ演説であったことは確かであり、そこに遺族同盟の「左傾化」を確信させ、分裂劇を実行にまで至らせた事実を重視したい。

(78)「同胞援護会の思い出を語る　高松宮殿下を囲んで」、前掲『恩賜財団同胞援護会会史』、七五三頁。

(79)後の天皇・皇后拝謁の際には、遺族の窮状を訴えた結果、天皇が「お心をなやまされ、涙を流された」すると、その場にいた老人が窮状を訴えた福本富次郎に対して「福本さんはあまりひどいことをいって陛下をお泣かせした。何とも申しわけないではないか。お前切腹しろ」と迫ったという。それを振り返って「遺族は皆んな、こういう気持だった」と述べられていることからも、大半の戦没者遺族にとって、天皇・皇族に対する忠誠心は敗戦後も極めて揺るぎないものであったと考えられる（「座談会　二十年をかえりみて」、『日本遺族通信』二〇三号、一九六七、一二、一）。

(80)①本部の運営資金は国庫補助に仰ぐこと、②本部支部の連絡を密にして情報の交換をすることなどについて協議された。

(81)「全国組織結成の必要は痛感するが、参加県が全都道府県の半数に満たず、また末端組織の成熟度も充分とはいえないから、いましばらく結成を待つべきだ」との意見が出されたという（前掲「あれから十年」）。

(82)前掲「座談会　二十年をかえりみて」。

(83)藤田美栄「思い出の記　「モンペ」」、前掲『十五年史』、三一五頁。

(84)戦後の象徴天皇制下における昭和天皇は、全国巡幸や国民体育大会などへの出席にみられる表面的な非政治性によって、象徴天皇としての位置とそれを通した国家への民衆の再統合を実現し、裏では保守政治への積極的な関与によって安保体制確立の立役者としての役割を演じていた（千本秀樹『天皇制の侵略責任と戦後責任』（青木書店、一九九〇））。遺族代表たちに対する天皇の政治的発言も、その役割を極めて効果的に果たすものであったといえる。

(85)前掲「思い出の記　「モンペ」」。

(86)前掲「福岡県及ビ福岡市遺族状況ノ概貌」一九四六年七月一日。

(87)前掲『五十年誌』、六〇頁。

(88)都道府県支部の回想にも、天皇への拝謁を機に全国組織化が活発化したことを明記するものが多い。例えば、東京都遺族連合会の沿革には、「…両陛下の拝謁と御下問による感激が一つの契機となり、遺族の全国的連携と組織化に拍車がかけられ…」と記されている（前掲『十五年史』、二三八頁より重引）。

（89）遺族同盟はその後しばらく存続しているが、遺族同盟東京都支部の「戦没者両親たる会員」が東京都遺族厚生会の結成にあたることとし、「未亡人たる会員」は、一九四九年四月一〇日の国際婦人デーを期して東京都未亡人連盟を結成した。そして六月一九日、東京都未亡人連盟第一回大会の際に、全国的にも同様に全国未亡人団体協議会の樹立拡充に進む方針を幹部会で決定し、七月一〇日「発展的解消声明」とともに遺族同盟はその歴史を閉じた（前掲『恩賜財団同胞援護会会史』、一〇五頁）。全国未亡人団体協議会は、同胞援護会や日本遺族厚生連盟を含む民間社会事業団体七団体の協議の結果召集された「全国母子代表者会議」（一九五〇年三月開催）において結成が決議された全国連絡団体であり、同胞援護会や日本遺族厚生連盟の方向性に同調的な団体であったと考えられる。

（90）前掲「福岡県及ビ福岡市遺族状況ノ概貌」一九四六年七月一日。

（91）「同胞援護会の想い出を語る」、前掲『恩賜財団同胞援護会会史』、七四七頁以下。

第二章　犠牲者＝受難者としての「戦没者」と反戦・平和

はじめに

一九四七年七月一五日、遺族運動内における左派勢力の排除に成功し、天皇・皇后との拝謁によって遺族組織全国化の主導権を確立した男性遺族を中心とする勢力は、一九四七年一〇月二〇日を期して東京に集り、全国組織の結成を遂げるとの申し合わせを行って代表者会議を散会した。しかし、その後の準備が進捗せず全国組織結成は延期され[1]、結局一九四七年一一月一七日に全国組織結成の会議を開催するに至ったのである。

第一節　日本遺族厚生連盟の出発と挫折

一．様々な制限下での日本遺族厚生連盟結成

当日、東京芝の増上寺に集まった全国二八都道府県の代表者一三五名を前に、準備委員長斉藤晃（福岡県遺族）から会議に至る経過報告がおこなわれた。それは、全国組織準備委員が組織結成の意向をＧＨＱに打診した際、ＧＨＱ社会局福祉課長ネフ大佐が述べた発言に関する報告であった。報告によると、ネフ大佐は「戦争遺族が、そのような

組織をつくることは、好ましいことではない」としながらも、「強いて、組織をつくることを禁止はしない」と組織結成を容認する態度を示した。[2] ただ、結成の条件として以下の三点が提示された。

一．戦没者遺族だけでなく、社会公共のための殉職者遺族も対象とする。
二．遺族の相互扶助を目的とする。
三．組織には、現職官公吏、追放者、元職業軍人等を役員として入れない。[3]

この三条件は、「戦没者遺族として」の処遇改善を求めるために遺族同盟を分裂させ、新組織運動を展開した勢力にとって、その意義を失わせかねない苛酷な制限であった。つまり、第一項で戦没者遺族のみを構成員とする団体結成が禁止され、第二項で「英霊の顕彰」など精神的処遇改善を運動の中心に据えることが禁止され、第三項によって実質的に男性遺族の参加が大幅に制限された。それは、遺族同盟を分裂させてまで実施しようとした新運動の企図を悉く否定するものであったといえる。しかも、それは占領下にあっては絶対的に遵守せざるをえないGHQ命令だったのである。

そのような制限を前提とした全国組織の結成であったため、日本遺族厚生連盟（以下、厚生連盟）として誕生した新組織の「規約」が、GHQの意向を配慮し、積極的側面をかなり抑えた内容となっているのは当然といえよう。「規約」第二章第四条には、厚生連盟の目的が以下の通り掲げられている。

第二章　目的

第四条　本連盟は会員の相互扶助、慰藉救済の道を開き道義の昂揚、品性の涵養につとめ、平和日本の建設に邁進すると共に、戦争の防止と、世界恒久の平和の確立を期し、以て全人類の福祉に貢献することを目的とする。[4]

一見してGHQが示した三条件を忠実に守った「規約」であることが理解できる。一方で、この「規約」に「道義の昂揚、品性の涵養につとめ」る旨が明記されたことは、厚生連盟として結実させた精一杯の決意を示すものであったと考えられる。それは、「道義の昂揚、品性の涵養」を通して、会員遺族に国の犠牲として殉難した「戦没者」の遺族としての矜持を喚起し、遺族は「軍国主義の温床であるというが如き」「謬見」[5]を払拭することによって、戦後日本社会における戦没者遺族の再評価を求めようとする確固たる意志に貫かれたものであった。

しかし、占領下におけるGHQの厳しい監視と警戒[6]、そして未亡人家族に代表される現実生活の困窮をまえに、初期の運動形態としては、「戦没者」の名誉回復を図る精神的処遇改善よりも生活援護政策の実施要求を前面に出さざるを得なかった。[7] そのため、遺族援護の前提として、敗戦とGHQ諸指令によって断絶を余儀なくされていた戦没者遺族と国家との関係回復が主張され、それが常に運動方針の軸に据えられた事実を見落としてはならない。そして、そのような戦没者遺族と戦後国家との関係の再定義が、必然的に戦後社会における「戦没者」の再評価を必要とするものであったことにも注目しなければならない。

では、そのような初期の運動形態が確立されたのはいつ頃のことであったのだろうか。

二．占領下遺族運動の限界

厚生連盟としての政府に対する働きかけは、結成翌日の一一月一八日に、班を分けて総司令部福祉課、片山哲首相、衆参両院議長を訪ね、厚生連盟の結成挨拶と決議書の提出、陳情を行ったことに始まる。

この陳情において、福祉課長ネフ大佐から「戦災者、引揚者、戦没者遺族は、三者平等に取扱うことが原則であり、差別的冷遇が存在するのは「むしろ遺族の働きかけが足らないのではないか」と、遺族運動の積極化を容認するかの如き発言を引き出すなど、各方面から好意的な反応を得ている。[8] 中でも、一松定吉厚生相からは、援護関係文書に遺族の項が無かったことに触れて、「引揚者、戦災者等の等の字に遺族は含めてある」が、遺族の項が無いことによって差別的処遇が生じているのであれば「速かに、その点は是正するとともに、今後誤解のないように遺族の項は公文書に明記するよう取扱う」と、援護施策の中で戦没者遺族を独立した存在として位置づける公約となるような発言を得たことは、心強い成果であったと考えられる。[9] それらは、戦没者遺族としての援護獲得へ向けた手応えを十分に感じさせる陳情の成果だったのではないだろうか。

戦没者遺族としての援護獲得の具体的な方向性は、結成の翌年一九四八年七月二五、二六日の大阪四天王寺における厚生連盟総会、いわゆる「四天王寺会議」において提起された。会議の席上、遺族の援護強化に関する根本対策について審議され、従来の援護政策は、遺族なるが故の特別な援護をしてはならないとする指令（「勅令第六八号」）があるために十分な遺族対策がなされなかったとの認識から、①その指令の変更を求めること、②指令内で動ける具体的運動を実施することの二つの方向について話し合われた。[10]

最終的には、指令解除と遺族補償制度の確立のために署名請願を行うことが決議される一方で、「現段階においては、ＧＨＱ指令内で、すべての要望を作り、運動もその範囲内で実施しなければならない」との結論も盛り込まれた。[11] しかし、指令範囲内での援護拡大運動だけでなく、指令そのものの見直し要求をも含んだ活動の提起は、占領下の遺族運動としてはかなり踏み込んだ内容といえるものであった。そこには、さきの陳情の際に各方面から得られた好意的な反応、特にＧＨＱ当局から運動積極化を容認するかの如き反応を得られたことが、少なからぬ影響を及ぼしていたと考えられる。

そして厚生連盟は、「四天王寺会議」での決議を反映した二本立ての遺族補償制度確立の請願要項をまとめた。第一は、遺族の生活の実態調査に基づいた対策を求める、いわば戦没者遺族としての援護確立を要求する内容であり、第二は、遺族の当面の窮状打破を訴える現実的な要求五項目が掲げられた。この請願要項は、指令内で可能な援護策の要求を行う一方で、戦没者遺族としての根本対策を求めたという意味では、占領政策の見直しをも視野に入れた、かなり積極的な内容の請願であったといえよう。

しかし、このような厚生連盟の積極的な運動の展開は早々に挫折を余儀なくされる。一九四八年六月二〇日に東京都を経て厚生省に出されていた厚生連盟の財団法人認可申請が、一〇月二〇日に至ってＧＨＱの意向として不許可の方針が明らかにされたのである[12]。不許可の決定にＧＨＱの意向がどれほど反映されたか定かではないが、「厚生当局でも大体了解していたが最後のドタン場で、ＧＨＱの横槍が入り、ついに申請取下げの止むなきに至った[13]」との回想によるならば、その影響力は絶大なものであったと考えられる。

申請不許可の衝撃は相当なものであったようで、『十五年史』も「このことは当時、ようやく全国的な組織体制を整えつつあった本連盟にとって、少なからざるショックであった[14]」と記している。そして、この事態に対処するために一一月二五日、二六日に東京靖国会館で臨時総会が開かれた。

会議では、財団法人不成立に関しての報告がなされ、当時の木村厚生省社会局長によって示されたＧＨＱの意向が長島銀蔵厚生連盟会長から明らかにされた。

（一）日本遺族厚生連盟は法人としては不成立でも、団体としては存続し、活動して差支えない。
（二）地方の遺族会の中で既に財団法人となっているものは何等差支えない。
（三）地方の遺族会は遺族に直接してその厚生を策する面が多いから、今までに財団法人になっていない会でも、その地方の認める所によって財団法人になって差支えない。
（四）法人として成立しなかったからと言って意気沮喪せず真面目に熱心に働いて欲しい。[15]

申請不成立となった厚生連盟に対して、厚生省側は明らかに同情的な意向を示している。それは、「今回はやむを得ず不認可に至った。しかしながら、占領下における遺族運動は、GHQ指令に反しない範囲で行う限り何ら問題ない」といった、厚生連盟の存在に対する非公式な認可表明とさえ感じられる内容であった。[16] さらに、（二）と（三）の中で、既に財団法人となっている地方遺族会が承認され、以後の地方における遺族組織の財団法人化も認められたことは、将来的な厚生連盟の財団法人化の可能性を示すものであった。

ただ、どれほど厚生省から同情的な反応が得られ、将来の財団法人化への希望が存在したとしても、現実問題として財団法人申請が不許可となったことは遺族をとりまく客観情勢のきびしさを痛感させるものであり、厚生連盟としての活動方針を見直す必要に迫られたと考えられる。それは、GHQ指令の撤回要求など、占領政策を否定しかねない論調を後退させ、戦争未亡人などを前面に押し出す生活改善要求運動への回帰を促すことになった。

つまり、占領下における財団法人化計画の挫折は、それまで積極的に実施されようとしていた占領政策の転換による劇的な精神的処遇改善を目指す方針を後退させ、まず遺族組織の地歩を固め、国民の支持を背景とした着実な物質的処遇改善を目指す、現実主義路線への方針転換をもたらす契機となったと考えられる。

具体的には、戦没者遺族が戦後国家からも補償を受けるに値する正当な理由の確立に加え、ＧＨＱの占領政策における基本方針でありポツダム宣言においても示された、「日本軍国主義の駆逐」の対象とならない運動であることの証明までもが、全国組織結成直後の遺族運動が克服すべき課題となったのである。そして、それら科せられた課題の全てが、遺族運動形成の前提条件ともいうべき「戦没者」の位置づけに直結する問題であり、その意味でも「戦没者」像の再編は急がれなければならなかったのである。

そのような状況下にもかかわらず、戦前・戦中の「戦没者」評価を牽引した中核機関であり、戦没者遺族の精神的拠り所となり続けた靖国神社は、この時期、創建以来未曾有の存続の危機に立たされていたのであった。

第二節　存続危機の中で示された靖国神社平和論

一．解体の危機に直面する靖国神社―断絶した天皇の靖国参拝

一九四五年八月の敗戦を機に、靖国神社がその存続もふくめ、極めて厳しい立場に置かれたことはいうまでもない[17]。ただ、靖国神社をめぐるＧＨＱの方針はあらかじめ用意されていたわけではなく、一連の占領政策の過程で実施された様々な調査・議論の結果に基づいて決定されていったものであった。しかし、敗戦以前の一九四四年三月一五日、アメリカ国務省の内部機関「戦後計画委員会（ＰＷＣ）」が作成した「ＰＷＣ―１１５」文書の中では、既に靖国神社に関して以下のような言及がなされていた。

(c)靖国（神社）、明治（神宮）、乃木（神社）、東郷（神社）その他の国家的英雄を祀る近代的神社のいくつかは、

我々が理解するごとき意味における「宗教」的信仰の場なのではなくして、国家主義的軍国主義的な英雄に対する崇拝および戦闘的国民精神の涵養（かんよう）のために祀られた国家主義神社（nationalist shrine）である。[18]

そのうえで、以上の神社に対しては「日本政府も「国家神道は宗教ではない。むしろ愛国精神の発露である」と繰返して主張しているのであるから、信教の自由の原則を犯すことなく閉鎖し得る」との結論に達していた。[19] それほど、軍国主義の象徴的存在として位置づけられた靖国神社などに対するＧＨＱ側の感情は「きわめて険悪」なものであったということができる。[20]

それにもかかわらず、敗戦直後の靖国神社は迫り来る危機的状況に対して全く無警戒であったばかりでなく、一九四五年一一月一九～二一日には、日中戦争と太平洋戦争の未合祀の霊を氏名不詳のまま一括して招魂することを目的とした、臨時大招魂祭の実施まで決定していたのである。確かに靖国神社にとっては、「日本軍国主義の駆逐」を目的とした陸海軍の解体が避けられない状況にあって、膨大な数にのぼる戦没者名簿の整理・作成作業が困難を極めるであろうことは勿論のこと、何より靖国神社を所管する陸海軍省が解体されてしまうことによって、たとえ名簿の作成が完了しても神社本来の目的である合祀そのものが行えなくなるという可能性の方が、より現実的な差し迫った危機となっていた。そのため、「ともあれ陸海軍省廃止以前に、全戦没者の為の招魂慰霊式をしておこうと言う趣旨」[21]で臨時大招魂祭の実施が決定されたようであるが、ＧＨＱ民間情報教育局の顧問としてＧＨＱと日本政府、そして靖国神社の橋渡しのために奔走していた岸本英夫[22]が臨時大招魂祭実施を知らされたのも、期日が間近に迫った一〇月二四日のことであった。

臨時大招魂祭実施に対するＧＨＱ側の「きわめて険悪」な空気を感じ取った岸本は、総司令部に赴いて早急な処分実施の留保を求め、日本側の対応策について和辻哲郎や南原繁などからも意見を求めていた。その最中に、靖国神社権宮司からの訪問を受けたのである。岸本と靖国神社側との接触自体、この時が始めてであったようであるが、正式に臨時大招魂祭についての計画を聞かされた岸本が何よりも驚かされたことが、靖国神社側の情勢に対する無知であった。

意外にも、神社側では迫りつつある危機については、ほとんど何も知らなかった。そうした事情には無関心のまま、臨時大祭の執行を決定していたのであった[23]。

岸本は詳しくＧＨＱ側の状況を説明し、訪れた権宮司も当初は「ひどく驚いた様子」だったものの、靖国神社の存続を図る方法として、速やかな陸海軍省管轄からの離脱や名称の変更までを視野に入れた対応を検討することを話し合った。それでも岸本の不安は拭われず、「この大祭はただではすまない、大祭をめぐって何ごとかが起こりそうな予感[24]」が募る中で、臨時大招魂祭の準備が進められていったのである。

そのような状況にあって最大の問題の一つといえたのが、臨時大招魂祭に合わせた昭和天皇の靖国参拝であった。太平洋戦争中の未合祀全戦没者を、未調査のままで一括招魂するという前例のない祭典であったこともあり、天皇の参拝は欠くことのできないものであったと考えられる。しかし、天皇自身の地位の保証さえいまだ流動的な状況の中で、軍国主義的・国家主義的神社の象徴的存在であった靖国神社への参拝は、天皇、靖国神社両者にとって大きなリスクを伴うものであったに違いない。

現に、一一月二〇日の天皇靖国参拝＝行幸が正式に宮内省・陸軍省から通達された直後、ＧＨＱ側が突如として不許可の意向を示したのである。その不許可の指示を出した人物こそ、岸本が顧問を務める民間情報教育局のダイク局長であった。そのダイク局長と天皇参拝に関する調整を急遽依頼された有末精三陸軍中将による交渉の結果、「米軍としては、天皇の行列、御拝など一切公表せず、兵には全然わからぬよう手配し、ご警衛などについては一切日本側に委しトラブルの起るのを避けること[25]」を条件に参拝が認められたのである。さらに、参拝を翌日に控えた一九日には、総司令部で仕事をしていた岸本が民間情報教育局のバンス大尉に呼び止められ、「あなたにだけ内密で知らせておきたいと思うことがある」と以下のように耳打ちされた。

実は、靖国神社の件で、ちょっと面倒なことが起こっている。先きほど、ＣＩＣ〔対敵諜報部（ＣＩＳ）の誤表記〕の局長ソープ代将からダイク代将に電話がかかってきた。そして、一体、民間情報教育局は、靖国神社の大祭をあのようにやらしておいてよいのかと、強い詰問的な語調で問いただしてきた。ダイクは、明日自分が見分に行くことになっているから、よく見た上で善処する、と回答しておいたと言っていた[26]。

そして、「明日のダイク代将の印象如何では、靖国神社の運命が決定的なことになってしまうかもしれない」との忠告を受けた岸本は、前夜祭を終えた祭典委員の将校たちと掛け合い、翌日は極力軍国調のない祭典にする方向で決着したのである。

一連の民間情報教育局による天皇の靖国参拝に対する不許可命令と撤回、その直後のＣＩＳからの抗議を受ける形での視察実施がいかなる関係性をもつものであったのかは定かではないが、ＧＨＱが靖国神社と天皇の結びつきに神経を尖らせていたことは間違いない。

その一方で、昭和天皇自身は、臨時大招魂祭に合わせた参拝に並々ならぬ決意をもって臨んでいたのであった。参拝前日、天皇は風邪が原因で三六・五度の熱があった(27)。用心のためその日いっぱい「御床に入」って過ごした天皇であったが、翌日の参拝に対しては「明日の行幸は大切なれば是非行く」との決意を示していたのである(28)。結果的に、岸本の「体を張っての精一杯の努力」と天皇の熱意に支えられて実現した臨時大招魂祭によって、GHQ側の認識は大きく変化し、靖国神社にとって「第一の、しかも最大の危機を脱」したのであった(29)。

それにもかかわらず、翌年一九四六年四月三〇日に予定されていた春季例大祭への天皇の参拝が急遽中止されたのである。その春季例大祭は「陸海軍省解体、社制改更以降初度」の例大祭であり、調査を終えた二万六九六九柱の合祀も行われる予定であったため、当初は「勅使参向ノ上同日或ハ後日行幸ノ事仰出サル筈」であったが、「二十七日ニ至リ諸種ノ事情ノ為御取止メ」となったという(30)。その背景には、前年の臨時大招魂祭以降、「たとえ個人としての立場のみでという主張であっても、靖国神社の公式の式典に天皇が出席し、あるいは弊使を差しつかわすことは認めない」ことを決めた民間情報教育局の決定が影響したと考えられるが(31)、それに加えて、昭和天皇が自らの意志で靖国神社に参拝しないことを決めたという元GHQ宗教課バンス課長の証言は非常に興味深い(32)。バンスによると、天皇は「物事を穏便に運びたいとお考えにな」り、「ご自身の判断」で靖国神社参拝を行わなかった。なぜなら、「もし、昭和天皇が靖国神社を参拝なさりたければ、そのようにできるようにしておいたはず」であり、確かに民間情報教育局も「式典のとき以外の日ならいつでも、天皇が「個人として」靖国神社にいくことは希望すれば自由」な状態にしていたようである(33)。それでも以後、占領下における天皇の靖国参拝、勅使の参向は一切行われることは無かった。

確かに、未だ靖国神社に対する処分が流動的であった状況に加え、自身の戦争責任問題にまで影響を及ぼしかねない靖国参拝について、天皇自身が取り止めの判断を下したことは十分に考えられる。つまり、占領政策を穏便に運びたいがため、そしてマッカーサーの方への遠慮から、靖国参拝が天皇の主体的な判断をもって自粛された可能性を見落とすべきではない。少なくともそこには、風邪をおして靖国参拝を実施した以上に、天皇自身の政治的判断が存在したことは間違いないように思われる。

しかし、合祀された「戦没者」に対する天皇自身の参拝や勅使参向こそが神社存立の根幹に関わる靖国神社にとって、天皇が主体的に参拝自粛を選択するということ自体、容易には認めがたいものであったに違いない。その経緯について、横井時常元宮司は後に以下のように回想している。

春の例祭だね。結局陛下の行幸を中止した。もう要するに（靖国と）皇室のつながりを遮断しようというわけなんだね。アメリカはいやにやかましいんですよ。これは問題だ、と。菊の御紋は取り除けとかね、エンペラーメッセンジャー（勅使）はいかんとか言って、皇室とのつながりを遮断しようとしたわけなんですよ[34]

ここには、春季例大祭への参拝中止もGHQの強制に屈したものであったとの見解が示されているが、そのような占領政策の犠牲者＝受難者としての天皇の位置づけは、戦争の最大の犠牲者＝受難者であることを自認する戦没者遺族にもまた共有されるものであった。

一九四七年七月一四日、戦没者遺族の全国組織結成に際して大きな転換点となった全国戦没者遺族代表による天皇・皇后への拝謁が行われ、居並ぶ遺族たちに対して天皇は、「非常に遺族が苦しんでおることと思う。しかしいましばらく、どうか元気でしんぼうをして下さい。どうか日本の国のためにも、しばらくしんぼうして下さい[35]」と述べた。さらに、遺族の窮状を訴えられた天皇は涙を流し、「敗戦の御苦悩の誰よりも深いであろうと思われる両陛下」

の姿を見た遺族たちは、日本再建への決意を新たにしたことは既にみたとおりである[36]。

そこには、敗戦によっても断たれることの無かった日本国家の連続性を再確認すると共に、占領政策によってもたらされた戦没者遺族の「青天の霹靂」ともいうべき境遇の変化を天皇の苦悩と重ね合わせ、互いに敗戦の犠牲者＝受難者として「しんぼう」を共有することで、祖国復興という新たな団結の契機を獲得するに至った過程を読み取ることができる。それは、会見から二年を経ながらも、「天皇をお慕い申す心持」をもって「平和日本の建設に寄与」する決意を明らかにした、福岡県遺族連合会理事の以下の文章からも明らかである。

戦災跡のお粗末な皇居内で極めて簡素な御生活をなさつている天皇様と、生活の支柱を失つて悲痛のどん底にある遺家族とは共に、終戦後すべてに困窮している苦難日本の姿を最もよくあらわしている貴い代表だと私は感銘している[37]。

さらに、戦没者遺族としての処遇改善運動を本格化させたものの、占領下ゆえの様々な障害に直面した遺族は、神道指令によって国家との関係を断たれた靖国神社への天皇参拝が途絶えたことで、占領政策による犠牲者＝受難者としての立場の共有をより強固に認識するようになっていったのではないだろうか。

二.「平和の理想」が強調される靖国神社論

いうまでもなく、敗戦を機に窮地に立たされたのは靖国神社のみというわけではなかった。なかでも、軍国主義の精神的支柱と見なされていた神社神道に対する占領軍の方針は明確であり、宗教政策を担当した民間情報教育局宗教課に与えられた最も重要な任務が、国家神道を解体し信教の自由を確立することであった。その目的を達成するために出されたともいうべき、いわゆる「神道指令」では、神社神道の国家からの分離が銘記され、「ソノ軍国主義的乃至過激ナル国家主義的要素ヲ剥奪」することが宣言されたのである。[38]

そのような徹底した方針のもと国家管理の制度を廃止された全国の神社は、改正宗教法人令の内容に定められた宗教法人としてのみ存続が許されることとなった。[39] 一方、GHQ側の強硬な態度を事前に察知していた神社界は対応策についての検討を重ね、紆余曲折を経ながらも、一九四六年二月三日に全国の神社の包括的団体である神社本庁を創立するに至ったのである。

しかし、創立された神社本庁に靖国神社が所属することはなかった。その理由は定かではないが、難航するGHQとの存続交渉が無関係であったとは考えにくい。さらに、そのような状況に追い打ちをかけるかの如く、英字新聞『ニッポン・タイムズ』に靖国神社・護国神社の廃止論に関する記事が掲載された。

若し戦死者の記念物と見做されないとするならば、近き将来に於て廃止せられる若しくは平和的な公共施設に転換することが至当である、との意見が逐次有力化しつゝある。[40]

もし、靖国神社・護国神社が単なるモニュメント（記念碑）として再出発するのではなく、従来通り軍国主義・国家主義を補完する存在であり続けるとするならば、強制的な廃止や組織変更もあり得るという意見がGHQ内で有力になりつつあるというのである。

それに対し、創刊間もない『神社新報』[41]が即座に反応を示した。九月二日付第九号の一面で、「靖国・護国神社の今後の在り方」について「英字新聞が報道」したことを伝えると共に、各界からの意見と「靖国神社と平和の理想[42]」と題する社説を掲載したのである。

社説「靖国神社と平和の理想」では、一連の靖国神社・護国神社に関する論議の背景には、両神社の存在そのものが「軍国主義・侵略主義の残存を意味するのではないかと云ふ懸念[43]」があるとする。しかし、そのような懸念は「神社人の努力が不十分」であるが故の「誤解」であり、誤解を清算するための神道人の努力が不可欠ではあるものの、両神社に祭られている英霊＝「戦没者」が軍国主義者・侵略主義者であると非難される理由はないとの見解が示される[44]。それは何故か。

> 生命を祖国に捧げた人々は、彼等が専制主義の謳歌者であったが故に祭られたのでもなく、軍国主義の狂信者であったが故に祭られたのでもない。祖国に殉じて一命を捧げたるが故に祭られたのである[45]。

それは「所謂典型的侵略戦争なりとして断罪せられし今次の大戦関係の戦没者についても同様[46]」とされ、「戦没者」の死を戦争自体の評価から切り離し、「祖国に尊い生命を捧げ[47]」たその一点に純化して位置づけようとする論理は、敗戦国・占領下ゆえにこそ導き出さざるを得なかった、窮余の一策であったといえる。さらに、外国における無名戦士の墓の存在と結びつけることによって、戦勝国側にも共有され得る論理であることが強調されたと共に[48]、占領下における遺族運動を支える論理とも合致する内容であったことは確認しておく必要がある。

つまり、後述するように、近代日本国家による戦争、なかでも敗戦に至る十五年戦争それ自体の評価と「戦没者」の存在を切り離すことによってＧＨＱの警戒を回避し、公務による死という国家との関係論に基づいた補償を求める占領下遺族運動の論理は、靖国神社存続のために展開された論理と見事に一致するものであったといえる。

その一方で、「戦没者」は「戦争の悲劇を銘記する」犠牲者＝受難者としても位置づけられ、そこに平和国家建設という「靖国の理想」が生まれてくるとされるのである。


祖国のために殉じたる戦士の悲しき追憶が平和への感謝と平和への祈念とに自らに結びつくのであろう。護国神社・靖国神社に於て、特に戦没者の英霊を祭るのは、その祭祀の意義が、特に平和への感謝、平和への祈念に存することを意味してゐる。(49)


さらに、神社創立の趣旨にまで言及したうえで、「靖国とは平和国家の意味である」と結論づけることによって、占領軍の理解を求めるのである。

このように、いまだ靖国神社の存廃自体が不確定な状況の中にあって、軍国主義・侵略主義との断絶を誇示するために平和の論理が多用されたことは明白であるが、ここで示された平和論理が「戦没者」の受難者的側面に依拠する形でその正当性が主張されている点を見逃してはならない。つまり、「戦没者」の悲劇を繰り返さないという限りにおいて、「戦没者」の記憶と直結する靖国神社・護国神社が平和祈念の場所として占領下においても存続の可能性を得ることができたのである。

しかしその一方で、前述したとおり「祖国に尊い生命を捧げ」た「戦没者」は永遠に国民の敬意を受けるべきとされ、「戦没者」の悲劇＝受難を繰り返さないという平和国家建設の理想と「殉国の精神」の相関関係は一切問われることのないままに、いわば併存する形で占領下における靖国神社平和論が形成されたのであった。

そして、占領下の遺族運動もまた同様の問題を内包した運動であったが故に、やがて独立後の更なる運動の拡大・継承を模索していく段階において、併存させたままの「戦没者」やその遺族の犠牲＝受難を繰り返さないという平和国家建設の理想と殉国の精神の相関関係について、改めて問われることになったのである。

以上のように、「過ぎるほど慎重にしかも強硬に[50]」平和的存在であることを強調することで靖国神社廃止の方針に抵抗を示した『神社新報』の主張は少なからぬ賛同の声を集め、結果的に靖国神社・護国神社廃止の命令が実行されることはなかった。しかし、記事掲載直後の一〇月一七、一八日両日に予定されていた靖国神社合祀祭が禁止命令を受けたり、全国の神社に対する国有境内地譲与の許可が与えられた際には「土地所有権を宗教団体に移管する規定は軍国的神社（靖国神社、護国神社、招魂社）には適用されない[51]」との附帯条件が課されるなど、靖国神社をめぐる厳しい状況は占領期間を通じて変わることはなかったこともまた事実である。

第三節　占領下遺族運動の確立と受難者意識の可能性

一．犠牲＝受難が強調される占領下遺族運動

遺族運動にとって、現実主義路線への転換やむなしに至った一九四八年一一月二五、二六日の臨時総会であったが、「一面では運動の斗志をより燃え上がらせ」、「戦争未亡人遺族への年金支給」など、具体的な援護要求が打ち出された[52]。それは、国家補償としての物質的処遇改善を求める内容であり、占領下遺族運動の新たな方向性を示すものであった。

その厚生連盟が、一九四九年二月一〇日、かねてより計画していた機関紙『日本遺族厚生連盟会報』の発行を開始

する。[53] その創刊号の中で、厚生連盟事務局長の森田俊介が、戦後日本社会における遺族運動の位置づけなどについて、厚生連盟としての立場を明らかにしている。

まず、厚生連盟の任務について、「今尚遺族は亡き御霊を安ずべく、正しく、強く生きて行こうとする矜持を捨てていない」のであるから、「その遺族の心情を、何とかして生かしていくこと」が最大の使命であると述べる。[54] そして、その使命に沿った活動を行うためには、「占領下の今日、総司令部の御理解と御同情を得なければ」ならないものの、「根本的には国内問題であるから」、「何より先に広く国民に呼びかけて、重要な社会問題としてとりあげられるようにすることであり、国会や政府に呼びかけて、その理解を深め、真剣にこれをとりあげるようにする」必要性を強調した。[55]

「四天王寺会議」までは明確に打ち出されていた、占領下における最大の牙城たる総司令部への積極的な働きかけが後景に退き、遺族問題は国内問題であるとの認識から、国民や国会、政府への呼びかけを中心的課題として位置づけている。これは、財団法人化挫折後の厚生連盟運動方針の転換を如実に示すものであり、この方針、特に国会や政府への働きかけが、以後の衆参両院議員との懇談、「議会対策委員会」設置などとして具体化されていくのである。

次に、戦没者遺族、そして「戦没者」に関する見解が森田によって示される。

遺族は今次の戦争で一家の支柱を失って、戦争ほど恐ろしいものはないということを泌々身を以て体験して居る。

従って遺族は何人よりも強く、平和が永久に持続されることをこいねがつている。そして遺族は、戦争で失った自分の父や、夫や、息子が、自分で好んで戦争へ行つたのではない、命令で止むを得ず戦場に赴き、而かも戦没したのである。この亡き人達もゆは《ママ》ば今日の新しい平和日本の礎になつたのであるから、何とか亡き御霊を安んずる途があつてほしいと願つている。[56]

「戦争で一家の支柱を失っ」た受難者である戦没者遺族こそ、戦争を憎み、反戦・平和を希求する存在であると自らを位置づけ、「戦没者」については、「命令で止むを得ず戦場に赴き、而かも戦没した」受難者として扱っている。このような「戦没者」の位置づけは、「軍閥政府にウマク瞞まされ、封建的道徳観に迫られ、強権に押されて、否応なしに戦地に征つた[57]」とする先の遺族同盟の「戦没者」認識の延長上に位置するものであったといえるが、一方で、後段の「今日の新しい平和日本の礎になつた」とする評価は、あくまで「犬死に」でしかなかった点に国家補償の根拠を求めようとした遺族同盟との決定的な相違点であったといえる。そしてこれ以降、遺族運動は常に、この戦後「平和日本」と「戦没者」の不可分性を支える論理の確立をめぐって展開されていったといっても過言ではない。

さらに前述したとおり、敗戦後の日本社会において戦没者遺族としての国家補償を求めるためには、改めて戦後社会にも通用する形での「戦没者」と国家の関係を再定義する必要があった。その論理こそが命令者と被命令者という関係であり、その関係を再確認することによってはじめて、戦前・戦中型の恩典としてではなく、国家命令の犠牲＝受難に対する道義的責任として、戦後国家による戦没者遺族補償を求めることが可能となったのである。

その後は森田の言葉どおり、政府関係者や国会議員に対する請願・陳情が繰り返し行われ、厚生連盟理事と衆参両院議員との懇談会も実施された。その懇談会を契機として、一九四九年三月には厚生連盟内に「議会対策委員会」が設置され、続いて四月九日には、衆議院厚生常任委員会の中に「遺家族及び留守家族の援護に関する小委員会」が設けられたのである。

そして、厚生連盟と国会議員の関係が深まりをみせる中で、占領下遺族運動の「一大飛躍」と評される「遺族援護に関する決議」（衆議院）、「未亡人並びに戦没者遺族の福祉に関する決議」（参議院）が両院全会一致で可決されたのである。[58]

衆議院における「遺族援護に関する決議」は、「戦死した者の多くは好んで戦場に出たものではない」という一文から始まり、戦没者遺族が「戦争を憎悪し、平和を希求し、国家の平和的再建を念願している」ことが明記されたうえで、以下の文章と七項目の決議をもってその内容としている。

戦争に出たのは、多く国家の強制による公務である。戦死者の多くは公務による死亡者であることは言をまたぬところであるが、政府は改めてこゝにこの事実を確認すると共に、これに伴い速かに遺族に対する次の如き援護方策を樹立し、物心両面にわたる救済の方途を講じ、これが急速なる実現に努め、その結果につき、次期国会において本院に報告すべきである。[59]

この決議によって、「戦没者」の死は「国家の強制による公務」の結果もたらされた犠牲＝受難であったとする厚生連盟の認識が妥当なものであり、その認識に基づいて遺族援護が急がれるべきであるとの見解が国会の場においてはっきり認められたのである。

また、決議案提出の趣旨説明の中で「遺家族及び留守家族の援護に関する小委員会」委員長青柳一郎議員が、「物質的な補償」に限らないこの「決議」のもつ意義について、遺族に対してかかる恩典が与へられるということによって社会が遺族を人並に扱ってくれるのであります。遺族はその愛する肉親の死没が公務によるものであることを明白に承知して心励むのであります。[60]

と述べたことからも、単なる物質的な処遇改善だけでなく、その実施にともなう戦没者遺族のイメージ改善など、一定の精神的処遇改善の効果も期待されていたことが理解できる。

その一方で、参議院における「未亡人並びに戦没者遺族の福祉に関する決議」の趣旨説明の際には、草葉隆圓議員から「戦没者の位置づけ」に関するさらに踏み込んだ発言がなされていたのであった。

これらの人々〔「戦没者」〕は、平和建設の礎としての聖戦と信じ、日本最高の道徳と信じて参加いたしたのでありまして、この精神たるや勝敗の如何によって左右せらるべきものではないと信じます。この精神こそ新日本建設の礎であり、平和日本の礎石であると信ずるのであります。この精神を踏みにじるようでは、平和日本、民主主義日本、道義日本の建設は成就しないと存じます。[61]

「戦没者」の多くが国家の強制によって動員されたものの、そのすべてが「平和建設の礎としての聖戦と信じ」て戦場に身を投じた。そして、戦後日本の姿はまさに「戦没者」が信じた平和日本の具現であり、その平和の到来を望んだ精神は、戦争の勝敗にかかわらず評価されて然るべきとの見解である。それは、戦前・戦中から戦後にかけた日本国家の連続性を前提としながら、「戦没者」の中にこそ戦後平和日本建設を支える精神的支柱が存在したと位置づける、「戦没者」の肯定的再評価の端緒を開く論理であったといえよう。

平和の論理と結びつくことによって、単なる受難者としての「戦没者」の位置づけにとどまらない、より積極的な「戦没者」評価への可能性を切り開いたこの見解に、厚生連盟が深い同調の意を示したであろうことは想像に難くない。

しかし、ここで「戦没者」が望んだとされる「平和日本の到来」の実体が、勝利による大東亜共栄圏の宗主国たる地位の獲得、いわば支配者としての「平和の到来」であったのに対して、戦後社会が享受する平和は敗北による軍国主義の崩壊を絶対条件とするものであり、本質的に全く異なる「平和の到来」であったことはいうまでもない。いずれにしてもこの両決議は、国会が「戦没者」の死と「国家の強制による公務」との関係性を明確に示したことのみならず、精神的処遇改善へ向けた足掛かりを築いたという意味でも、間違いなく遺族運動の一大飛躍であったといえる。

二 受難者意識に基づく国家批判の可能性

その一方で、衆参両議院での決議と同じ時期、戦争による最大の犠牲者＝受難者は「戦没者」であり、肉親を失った遺族であるとの立場から国家補償の確立を求めた遺族運動の方向性に対して、運動内部からある課題が指摘されていた。

それは「遺族問題の国際性」と題された問題提起であったが、遺族補償の前提となる、「私たちはだまされたのだ」とする遺族の犠牲者意識が、はたして国際的に通用するものであるのかどうかが再確認されるのである。

私たちはだまされたのだ。だから戦争の悲惨な結果を、私たちだけで、引受けなければならないといふのは、どういふわけだ。私たちは少くとも、肉親を失つたことに対するおぎなひをして貰ふ権利がある。それがせめてもの公平といふものだ。

この理くつには一理はある。少くとも、日本人のわれわれには、その理くつはわかる。しかし、この理くつが国際的に通用するだらうか。[62]

いうまでもなく、この主張は紆余曲折を経ながらも確立された占領下遺族運動の方針を再度根本から問い直すものであったことは間違いないが、「自分の子を戦争で失つたアメリカの母親」や「夫を失つた中国の妻」が、「なるほどもつともだと承認するだらうか忘れてはならない」とする主張は非常に興味深い[63]。確かに、この問題提起の意図としては、「まだ聯合軍の管理下にある日本」にあっては、「日本が国内で行ふ政策のひとつひとつ」も「国際的に通る理くつ」でなければ実行できないことに注意を促すものであったが[64]、国際的な批判を想定した以下の文言からは、国内的な戦争責任追及にも十分に反映し得る視点を読み取ることができる。

あなた方は、だまされたのだといふ。しかし、そういふ戦争煽動者を議会に送り、政治を行はせたのはいつたい誰だの《ママ》だ。無謀な戦争を支持するような人たちを議会に送つた責任は貴方がたにあるはずだ。無知が国際社会の免罪符ではないのだ[65]。

あまりにも痛烈な批判がそこにはあった。しかし、このような批判は決して遺族運動内に限定されるものではなく、戦後日本社会が総体として対象化しなければならなかった問題であったといえる。そして、このような批判が受難者としての立場に依拠して展開された占領下の遺族運動内に存在し、さらにはその機関紙にまで掲載された事実は、同時期の遺族運動が有した可能性について多くの示唆を与えてくれる。

また、それから二ヶ月後に発行された『通信』には「〃遺族問題の国際性〃を駁す」と題した反論文が寄せられ、「私は真向から反対するものである」との主張が展開されたが、戦争の罪悪を訴えた以下の内容からは、その後の遺族運動の趨勢とは異なる見解を読み取ることができる。

戦争は人為的に不幸な人を数限りなく作り出すものであつて、正義の戦とか、国家のためとかいうが、そうした事を超越して戦争は人類にとつて全く大きな罪悪である。(66)

つまり、たとえ戦争の罪悪を強調するための主張であったとはいえ、「戦没者」評価の絶対条件となる国家のため、祖国のためという言説に対して否定的な見解が示されたことは、同時期の遺族運動において画期的なものであったといえる。

一方で、先の「遺族問題の国際性」で、国際的な監視の目に耐えられないとして再考を促された遺族補償の根拠については、「マックアーサー元帥は戦争の勝敗を超越して人間としての部下の戦死を心から悼むと同時に、全世界の戦没者に深い思いやりをよせられていることと信ずる」(67)として、国家意識を超越した「戦没者」への共感によって国際的にも承認を得られるとの認識が示された。それは、前節でみた戦争自体の評価から「戦没者」評価を切り離すことによって、戦勝国側にも共感され得る論理を構築しようと試みた靖国神社平和論にも通じる論旨であったことは明らかである。

以上のように、結成の経緯を背景とする限界は確実に存在しながらも、受難者意識に依拠した占領下遺族運動は、戦争責任論や反戦・平和観にまで議論が及び得るような、多様な可能性を内包するものであったということができる。そして、そのような中でも、戦前・戦中の日本及び日本人による戦争への迎合を痛烈に批判し、講和成立後を楽観視する風潮に対して警告を発した以下の投稿は特筆に値する。

「いやな日本」と題されたその投稿は、自身は遺族ではないものの、八年の従軍経験の後に「東京の勤めを捨て、百姓しながら一遺族会の仕ごとに打込んでいる」郡山由と名乗る人物からの投稿であった。[68]郡山は、講和成立後の社会生活の変貌について、「容易に予測出来るものでないのに拘らず」、誰もが「一陽来復の安定生活を断定」する風潮に不信感を露わにする。[69]その理由として、自身の戦中の体験が明らかにされる。

郡山によると、中国との開戦以来、彼は「勝てない戦争だと思い、正しくない戦争だと考えた」という。[70]しかし、そのような考えは当時「非国民」とされたため、気の許せる人に限ってその考えを打ち明けたところ、ほとんどすべての人がそれに合意したという。つまり、「あの当時日本の大部分の人があの戦争はいやだつたに違いない」にもかかわらず、「日本の兵制の伝統と軍閥に反抗する勇気を持つてるものがいなかつた」ため、戦争への道に抗しきれなかったのであった。[71]そして郡山は述べる。

私は此処で世の出征兵士たちが、自分の男を殺しきれず又他の同じ境遇の者への顧慮もあつてい、得なかつたことを講和会議によつて古い日本を追放する賎の言葉として言ほう。応召して戦場へ行くことは最大の臆病だつたのだ。出征兵士は戦場へ自分の命を助けに行つたのである。[72]

つまり、この告白は、占領下遺族運動が依拠した受難者としてでもなく、まして、戦後平和をもたらした貢献者でもない、自身の命を「戦場という賭博場」で助けようとした臆病者・卑怯者として出征兵士を、そして「戦没者」を位置づけようとするものであった。確かに、郡山の論理に従えば、自身の命を助けるために戦場に赴き、戦死をした「戦没者」は「犬死に」以外のなにものでもなかったといわざるを得ない。

ただ、郡山自身も「私は戦場で労苦を共にした同志を侮辱しているのだろうか?」と自問しているが、それを否とし、「自分が正しいと信ずることの行い得なかつた日本が唯憎い」と自答する。[73] そして、講和会議後に備えて遺族運動の代表者を参議院議員に立候補させることは必要なことではあるが、「よくよく戒心して逐鹿場裡に立」ち、「気休めや空元気」ではなく「実のある、正直な声こそ」必要であることを訴えて結論としている。[74]

最後に郡山は、「これを会報の編集者がのせるかのせないかは自由」であるが、掲載された場合、「ほめる人のないことは確かである」として以下の言葉を残している。[75]

私は日本人であり乍ら日本人を憎む、但しそれはこんな日本に誰がしたかということを知らない日本人をである。[76]

かくして投稿「いやな日本」は『会報』に掲載されたのであったが、遺族運動の現状に対して厳しい批判的検証を行うだけではなく、その遺族運動の正当性を担保するはずの「戦没者」の存在について、臆病者・卑怯者であったとの評価まで下した郡山の主張は、遺族運動の存在そのもの、さらにはそれを取り巻く戦後日本及び日本人そのものの根源にまで達する鋭い問いかけであったに違いない。

そして、そのような自己否定にも繋がりかねない投稿を、「採否は躊躇するところがあった」としながらも、「露悪的な行間の中に見逃すことの出来ない真実の流れのあるのを見てこれを採った」として排除することのなかった同時期の遺族運動については、画一的な「圧力団体」として矮小化することは適当ではないように思われてならない[77]。

おわりに

占領下、様々な制限・監視下での全国組織化を余儀なくされた遺族運動ではあったが、「戦没者」及び戦没者遺族こそが最大の犠牲者＝受難者であるとの立場を前面に押し出すことによって、次第に占領下での運動を軌道に乗せていった。それは、自らの生き残りを賭けて、「戦没者」を平和への祈念と感謝につながる受難者として位置づけた靖国神社の平和論とも無関係ではなかったことは明らかである。

その一方で、遺族運動にとって困難な状況が続く中ではあったが、講和・独立を視野に入れた日本再建に不可欠となる愛国心の必要性が語られるようになり、「真の愛国心」をめぐる論議が保革両者の立場から繰り返されるようになる。その論争の顛末は次章において詳しく述べることとするが、講和・独立・再軍備が具体化されるに並行して、「戦没者」に対しても新たな評価が示されるようになり、それが「戦没者」像における受難者から貢献者への本格的な転換を可能にする契機となったといえる。

（1）新運動の中心的組織であった東京都平和厚生連盟本部において内紛が起こったために、全国会議の準備が遅れたと考えられる。内紛の詳細は不明であるが、北原正幸委員長の辞任によって事態を収拾したとされる。

（2）これに対して、遺族同盟結成の際には、遺族同盟結成準備会代表二名がＣＩＥ情報課婦人情報担当官Ｅ・ウィードを訪問し、同盟結成の趣旨を説明し諒承を求めたところ、「出来る限りの御助力を致します」との賛意を得たとされる（『戦争犠牲者』一巻二号、一九四六、八）。未亡人・婦人団体の色合いが強かった遺族同盟とは異なり、純粋な遺族団体の結成に、ＧＨＱが強い警戒心を抱いていたと考えられる。
（3）日本遺族会編『日本遺族会の四十年』（日本遺族会、一九八七）、七頁。富山県遺族会結成の過程においても、軍政部の許可を求めに行った際に、同じ戦争の犠牲者として軍人遺家族だけでなく戦災被害者や引揚げ家族も会に入れるかどうかの確認があったとの証言が得られた。
（4）前掲『十五年史』、七〇頁。
（5）「あれから十年②」、『日本遺族通信』九〇号、一九五七、八、三〇。
（6）厚生連盟結成後のＧＨＱからの干渉については、以下のような回想がある。
「その頃漸く総司令部の干渉も深刻となり、元軍人が県遺族会の重要職員として要務にたずさわって居たという理由で遺族会に対する弾圧も尚一層加わって来た」（前掲「あれから十年②」）。
（7）結成当初の政府に要望する決議書の内容も「戦災者、引揚者への援護との無差別、平等」化を求める趣旨であり、精神的処遇改善を求める内容は一切存在しない。
（8）前掲『十五年史』、二五頁。陳情をおこなった当事者たちの回想によると、ネフ大佐は占領軍として遺族問題に関する指示は何もしておらず、「大きな声を出して日本政府と交渉したらどうか」と話したとされる（前掲「座談会　二十年をかえりみて」）。
（9）同右。
（10）「あれから十年③」、『日本遺族通信』三一号、一九五七、九、三〇。
（11）同右。
（12）厚生連盟の財団法人認可申請は、一九四八年四月二〇日、二一日に横浜市鶴見の総持寺で開催された第二回総会で決定されていた。
（13）前掲「あれから十年③」。

(14) 前掲『十五年史』、二九頁。
(15) 同右。
(16) 厚生省社会局長の意向を遺族代表に伝えた後、長島会長は以下のように述べて、GHQの見解を評価し、意気消沈せぬよう訴えている。
「法人の許可は当分の間、見込みがなくなりましたが『本連盟は引続き存続して活動してよい』ことを確かめ得たのでありります。（中略）只はっきり存続を認められたのでありますから、今後十分活動して実績を挙げることに努力し、他日更に法人格を得ることに努力を続け度いと存じている次第であります」（前掲『十五年史』、二九頁）。
(17) 占領期における靖国神社の動揺と、その中で形成された「平和主義」の可能性については、前掲赤澤史朗『靖国神社　せめぎあう〈戦没者追悼〉のゆくえ』によって明らかにされたとおりであるが、本稿では、その靖国神社の「平和主義」が、遺族運動における「戦没者」像の再編や平和天皇像の成立と不断の関係にあった点を重視したい。
(18)『神社新報』一四〇六号、一九七五、一二、一五。
(19) 同右。
(20) 岸本英夫「嵐の中の神社神道」、新宗連調査室編『戦後宗教回想録』（新宗教出版社、一九六三）、二〇九頁。
(21) 同右。
(22) 岸本英夫（一九〇三―一九六四）は東京帝国大学助教授時代の一九四五年一〇月、文部大臣前田多門の依頼を受けGHQ顧問に就任し、以後約一年間、「神道指令」の発令などGHQの宗教政策に関与する。
(23) 前掲「嵐の中の神社神道」、二〇九頁。
(24) 同右、二一一頁。
(25) 有末精三『ザ・進駐軍　有末機関長の手記』（芙蓉書房、一九八四）、二一四頁。
(26) 前掲「嵐の中の神社神道」、二一一頁。
(27) 高橋紘によると、昭和天皇の「平熱は普通の人より一度ほど低かった」ため、実際は三七・五度ほどの熱に相当するとされている（木下道雄『側近日誌』（文藝春秋社、一九九〇）、四〇六頁）。
(28) 前掲『側近日誌』、五五頁。

(29) 前掲「嵐の中の神社神道」、二一七頁。
(30) 靖国神社編『靖国神社百年史　資料編　上』（靖国神社、一九八四）、二八一頁。
(31) ウィリアム・P・ウッダード『天皇と神道』（サイマル出版会、一九八八）、一九〇頁。
(32) 中村直文・NHK取材班『靖国　知られざる占領下の攻防』（NHK出版、二〇〇七）、一九五～一九七頁。
(33) 前掲『天皇と神道』、一九〇頁。
(34) 横井時常（一九四五年一一月から一九四八年六月迄の靖国神社権宮司）への照沼好文インタビュー、一九六六（前掲『靖国　知られざる占領下の攻防』、一九三～一九四頁より重引）。
(35) 前掲『十五年史』、一九頁。
(36) 同右。
(37) 安倍燭架「天皇様を慕うこゝろ」、『福岡県遺族会だより』七号、一九四九、三、一。一方で、この文章が書かれた背景に、「最近、遺家族の中でも、天皇様に対するぐちを口にしていると言うことを聞いて遺憾に堪えない」状況があったこともまた事実であった。
(38) 神社新報社編『神道指令と戦後の神道』（神社新報社、一九七一）、二六四頁。
(39) 一九四六年二月二日の改正により、全国の神社とともに靖国神社も「宗教法人令（以下単ニ令ト称ス）ニ依ル法人（以下宗教法人ト称ス）ト看做」されることになった。
(40)『神社新報』九号、一九四六、九、二。ただし、『神社新報』のほか、神社新報社編『神道指令と戦後の神道』（神社新報社、一九七一）など多くの文献にこの記事に関する記述が見られるが、管見の限り当該日（一九四六年八月三日）の『ニッポン・タイムズ』紙に靖国神社関係の記事は見当たらない。今後の調査課題としたい。
(41) 一九四六年三月の神社本庁第一回評議会において発行が承認された『神社新報』は、同年七月八日付で創刊号が出され、以後週刊で発行される。発売当時の購読者は一万八千であったとされる（神社新報社編『神社新報五十年史　上』（神社新報社、一九九六）、一九〇頁）。
(42)『神社新報』九号、一九四六、九、二。
(43) 前掲「靖国神社と平和の理想」。

(44) 同右。
(45) 同右。
(46) 同右。
(47) 同右。
(48) 「外国に於ても無名戦士の墓は国民の深い敬意を受けてゐると聞く」として、戦勝国・敗戦国の別なく、「戦没者」への敬意が広く共有されていることを確認している。
(49) 前掲「靖国神社と平和の理想」。
(50) 同右。
(51) 国立国会図書館調査立法考査局編『靖国神社問題資料集』(国立国会図書館調査立法考査局、一九七六)、二〇三頁。
(52) 前掲「あれから十年③」。
(53) 機関紙の発行は第二回総会で決定された事業計画の一つであった。タブロイド判八ページで、以後二、三ヶ月に一回の割りで発行し、同年一一月一〇日号から月刊となった。題号は一九五〇年二月二〇日号(第八号)までは『日本遺族厚生連盟会報』であり、翌三月二五日号からは現在に至る『日本遺族通信』に変更される。以下本稿全編を通じて、『日本遺族厚生連盟会報』は『会報』、『日本遺族通信』は『通信』と記述する。
(54) 前掲「日本遺族厚生連盟の任務について」。
(55) 同右。
(56) 同右。
(57) 前掲「ナゼ？戦争犠牲者遺族同盟と名付けたか」。
(58) 衆議院は一九四九年五月一四日、参議院は五月一六日に可決された。
(59) 「全遺族たちの歴史的な日　連盟一年半の苦節成る」、『会報』三号、一九四九、八、一五。
(60) 同右。
(61) 同右。
(62) 「遺族問題の国際性」、『通信』一〇号、一九五〇、四、二五。

(63)同右。
(64)同右。
(65)同右。
(66)池田平治「〝遺族問題の国際性〟を駁す」、『通信』一二号、一九五〇、六、一五。
(67)同右。
(68)郡山由「いやな日本」、『会報』六号、一九四九、一二、二五。
(69)同右。
(70)同右。
(71)同右。
(72)同右。
(73)同右。
(74)同右。
(75)同右。
(76)同右。
(77)ただ、この投稿に対して「みなさまと共に批判して行き度いと思う」との編集部からの註記にもかかわらず、その後、この投稿に関して議論が交わされた形跡はない。

第三章　受難者から貢献者へと転換する「戦没者」

はじめに

占領下、遺族運動にとっての苦難の道程が続く中、論壇では戦後日本再建に向けた議論が繰り返し行われていた。そして、米ソ冷戦構造が深刻化するにしたがって、日本の国家主権回復の道筋や日本民族の自主独立のあり方に関する問題が喫緊の課題として扱われるようになる。なかでも、戦前・戦中の総括としてのみならず、戦後日本再建の精神的支柱としての新しい愛国心をめぐる議論の展開は、極めて特徴的な様相を呈するものであり、当然のことながら、「戦没者」が有したとされる愛国心の存在もまた無関係ではなかったのである。

第一節　独立に不可欠な愛国心と「戦没者」

一．日本再建の要諦たる愛国心

それでは、占領下日本において愛国心はいかに語られたのであろうか。

敗戦後、自身の戦争責任追及の過程で戦後の愛国心問題に注目した大熊信行は占領期日本の愛国心論争を三期に分けて分析した[1]。敗戦を契機に消散したかの感さえあった愛国者・愛国心などといった言葉が、まさに寝耳に水ともいうべき形で再度提唱されたのは、一九四六年一月、亡命先の中国から帰国した野坂参三によってであった。野坂は「共産主義者の主張と行動こそ、真に国と人民を愛するもの[2]」であると主張し、戦前・戦中の為政者を非国民、売国奴と罵った。それは、「愛国ということも自明なものでないらしい」ということを国民に感知させるのに十分な出来事であった[3]。

そのような愛国心をめぐる思想的動揺の中で、左翼的立場からのみならず、一定の政治的立場からは距離をおいた形での愛国心論が盛んに展開され始める[4]。この一九四六年から翌年にかけての時期を、大熊は「愛国心論争の第一期」と位置づけ、その特徴として「古い愛国心をすてて、新しい愛国心にめざめなければならないという点に、論調の一致があった」と分析する[5]。そして、「偽りの愛国心」や「誤れる愛国心」を克服し、「真の愛国心」を獲得しようとする姿勢は、第一期のみならず、その後の愛国心論争の中でも一貫して貫かれることとなる。

社会学者の重松俊明は、国家と祖国との区別の必要性を説き、戦前・戦中の日本人の愛国心は軍国主義国家への奉仕に過ぎなかったと裁断する一方で、祖国復興の要たる愛国心の重要性を「国家に欺かれ、戦争に敗けて、愛国心まで失ったと自嘲する青年諸君」に訴えた[6]。

この祖国の惨状を回復し、その上に新らしい正しい理性国家を打ち建てることこそ、諸君の双肩にかけられた偉大なる課題ではないか。愛国心は直接に行為の指示は与へなくとも、一切の国民の行為を奥底から動かすところの原動力である[7]。

このような日本再建の精神的支柱としての愛国心の必要性は、「愛国心論争の第二期」の端緒を開いたとされる安倍能成からも、「真の愛国心」の存在と結びつけて以下のように語られた。

私が考えるのには、日本の再建のためにには、日本国民の中から出た—軍閥の命令とか官僚の拘束とかによらない—ほんとうの意味の愛国心が生まれてこなければいけない。そういうふうに考えておる。(8)

両者の国家観や愛国心把握は決して共通するものではなかったが、日本再建の精神的支柱としての愛国心の位置づけは、明らかに両者共通する認識であった。さらに、そのような愛国心の位置づけが、占領下における愛国心論争の担い手たちにも共有された意識であったことは間違いなかったといえる。

つまり、占領下における愛国心論争は、戦前・戦中の「偽りの愛国心」や「誤れる愛国心」を弾劾すること以上に、戦後日本再建の要諦たる「真の愛国心」とはいかなるものかを再定義することこそが最大の課題であったということができる。その反面、常に事大主義に翻弄される愛国心の、日本再建における必要性自体を問い直す試みは皆無に近かったのであった。

そして、多くの場合において論争の形をとらず、各々の論者が個別にその見解を提示することに終始した「第一期」に対して、現実的な社会状況を視野に入れた論争が展開された点が「愛国心論争の第二期」の特徴といえる。そして、論争の最大の争点となったのが、「真の愛国心」を担うべき主体をめぐる問題についてであった。

前述の通り「愛国心論争の第二期」の口火を切ったとされる安倍能成は、座談会「世代の差違をめぐって(9)」の中で、日本再建のための「ほんとうの愛国心」の必要性を説いた後、「新しいジェネレーション」に対して痛烈な批判を加えた。

軍閥の日本を倒して新しく民主主義の日本を建設する、ということを標榜して活動しておるけれど、その意図の中にはたして日本国を愛し日本国民を愛するという気持がどのくらいあるか、ほんとうにまじめな日本国民の意図をどれだけ代表しているか、またどれだけ多数の正直な民衆を味方にしているか、そういう点が希薄じゃないか、私から見ると、そういう懸念がある。[10]

そして、いわゆる民主主義的行動の主要動機が単なるエゴイズムの追求にしかないと断じ、象徴的な例として自己の階級の利益のみを主張する労働者の存在を挙げた。その労働者に対しても、「彼等がどれだけ日本国や日本国民に対して責任を感じているかが問題である」[11]とし、「日本の再建を妨げる放恣な力」[12]に迎合しない批判や拘束の必要性を説いた。

安倍の語る日本再建の基礎としての愛国心は、「全一な国家そのものの立場を信じ、その立場において国を憂える」[13]精神に貫かれたものであり、その結果として、国論を分断し、日本再建を拒む労働者階級のエゴイズムは決して認められるものではなかった。そして、安倍は「労働者階級の利害を代表していると自任している連中」[14]による専制主義招来の危険性までも言及している。それは、国家存亡を顧みない一党一派による独善主義の横暴として、労働運動の現状と戦前・戦中の軍部独裁を同一視する主張であったが、そのような主張は安倍個人に限られたものではなかった。[15]そこには、「ほんとうにまじめな日本国民の意図」を代表し、「多数の正直な民衆を味方」にし得る「超階級的な愛国心」[16]こそ「真の愛国心」であるとの確信があったに違いない。

そのような安倍の主張に対して、同席した進歩的思潮を代表する世代の論者たちは、国家・民族の全一性を否定し、そこに内包される階級間の格差を強調することで安倍の「超階級的な愛国心」に対抗しようとした。

哲学者の松村一人は、進行役である清水幾太郎の「同じ愛国心といっても、安倍先生のいわれる愛国心と組合運動を承認する立場からの愛国心とがあって、その内容が違ってくるのではないか」との問題提起に対して、

> 従って愛国という場合も、ぜいたくのできる階級と困窮している階級と、どっちの利害が愛国の名によって主張されるか、それを見のがすことはできないと思います[17]。

と主張し、「日本の人民の利益に基づいた愛国」創造の必要性を繰り返し述べた。また磯田進は、イタリアのパドリオ内閣降伏を例に挙げて、国家・民族というものは一つのものではなく階級的利害によって必然的に分裂するものであり、「愛国ということの具体的の《ママ》内容もまた、その立場によって種々に規定され得るものだ[18]」と、やはり「階級的愛国心」の重要性を説いた。

ここで和辻哲郎は、野坂参三の愛国心への疑念を表明するとともに、共産党の「民主民族戦線[19]」路線と「階級的愛国心」の矛盾を指摘する。それに対して磯田は、「私詳しいことは知りませんけれど」と前置きをしたうえで、中小資本も含めて小市民、労働者が民族の大部分を形成しているとして、「民族を説いたからといって、階級関係を抹殺しているわけではないと思います」と答えた[20]。

しかし、磯田の前置きにもかかわらず、ここで示された論理は、同時期の日本共産党の「民族」「階級」把握に規定されたものであることは明らかであり、いわゆる「階級的愛国心」を理解するうえで、以下の神山茂夫の文章は極

めて示唆的である。

天皇制軍閥とその戦争が粉砕された今日、国の経済・政治・社会が敗戦によって危険に瀕している今日、国民の九割を占める勤労大衆の利益を守る労働者階級の党として、共産党は祖国の人民的再建を自己の最大の任務として闘っている。われわれは全人民、特に労働者階級の民族に対する愛と熱情をかき立てつつ、真の愛国者として、国の民主的独立の先頭に立っている。(21)

つまり、「階級的愛国心」の正当性は、勤労大衆が「国民の九割を占める」点にこそ求められるものであり、「愛国は国民の大多数の運命、利害と結びついたものでなければなりません」と述べた松村も、「片一方の階級が人口の圧倒的多数を占めていることが問題(22)」であるとして「超階級的な愛国心」を批判した磯田もまた、神山の論理と同様に、「民族＝絶対多数を占める勤労者」に依拠した「階級的愛国心」＝「真の愛国心」の範疇を超えるものではなかったといえる。それは単に、階級の数の論理によって民族の論理をも取り込もうとする政治的な言葉のすり替えに過ぎず、決して階級と民族の矛盾・対立を根本的に解決し得る論理ではなかった。

しかし、座談会「世代の差違をめぐって」以降は、「愛国心論争の第二期」を通じて階級的立場からの愛国論が支配的となり、日本近代史における「階級的愛国心」の存在を抽出して「日本愛国運動史」を書き改めようとした淡徳三郎の試みも、(23)平和問題を視野に入れながらも「はたらく大多数の愛国」＝「真の愛国」と提起した高桑純夫も、(24)共産党の愛国心鼓吹に警戒感を示しながらも、国際的な連帯につながる労働者階級の「真の愛国的感情」に可能性をみた向坂逸郎の論考も、(25)いずれも「階級的愛国心」＝「真の愛国心」の枠内にとどまるものであったといわざるを得ない。

それらの諸説に対して、結論こそ「プロレタリア階級の愛国心こそ求むべき現代の愛国心」との帰結に至ったものの、三つの基本概念（体制・民族・階級）の関係性を歴史的に分析し、民族と階級の矛盾・対立を本質的に止揚しようと試みた高島善哉[26]と、愛国心に科学の光をあて、過去における愛国者への警戒とともに、「戦争前及び戦争中の愛国心が頬かぶりして戦後の諸問題の処理に利用される危険」に警語を発した清水幾太郎[27]両者の営為は、その他の「階級的愛国心」論と一線を画するものであったといえるのではないだろうか。しかし、この両者にしても、愛国心の必要性自体を問い直すまでには至らなかったこともまた事実である。

いずれにしても、「愛国心論争の第二期」を通じて主に提起された「超階級的な愛国心」及び「階級的愛国心」は、両者共にその論理の正当性を証明することを目的とした国民の多数派獲得への志向が共通しており、結果として愛国心の担い手をめぐる政争の具に帰してしまった感は否めない。また、いかに意見の対立はあっても、「第一期」から「第二期」を通じて愛国心の問題が国土防衛の問題とつなげて論じられることはほとんど無かった点は、大きな特徴であったといえる[28]。

しかし、再び愛国心の問題が独立の問題、そして防衛と戦争の問題と結びつくとき状況は一変する。冷戦構造の激化の中で、民族と階級が徹底的に対立させられ、「民族と階級は両立し得る」との理論に基づき自己の正当性を鼓吹した「階級的愛国心」の敗北が明らかとなっていく。敗戦によって否定された民族論の単なるアンチ・テーゼとして階級論を矮小化させ、政治的宣伝の方便として戦前・戦中の論理の裏返しに過ぎない「真の愛国心」を語った左翼勢力の限界がそこにあった。さらに、一九四九年以降のレッド・パージの進展や、コミンフォルム批判による共産党分裂が、「階級的愛国心」の後退に一層の拍車をかけたことはいうまでもない。

以後、当然の帰結として愛国心は「超階級的な愛国心」を前提として語られる傾向が強くなるが、それが「日本の風景とか、文物とか、仲間の人たち」への愛着など[29]と結びつけられるとき、「超階級的な愛国心」は時代的な制約を超える論理となる。そのような政治に翻弄されない普遍的な愛国心の提起は、政争の具と化した愛国心論争の反動であったとさえ考えられるが、時代的な制約を超える普遍的な愛国心への着目は、戦前・戦中から戦後にかけた日本国家の連続性に依拠することで全国組織化を成し遂げ、その連続性を守り得た「戦没者」への評価を期待した遺族運動にとって、極めて重要な意味をもつ展開であったといえよう。

二、独立・再軍備に不可欠な愛国心

米ソ冷戦構造の深刻化にともない挫折を余儀なくされた早期講和構想であったが、一方で、日本をソ連や中国に対抗するアジアの戦略拠点と位置づけ、「懲罰的占領政策」の転換と「事実上の講和」という事態が作り上げられていった。そして、一九四九年九月の米英会談によって講和への動きが再開すると、講和問題とともに独立後の安全保障の問題が重要な争点の一つとなったのである。

以後、日本国内では全面講和・中立不可侵を求める声が盛り上がりをみせるが[30]、その風向きを一気に逆転させたのが朝鮮戦争の勃発であった。そして、一九五〇年七月八日の「マッカーサー書簡」を直接の契機として、いわば泥縄式で始まった日本の再軍備が、様々な問題を孕みながらの出発であったことはいうまでもない。なかでも愛国心の問題は、講和締結を視野に入れた世論形成の観点からも無視し得ない問題となった。

吉田茂首相は、朝鮮戦争の勃発直後の一九五〇年七月一四日、第八回国会における施政方針演説の中で既に、早期講和締結の必要性を愛国心の問題と結びつけて以下のように述べている。

終戦以来、占領下すでに五年を経過致しましてやや国民の独立心、愛国心がいささか沮喪するに至ったのではないかと感じられる節あることは、誠に憂うべき次第であると考うるのであります。独立心、愛国心のなき国民が国際間において尊重せらるるはずはないのであります。[31]

そして、「早期講和を期するにあらずんば、わが国民の愛国心、独立心の維持はむずかしい」とし、早期講和実現のため国民及び政党が一致協力すべきと説いた。一方で、「全面講和とか永世中立とかいうような議論」は、「たとい真の愛国心から出たものとしても、全く現実から遊離した言論」であると一蹴したのである。その後も、吉田首相は「内なる憂慮」として「独立精神と愛国心の欠如」を指摘し、「純正にして強固なる愛国心の再興」を文教政策の筆頭に掲げる意志を表明した。[32] 文教政策に関しては、天野貞祐文相も「新しい修身科」の特設と「国民道徳実践要領」の必要性を表明するなど積極的発言を繰り返し、そのためには「愛国心といえば戦場に出て行くことのように思われた激越な愛国心」よりも「静かな愛国心を作興したい」と決意を語った。[33]

一方、泥縄式に設立された警察予備隊は、本来国防を担う中核組織たる存在でありながら、成立過程からも明らかなように米軍従属部隊としての性格が極めて強く、また、政治的要因からその存在意義すら曖昧であった。そのような複雑な状況の中で、国内外を問わず、あらゆる有事に対応可能な軍人としての使命感を確立することは容易なことではなく、個々の隊員における国防意識の涵養は極めて重要な課題であった。しかし、当然のことながら、予備隊存立の権威、忠誠の対象として公然と天皇を位置づけることは不可能であり、抽象的概念ではあるが「愛国心、愛民族心」を予備隊の基本精神として位置づけざるを得なかった。制服組の最高指揮官であった林敬三総隊総監は、「愛国心、愛民族心」の具体像について以下のように述べている。

第一に新しい日本に新しく生まれた警察予備隊は、その根本的理念を何に求めるか。私はこれを愛国心、愛民族心に求めたい。平易に言えば、われわれの父母、兄弟、姉妹、妻子、この人たちが平和に生活し、成長して行くことを同胞として願う同胞愛の精神に求めたい。(34)

このような精神を軸に隊員の養成を図ろうとする方針は具体的な隊員達の訓練にも反映され、「家族を愛し郷土を愛し、日本を愛せよ」との訓示・教育が繰り返された。(35)

独立問題を視野に入れた政府首脳による愛国心鼓吹と再軍備政策との関係性については定かではないが、(36)愛国心再建に対する極めて強い志向は共通するものであったことは間違いない。そして、予備隊の基本精神たる「同胞愛の精神」が、安倍能成の語ったような「超階級的な愛国心」に通じるものであることは明らかであり、その安倍が文教審議委員として参加した箱根における懇談会で「健全な愛国心の養成」について議論されたことは、志向された愛国心の内実を顕著に示すものであったといえる。(37)

この朝鮮戦争以後の時期を、大熊信行は「終戦いらい五年にわたる愛国心論争が、みじんもその影をおとしていない」「愛国心論争の第二期」と位置づけるが、前述のとおり「階級的愛国心」が影を潜める一方で、平和問題と結びつけた形での愛国心の模索が提起される。(38)それは、「どちらかの世界に一辺倒するよりほかに平和を確保する道はない」とする東西両陣営いずれの「平和の論理」にも属さず、「平和を要求するための大きな国民運動」を地盤に第三の愛国心路線を模索しようとする試みではあったが、結果的には、東西二者択一に集約されてしまう既存の「平和の論理」を乗り越えられなかった。

しかし、いまだ軍国主義復活への警戒心が根強い国内状況の中で、侵略主義や無批判な天皇崇拝との訣別を誓う平和と結びつけた愛国心論は、早急かつ確実な国民の理解と共感を必要とした政府関係者によって広く語られるようになる。

そして、そのような政府関係者による愛国心の強調と、それまでの愛国心論争の行き詰まりは、「戦没者」が有したとされる愛国心への再注目を喚起することによって、単なる受難者としての位置づけにとどまらない、「平和日本の礎」としての再評価の可能性を切り開くものであったといえるのではないだろうか。

三.「戦没者」の愛国心への注目と危惧

ところで、前章でみた衆参両院での全会一致による遺族援護決議可決の後、林譲治厚生相は政府として最大限の努力を払うことを約束する所信表明をおこなった。しかし、遺族援護の具体化は遅々として進まず、一一月二二日に衆参両院議長に提出された政府報告は、最重要課題であった「『遺族年金又は弔慰金を支給すること』について」、「遺族年金及び弔慰金の支給は現在困難である」との回答が示されたのみであった[39]。

その政府の対応が、一九五〇年に入り講和締結に向けた動きが活発化する過程においてわずかながら変化を見せはじめる。一九五〇年三月三日、参議院本会議における緊急質問に対して、吉田茂首相が「国際的信用の確立」を条件としながらも、「すでに終戦五ヶ年、漸次日本の軍国主義に対する疑いも拭われつつあると考えますするから、将来において尚一層進んで適当の処置を講じたいと思います[40]」と、将来的な援護政策の実現を確約する答弁を始めておこなった。そして、三月二三日には「戦死戦災遺家族議員連盟」が結成され、さらにその直後の参議院選挙で、厚生連盟会長長島銀蔵が全国区第十位で当選を果たすことで、厚生連盟はより一層国政における政治的影響力を拡大していった。

このような情勢のもとに、翌年の一九五一年二月二三日、三千人にも及ぶ参加者を集めて第一回全国遺族代表者大会が開催された。この大会で決定された宣言では、改めて「戦争最大の犠牲者」が遺族であり、「戦没者」は「国家の公務によってたおれた」のであるから「国家は遺族に対し、当然補償すべきである」との従来の意向が示されるとともに、講和を視野に入れた、「将来日本が独立国家としての基礎を確立し、平和への総力を結集せんとするならば、まずもって遺族に対する補償を前提条件となすべきである」との文言も盛り込まれた。(41)

そして、朝鮮戦争勃発を契機に、愛国心問題が吉田首相を中心とした政府関係者から頻繁に語られるようになったことは既に述べた通りであるが、それに呼応するかのように、この大会でも講和成立後の防衛問題と遺族問題が関連づけて語られた。それは、久しく語られなかった「戦没者」の愛国心が、再び肯定的評価の対象として位置づけられ得る可能性を強く意識した発言であったことは間違いない。青森代表の藤田美栄は以下のように述べる。

最近国際情勢も変わりました。過日吉田首相は〝国土防衛は国民の愛国心にまつ〟と述べられたではございませんか。

愛国心……!

なつかしい言葉でございます。

私どもの大切な夫、愛する子供、なつかしい父は愛国心に燃え祖国愛に徹して尊い一命をなげうったではございませんか。そのみ霊に感謝の誠をさゝげ、慰めの祈りをさゝげることを忘れてどうして愛国心を望み得ましょうか。(42)

藤田だけでなく、兵庫代表鈴木富太郎も「国を愛する犠牲的精神のないところには最優秀の武器も用をなさない」と独立後の防衛問題と愛国心の関係を論じている[43]。藤田、鈴木両者の発言ともに、その骨子は物質的処遇改善の早期実現を求めるものであったが、そこで示された「戦没者」像は、それまでの単なる国家命令による受難者としての「戦没者」像とは明らかに異なるものであった。

独立後の再軍備の方針が具体的に語られ[44]、国土防衛の基本精神として愛国心の涵養が頻繁に口にされる中で、遺族運動の側から、求められる愛国心の規範として「戦没者」の愛国心が提起されることはもはや必然でさえあった。なぜなら、それは新たな国家防衛体制の根幹に関わる問題であったのみならず、その「戦没者」の愛国心が、戦後平和日本建設をも支える精神的支柱となり得ることが認められるとき、戦争の勝敗によって左右されることのない「戦没者」の再評価が可能となるためであった。

そして、ついに衆議院本会議において、「戦没者」の愛国心が声高に叫ばれるに至る。

時あたかも講和を間近に控えまして、国民の関心は、講和後の国土の防衛に集中せられております。国土の防衛は、まず国民の方にまつことは当然であります。国民の愛国心の高揚こそ日本の再建、日本の防衛の至上要件と申さねばなりません。最高の愛国心を発揮せる戦没者の遺族及び傷病者、抑留者の留守家族の援護が未解決である現在、一方において国民の愛国心の高揚を必要とすることは、国民感情の上から申しましても矛盾を感ぜざるを得ないところであります。政府においても、この点特に留意をお願いいたしたいのであります[45]。

しかし、遺族問題の解決はあくまで「人道精神」に基づいて行われるべきとの趣旨ではあったが、講和後の日本再建、国土防衛の至上命題として「国民の愛国心の高揚」が語られ、その規範たる「最高の愛国心を発揮」した存在としての「戦没者」像が示されたこの主張は、国家の喫緊の課題と遺族運動への対応が、まさに一蓮托生の問題であることを政府に実感させるものであったに違いない。

つまり、防衛問題と結びついた政府による愛国心喚起の動きは、単なる政策上の必要性にとどまらない、より現実的な「戦没者」再評価の可能性を遺族運動に確信させるものであったといえる。そして、それは以後の遺族援護政策の展開にも確実に影響を及ぼすものであった[46]。

一方で、再軍備問題との関係ばかりが強調され、再軍備のための前提条件として遺族援護の早期実現が主張される様相さえ見せ始めた議論の成り行きに、厚生連盟内部からもそのような状況を憂慮する声があがっていたこともまた事実である。

長島厚生連盟会長は、遺族問題を再軍備と結びつけて立論することによって講和の障害となることのないよう留意を促す考えを示したが、それはあくまで確実な講和実現を期すための政治的配慮に過ぎなかった[47]。

そのような意見の一方で、遺族同盟の成立を支えた牧野修二の言葉は、転機に立たされた遺族運動、そして戦没者遺族の変化をまざまざと描き出すものであった。

　然し、ジッと周囲を凝視するとき、再軍備機運が戦争犠牲者対策促進の裏付けとなっていないだろうか。新しい遺族、傷痍軍人がいつかはできるだろうとの予想の下に、再軍備と戦争を順調ならしめるため、今日の犠牲者対策を確立するということかもしれぬ。それでもいゝから遺族年金さえ出たら…との気持ちが、万が一にも戦争犠牲者の胸中に潜んでいるとしたら、おそろしい。(略)戦争はこりごりだと言い、遺族こそ骨身に徹した平和主義者だと絶叫したのはツイ先頃のことである[48]。

まさに進行しつつある再軍備と遺族対策の関係性を的確に捉え、それに追随する遺族運動のあり方に警鐘を鳴らす牧野の批判は、極めて正鵠を射たものであったといわざるを得ない。

第二節　「平和の礎」としての「戦没者」と平和天皇像の成立

一．『神社新報』による再軍備反対論と靖国社頭の平和国民大会

ところで、軍国的神社であることを理由に国有境内地の譲渡を制限され、存続の確証さえ得られなかった靖国神社をめぐる状況に変化が現れたのもまた、日本の講和・独立が具体化していく段階においてであった。朝鮮戦争勃発直後には、それまでの靖国神社に対する「政策の修正」がなされるべきとのGHQ部内覚書が作成され[49]、最終的にはサンフランシスコ講和会議直後に出された指令により、国有地譲渡を制限する条項が削除されたことによって正式に靖国神社の存続が可能となったのである。

その間、国内では警察予備隊の創設など再軍備の動きが現実化すると、米国議会では日本人義勇兵派遣を可能にする法案まで提出される事態となっていたのである[50]。そのような状況に対して、『神社新報』が朝鮮半島への派遣が想定されるような再軍備には断固反対すべきとの主張を展開したことはあまり知られていない。それは、占領下における再軍備では「日本の独立を保持する自衛手段にならないのは明瞭であり、ただ日本が対米追随の姿勢を強めるのみ」であるとし、決して「独立国としての日本の自衛権を否定するものではな」かったが[51]、少なくとも占領期間中に

おける明確な再軍備反対の主張は、反ソ反共の主張とともに徹底されたものであった。
そして、その主張は占領軍から警戒され続けた「神道の平和的本質」が、「断じて偽りのものに非ずして、真実真正のものなることを立証すべき絶好の時」として、しばしば平和論と結びつけて展開されることになる。(52) 具体的には、敗戦により「傷つき疲れたる国民に何よりも貴重なものは平和」であり、「この民のために平和を守るべく懸命の力を致す」ことこそ「神道人の任務」と位置づける。(53) そして、ガンジーの無抵抗主義を例に挙げながら、

現下の日本人にとって、最も必要なのは、侵略者に対抗するための軍備を急ぐことでもなければ、武器を携へて海外の義勇軍に身を投ずることでもない。(54)

との再軍備反対・参戦反対が強調される。また、警察予備隊に対しても「軍隊と云ふ名称だけを避けて予備隊を軍隊化するやうな事をしてはならない」とし、「平和憲法を改訂せずしてはかゝる政策は許されない」との断固反対の姿勢が示されたのであった。(55) これは、占領解除直後から神社新報社によって展開された憲法改正・自主国防論の範疇を超えるものではなかったとの批判も可能ではあるが、平和憲法と再軍備問題の核心ともいうべき内容にまで言及した以下の主張などは、「神道の平和的本質」を誇示するうえで大きな意味を持つものであったといえる。

宗教人はこの際「平和憲法」を放棄して再武装への道を支持すべきであらうか。それとも国家権力による武力行使の道をあくまでも拒否して、専ら思想的な民衆運動の力によつて侵略者に対決すべきことを勧めるべきであらうか。宗教人には決して詭弁は許されないであらう。(56)

一方で、再軍備を困難とする現実的条件についての理解を促した論説では、「軍人とギャングとを同一視するやうな厭戦反軍の思想」形成に重大な影響を与えた問題として、「戦没者の遺家族が冷遇されて困窮した事実」があげられている(57)。

いやしくも国家が軍隊を建設し維持しようとすれば、戦没者や廃兵に対しては名誉と生活が保証されねばならない。この国家の保証に対して国民が信頼を有たねばならない。（略）戦争犠牲者に対する国家の保証が信頼されない所では決して強い軍隊はできないだらう(58)。

このような見解が再軍備を困難とする現実的条件の冒頭に掲げられていることからも、占領下の段階において既に、再軍備問題と戦没者遺族の処遇改善問題が密接な関係をもって理解されていたということは疑うべくもないが、ここでもまた、挙げられた現実的条件を理由に拙速な再軍備への反対が説かれるのである。

そして、以上のような『神社新報』紙上を中心とする再軍備反対論・平和論が展開され、靖国神社や護国神社に対する占領軍の圧力も次第に緩和されていくなかで、一九五一年九月一日、靖国神社境内を会場とした日本平和推進国民会議（以下、平推会議）主催の平和国民大会が開催されたのである。平推会議は、平和四原則を採択し、全面講和運動の中心を担う総評と、非武装憲法の擁護を説く宗教者平和運動協議会が中心となり同年七月二八日に結成された組織であったが、アジア侵略に対する「懺悔の精神」から「日本の非武装を厳守」し「平和日本の確立に邁進」することを宣言した平推会議が、平和国民大会の会場として選択したのが靖国神社だったのである(59)。

靖国神社が会場として選ばれたのは、「戦没兵士の前で平和を誓い、息子、夫、父を亡くした家族が歩いたであろう靖国通りを平和のデモ隊で埋め尽くし、全面講和をアピールしようとした」[60]ためであった。当日は靖国神社境内に参加労働組合の赤旗・プラカードが立ち並ぶ中、総評代表者や社会党委員長鈴木茂三郎らの挨拶の後に平和決議が採択され、労組員の音頭による「アカハタの歌」等の高唱に続いて、神保町から東京都慰霊堂に向けたデモ行進も実施されたのである。

この平和国民大会に対して、同じく再軍備反対を主張しながらも反ソ反共の立場を堅持する神社関係者はその対応に苦慮した様子が窺え、「靖国社頭に赤旗　共産歌沸く平和大会」と題された『神社新報』の記事の中では、「今後特に講和後の政治社会情勢は各地の神社境内で政治的集会を希望する傾向も多くなるものとみられ、こゝに改めて研究さるべき点が生ずるに至った[61]」と以後の対策が明言されている。そして、その影響からか、これ以降、革新系団体主催の集会が靖国神社境内で行われることはなかったのである。

ただ、そのような平和大会の最後に実施されたデモ行進を沿道から見物した夫婦の以下のやりとりは、五年以上に及ぶ占領期間を経て独立を間近に控えた状況下における靖国神社像、さらには「戦没者」像を知るうえで示唆的である。

五十歳近いご主人「靖国神社で平和大会とはおかしいね」
四十二、三の奥さん「どうして?だって戦争で死んだ人の怨みがきっとあの人たちを守るじゃありませんか[62]」

既に述べたように、占領政策による靖国神社解体の危機に直面する中、窮余の策として打ち出された靖国平和論であったにも関わらず、「四十二、三の奥さん」の発言を見るかぎり、「祖国のために殉じたる戦士の悲しき追憶が平和への感謝と平和への祈念とに自らに結びつく」[63]として靖国神社によって示された論理は、決して荒唐無稽なものではなかったといえる。

そして、靖国平和論から再軍備反対論まで幅広く靖国神社の主張が展開された占領末期においては、非武装中立・全面講和を求める革新勢力主催の集会が靖国神社境内で開催された。革新勢力による反戦・平和の主張は「戦没者」の霊によって守られると評され、戦後日本の反戦・平和を再確認するための会場として靖国神社が選ばれた事実からは、「戦没者」の存在を媒介とした靖国神社をも包含する反戦・平和への期待が、保革を超えて確かに存在していたということができる。

二．確立された「平和の礎」像と天皇が明らかにした遺族の悼み

占領期間を通じてその平和的立場が強調された靖国神社に対して、一九四五年一一月の臨時大招魂祭以降、天皇の靖国参拝は勅使の派遣も含めて途絶えたままであった。ただ、靖国神社側も決して傍観していたわけではなく、一九四七年の春季例大祭に際して天皇の親拝を願い出たものの、「マッカーサーの方への遠慮がある」との理由から実現しなかったのである。[64]

そのような状況は再軍備論者からも批判の対象となり、なかには譲位論にまで達する主張も少なくなかった。『神社新報』に紹介された記事によると、譲位論の根拠として、天皇は「太平洋戦争に対する道義的な大責任者」であり、未帰還者や傷病兵に加えて「数十万の戦没兵士の遺家族が生きる苦しみにひしがれてゐる」にもかかわらず、靖国参拝を再開しない消極的な姿勢が追及された。[65]

靖国神社には数百万の太平洋戦争の犠牲者たる兵士が合祀されてゐるが、今上陛下は、こゝに参拝することすら御遠慮される立場にたたれてゐる。[66]

そして、そうした立場を貫く天皇を「中心として、再軍備をすゝめることは極めて無理[67]」との結論に達するのであった。

この再軍備論者による天皇譲位論については、「再軍備に都合がよからうと悪るからうと、そんな事で陛下の御進退を論じ立てる」ことは「日本国民大多数の意志に一致するものではない」と紙上では一蹴されるのであるが、[68]戦没者遺族への処遇改善が再軍備のための現実的条件として把握されていたのと同様に、天皇の靖国参拝と再軍備問題も決して無関係なものではなかったことが理解できるのではないだろうか。

しかし、講和成立を機に、遠ざかっていた天皇と「戦没者」の距離が急速に再接近することになる。それは、一九五二年五月二日に政府主催で開催された「全国戦没者追悼式」において、出席した天皇が「戦没者」に対して「追悼の意」を表し、その遺族への想いを明らかにするという形で実現したのであった。

その直前の四月三〇日には、遺族運動の念願であった「戦傷病者、戦没者遺家族等援護法」が公布され、軍人軍属の公務上の負傷若しくは疾病又は死亡に関し、国家補償の精神に基づいてその遺族が遺族年金や弔慰金の支給を受けられるようになったのである。

その上で実施された「全国戦没者追悼式」は、空襲などによる被災者も含めた「尊い犠牲者」に「国をあげて追悼の誠をささげ、永世の平和を祈念する行事」として、独立回復に際して「あらゆる国の行事に優先して」行われた式典であった。[69]

新宿御苑で行われた式典は、天皇・皇后をはじめ、内閣総理大臣、衆参両院議長、最高裁長官が出席し、各都道府県遺族代表二千百余名、来賓千数百名が参列する大規模なものとなった。開会の辞についで、吉田首相は「遺家族諸子の労苦に深く同情の意を表し」たうえで、「戦争のため祖国に殉ぜられた各位は、身をもって尊い平和の礎となり、民主日本の成長発展をのぞみ見らる、ものと信じてうたがいませぬ」との式辞を述べ、公式に「民主日本の成長発展を」見守る「平和の礎」として「戦没者」を位置づける見解が示された(70)。ここにおいて、「平和の礎」としての「戦没者」像、さらには戦後平和日本と「戦没者」の不可分な関係性が、日本政府によって公式に認められたということができる。

さらに、田中耕太郎最高裁判所長官による追悼の辞では、「我が国が過去の戦争によって重大な過誤を犯したこと」は事実であるが、「戦争自体に対する批判と戦没者に対する追悼と感謝は全く別個の問題である」として以下のように述べた。

> 戦没者は国家危急の際に忠誠な国民として義務を果され、祖国のために生命までを捧げられました如何なる社会、如何なる時代にもかような犠牲は人類普遍の道徳原理に一致し、最も崇高な徳行として、同胞の衷心よりの賛美と感謝を受けるに値するものであります(71)。

ここに示された論理こそ、戦争自体に対する評価と「戦没者」に対する評価を切り離すことで、侵略戦争の直接の担い手であった「戦没者」自身の戦争責任を不問に付し、そのうえで「戦没者」の犠牲を、「人類普遍の道徳原理」に基づく「最も崇高な徳行」＝貢献としての評価を可能にする論理であったといえる。さらにそれは、「戦没者」の愛国心も戦争の勝敗によって左右されるべきではないとする論理にさえ容易に敷衍し得るものであり、独立による再軍備の強化が確実な中でのこの発言の意味は決して小さくなかったに違いない。

そして、このような国家による過誤＝侵略性を認めつつも、過誤を実際に犯した兵士たちの責任を不問に付すことで侵略責任そのものを空洞化させる論理こそ、その後の日本の戦争責任に対するダブル・スタンダード[72]、いわゆる対外的な姿勢と国内的な取り扱いの二重性を支える論理であった。

それに対して、天皇による追悼の言葉は、他の式辞、追悼の辞とは同一視できない、独自の意味を持つものであったことに注目しなければならない。

今次の相つぐ戦乱のため、戦陣に死し、職域に殉じ、又非命にたおれたものは、挙げて数うべくもない。衷心その人々を悼み、その遺族を想うて、常に憂心やくが如きものがある。

本日この式に臨み、これを思い彼を想うて、哀傷の念新たなるを覚え、ここに厚く追悼の意を表する。[73]

吉田首相の式辞をはじめ、来賓による追悼の言葉はいずれも「戦没者」の評価に終始する傾向にあった一方で、天皇だけが「戦没者」を想う遺族の悼みの存在を代弁し、さらにその遺族の苦しみを想う天皇自身の「哀傷の念」を語ったのである。それは「戦没者」に対する追悼の言葉でありながら、同時に戦没者遺族へ向けられた言葉であったことは明らかであり、全国組織結成を決定づけた拝謁以来ともいえる天皇からの言葉は、遺族運動にとっても大きな意味を持つものであったに違いない。

さらに、式典後には遺族参列者は皇居の拝観を行い、宮内庁玄関において天皇、皇后両者との拝謁の機会が用意されていたのであるが、忘れてはならないことは、「平和の礎」としての「戦没者」の位置づけは、「戦没者」の犠牲＝貢献によって守り得たとする日本国家の連続性を前提とするものであり、その連続性の象徴たる天皇の出席のもとに、そのような「戦没者」像が確認されたことは、遺族運動にとって極めて重要な意味をもつものであったといえる。[74]

そして一方で、遺族とともに「戦没者」の死を悼み、遺族自身の苦しみにまで思いを致そうとする天皇の姿は、後に途絶えていた靖国神社参拝が再開されることによって、占領政策の受難者となりながらも絶えず平和を願い続けた存在として、戦没者遺族の姿と重ね合わせる形で描き出されるようになる。

その結果、平和を祈念する天皇との密接な関係性を維持することによって、遺族運動は独立後の更なる運動の拡大を模索することが可能となったのであった。

三．天皇に共有された「戦没者」への想いと平和への意志

ところで、講和成立を目前に控え、靖国神社に対する警戒が緩和されるにともなって、既にみた『神社新報』紙上における靖国神社平和論だけではなく、靖国神社自身も社報を創刊し平和論を展開するようになっていた。[75]ただ、両者の平和論には共通する点が多く、講和成立直後に示された再軍備論への警戒もまた例外ではなかった。

講和の兆しにからんで台頭して来た再軍備の問題をとりあげて、再軍備の実現されようとする時代だから、靖国神社も盛になるだらうと云ひ、再軍備するなら先づ、靖国の祭りを盛にせよといふ声も聞こへて来る。それがお社の為にと思って云はれてゐるかも知れないとしても、いったい靖国祭祀とは再軍備の交換条件になるものであろうか。[76]

これは同時期の「靖国神社が、再軍備政策の外交措置のために利用されるやうなことは、望ましくはない」とする『神社新報』と共通した主張であり、このことからも両者の平和論・再軍備反対論の密接な関係を理解することができる。

そして、全国戦没者追悼式からおよそ五ヶ月後の一九五二年一〇月一六日、一九四五年以来となる天皇の靖国参拝が再開し、その詳細が社報『靖国』に大きく掲載された。

それは独立後初の例大祭となる秋季例大祭前日の訪問であり、多くの戦没者遺族に迎えられたことはいうまでもない。天皇の参拝を迎える遺族の様子は「御親拝仰いで感動に声なき遺族」などと伝えられ、一般新聞各紙を含め、その喜びの姿が強調された。

なかでも、「之で私ども遺族は片身が広くなった」といったような、天皇の参拝を一種の転換点と捉えるような発言が多くみられるのはいかなる理由によるものであったのだろうか[77]。

確かに、占領期間を終え、再び戦前・戦中と同様に天皇の参拝が可能になったという復古的な意味合いが含まれていたことは間違いない。しかし、それは単なる復古的主張であっただけではなく、再開された天皇の靖国参拝こそ、戦後社会において靖国神社と「戦没者」の存在を改めて再確認させるものであり、遺族運動もまた、天皇の靖国参拝によって改めて可視化されることにより、新たな運動の展開が可能になったということができる。

実現した天皇・皇后による靖国参拝の意義について、靖国神社の筑波藤麿宮司は以下のように述べた。

敗戦と云ふ思ひがけない事実の前に人々は虚脱となり、戦に対する憎悪感がかたよった方向に向けられて、御祭神も御遺族も亦神社も、不快な数年を送って参りました。しかし、今回の御親拝によってすべてを払ひ、みたまをお慰めすると云ふ国民すべての願ひが、御親拝に引続く五日間の例大祭の賑はひの上に、よくあらはれて居るのであります。(78)

つまり、占領下においては敗戦の結果として、国民の戦争に対する憎悪が「戦没者」への憎悪、遺族への憎悪、そして靖国神社への憎悪に結びついてしまっていた。しかし、天皇の靖国参拝によってそれらの憎悪は払拭され、共有される「戦没者」への慰霊の願いをもって、再び国民意識の一体化が回復し得たとされるのである。では何故、天皇の参拝によって国民意識の一体化は回復し得るのであろうか。

同じく筑波宮司によると、占領下においても天皇自身の靖国参拝の意志は強かったという。

陛下は終戦以来常に深い御心を、みたまの上にかけてをられたのでありました。そして、機会ある毎に、当神社への御参拝の御内意を拝したのでありますが、厳しい制限を受けて居りました占領下の当神社として、その御内意に副ふ事が出来なかったのであります。(79)

厳しい占領政策によって実現されることはなかったものの、天皇は敗戦以来常に「戦没者」を想い、戦没者遺家族を想い、靖国参拝を願っていたとするこの見解は、筑波宮司個人に限られたものではなく、一般紙においても同様の見解が示されるとともに、その様な意識の表出であったとして、先の「全国戦没者追悼式」における言葉が重ねて報じられたのである。(80)

そして、占領政策の受難者となりながらも貫かれた天皇の心の核心こそ、「亡くなったみたまを思ひしのび平和を希ふ心」であり、それは戦没者遺族のみならず、日本国民であれば「誰だって同じ筈」という論理のなかで、国民意識再統合の役割が果たされるのであった。[81]確かに、天皇の参拝に際した国民全体の「気持をいつ迄も続けて、再び争ひの起らない平和な日本を再建して行きたい[82]」といった主張は説得力を持つものであったに違いない。

このように、独立を機に再開された天皇の靖国参拝は、「戦没者」を慰霊し平和を祈念する行為として位置づけられるようになり、その天皇自身の言葉を通じて戦没者遺族の存在が再確認されることによって、同じく厳しい占領下の受難の中にありながら、「戦没者」を悼み、平和を願い続けた遺族運動の、平和日本再建に向けた新たな試みが可能になったと考えられる。

つまり、独立後の戦没者遺族運動は、占領下に形成されつつあった平和天皇像に大きく依拠するものであり、その平和天皇像もまた、「戦没者」やその遺族の存在と切り離すことのできない不可分の関係にあったといえるのではないだろうか。そして、そのような遺族運動と平和天皇像の相互補完関係を媒介したのが靖国神社の存在であり、その靖国神社もまた、独自の反戦・平和論を展開したことは既にみたとおりである。

しかしその一方で、遺族運動が「御祭神の御心を心として[83]」平和日本の再建を担わんとするとき、もはや「戦没者」は戦争の悲劇を銘記する受難者としての存在にとどまることは許されず、平和日本再建にも引き継がれるべき「御祭神の御心」の内容が明らかにされなければならなかったのである。

そして、そこで示される「御祭神の御心」の内容こそ、独立後の新たな運動の展開を支える論理的基軸となるべきものであったことは間違いないが、それ故に、靖国神社平和論でも留保され続けた「殉国の精神」との関係は、直面せざるを得ない最大の課題であったといわざるを得ない。

第三節　戦没者遺族運動の再編と反戦・平和の動揺

一．受難者としての存在から脱却を図る遺族運動

戦没者遺族運動においては、朝鮮戦争を契機として高まった国防論を背景に、既にみた「戦没者」の愛国心再評価を求める声に止まらず、それまで強調され続けた受難者的立場の限界を明らかにする主張が示されはじめる。

一九五一年二月一日付の『通信』には、「再武装に関しては婦人が反対するだろうから、国民投票などによって再武装を決する場合には婦人に投票権を認めない方がいゝ」との議論があったことに対する反論が掲載された。記事では、それまでの遺族運動において主張されてきたとおり、「太平洋戦争で一番大きな被害をこうむったのはいうまでもなく戦争未亡人だ」としながらも、「〝戦いへの呪〟即ち自らの手で祖国を守る責任の回避ではない」として、「真剣になって戦争犠牲者の声に耳をかたむけ」るよう促すのである(84)。

そこでは、引き続き戦没者遺族こそ最大の戦争犠牲者であることが強調される一方で、戦争未亡人＝「国防をも否定する存在」として位置づけられることへの反発が明らかにされ、戦争犠牲者＝受難者としての立脚点ともいえる反戦・平和の主張と、否定し得ない祖国防衛容認の立場の併存状態が明らかにされた。また、直後に開催された第一回全国遺族代表者大会においても遺族代表から防衛意識の規範としての「戦没者」の愛国心が強調されたことからも、一連の国防論議の過程が、受難者としての立場に止まらない新たな遺族運動の課題を明らかにしたといえる。

しかし、当然のことながら、新たな運動の展開がそれまで強調してきた受難者としての遺族の立場と矛盾するものであってはならず、それは必然的に反戦・平和の論理との整合性が問われることを意味していた。

そのような状況の中で、講和条約調印直後に投稿された以下の投書からは、模索され始めた遺族運動の新たな方向性を十分に読み取ることができる。「遺族よ、厳粛な気魄をもって行動せよ」と題された無記名の投書は、「新しい日本の門出に立って、遺族は襟を正して厳粛な気持を新にすべきである」として、運動が新たな段階に入るべきことを訴える[85]。それは、毎日新聞への投書を例に、「この六年の間に社会一般の遺族をみる眼、遺族を遇する態度も大分、温かさが通いはじめた[86]」ことを理由に挙げているが、同時期の革新勢力による靖国神社境内での平和国民大会を含め、受難者としての「戦没者」、受難者としての戦没者遺族に対する理解が広く国民に共有されつつあったことが遺族の実感として語られている。

その上で、独立以後の運動の方向性として以下の内容が提案される。

我々は戦争の最大の犠牲者に違いないが、それだからといって自分達さえよければよいというような偏狭な心を持ってはならない。視野を広くして新しい日本を世界の平和に寄与できる立派な国に育て、散って逝った我児達の心を新しい日本にふさわしく生かして行くべきである。[87]

つまり、戦没者遺族は戦争の最大の犠牲者であるからこそ、同じく戦争の犠牲者である「散って逝った我児達の心」＝「戦没者の心」を理解し、新たな平和日本建設に貢献していくべきというのである。

ここに至り、犠牲者＝受難者としての側面ばかりが強調されてきた「戦没者」から継承されるべき心を抽出することによって、あくまで遺族＝受難者としての立場は堅持しながらも、戦後平和国家建設の担い手としての新たな運動論理の形成が可能になったといえる。そこではもはや、占領下にみられたような命令で止むを得ず戦場に赴いたとする「戦没者」像は後景に退き、受難者として「涙に訴へる辛さ」に依拠した運動形態からの脱却は明らかであった。

しかし、以上みたような新たな運動の方向性が提唱された段階においては、未だ戦後日本社会に継承されるべき「戦没者の心」の具体的内容は明らかにされず、戦没者遺族が担うべき平和国家建設との関係性も示されることはなかったのである。

二．「戦没者の心」継承による貢献者への転換

独立後、それまで任意団体であった日本遺族厚生連盟は、「戦傷病者、戦没者遺家族等援護法」に基づいた国からの援護を「団体として側面から協力する」ために法人化することが決定されていた。[88] そして、旧軍人会館の払い下げ問題との関係上、社会福祉法人化するのが適当であるとの議論もあったが、[89] 最終的には財団法人日本遺族会の設立が急がれ、財団法人日本遺族会は一九五三年三月一八日に設立認可、同月二三日に登記を完了したのである。

日本遺族会は、「遺族の援護救済の道を開くとともに、道義の昂揚、品性の涵養に努め、平和日本の建設、戦争の防止、ひいては世界の恒久平和の確立に資し、もって全人類の福祉に貢献せんとする」[90] 趣意でその運動を開始した。一方で、その「寄付行為」の「第二章　目的と事業」の条文から、厚生連盟規約「第二章　目的」の条文には存在した、「戦争の防止と、世界恒久の平和の確立を期し、以て全人類の福祉に貢献する」[91] といった内容が削除されてしまったことは何を意味するのであろうか。

そして、日本遺族会が最初に行ったのが、その寄付行為の改正であった。じつは日本遺族会設立以前から寄付行為に関する論議は存在しており、すでに一九五三年二月二六日開催の厚生連盟定期評議員会において、「日本遺族会の規約を評議員会に諮れ」との発言に対して、「事態は急を要するから法人認可に関する一切の手続を執行部に一任せ

よ」との反論が起こり、これをめぐって激論が交わされている。[92] さらに、厚生連盟の解散を決定した六月四日の第一回日本遺族会評議員会では、「予定していた第一号議案（寄付行為第十九条の理事、監事の選任）を後にし、寄付行為改正を審議すべし」との意見が起こり、その場で起草委員会を構成して改正案を作成し、採決を取った。[93] その改正案が七月一二日の第二回評議員会で決議され、一〇月一七日の第三回評議員会において、改正案に加え、旧軍人会館の無償貸付に関する運営委員会の規定を追加決定して監督官庁に認可申請を行い、一二月二日に改めて認可を受けたのである。

そのような過程で決議された改正の結果、「寄付行為」第二条の条文の冒頭に「英霊の顕彰」という五文字が挿入され、具体的な事業のトップに「一、英霊の顕彰並びに慰霊に関する事業」が加えられた。この改正によって、ついに「英霊の顕彰」が正式に遺族運動の目標として掲げられることになったのであるが、この一連の寄付行為改正をめぐる過程について、『十五年史』には「この評議員会〔第一回評議員会〕においては、財団法人日本遺族会の寄附行為が、実情に副わない点があるというので、種々論議され、結局、これを改正することを、多数決で決議した。[94]」との記述があるだけで、論議の内容は明らかにされていない。

ただ、寄付行為の改正を決めた第三回評議員会の重要性を述べた記事のなかでは、「名実ともにゆるぎない内部機構の整備を急」ぐ必要性が説かれ、その理由として、「社会の一部」に起きつつある「遺族が鼻について来た」との反応が紹介されている。[95] さらに、国家補償の道が「不十分ながら一応拓かれた」遺族運動に対する批判の拡大は、以下の投稿からも明らかであったといえる。[96]

今日世人の批判を忌たんなく申し上げますならば「遺族は年金などを貰って好い事をした」「戦争犠牲は独り

戦死者のみではなかったのに」「我々も税金を出して義務を負って居る」と暗に妬み心を持っているのが少ない。従って慰霊祭があっても一般人の参詣は極めて少ない。この現象は何を物語るのでしょうか、実は国家的大問題といわねばなりますまい。(97)

このような「世人の批判」こそが寄付行為改正を急がせた理由であった。だからこそ、「遺族会の今後の在り方は、愈々本質的にはいらねば」ならないとの意識から、「英霊の顕彰」銘記が急がれたのではなかろうか。(98)

その背景には、天皇による追悼の言葉に象徴されるような、受難者としての戦没者遺族や戦傷病者に対する様々な援護の必要性は広く国民的理解が得られた一方で、独立後の軍人恩給復活の動きに並行する形で進められた物質的援護拡大の取り組みが、「恩給亡国論」などの批判の対象となり始めたことにあった。(99) それは、受難者としての立場に依拠するばかりの運動がもはや限界に達しつつあることを意味していたのは明らかであり、改めて戦後社会における運動への理解を得るためにも、早くから提起されていた「戦没者の心」に基づいた平和日本建設の道筋を示す必要があったに違いない。

そして、本質的な運動への転換の必要性に言及した先の投稿では、批判拡大の最大の原因として「遺族の真意が未だ一般人に認識されて居ない」ことが指摘されたうえで、「遺族の真意」である「御霊を生かさんとし、遺児を生かさんとし、自己も生き貫かんとする努力」が強く求められたのである。(100)

遺族は尊き護国の神の犠牲的精神を承け継ぎ、身を以て之を実行し更に之を後世に伝うる義務を感知せねばならぬのであります。之が御霊を生かす所以であります。(101)

つまり、遺族運動が継承すべき「戦没者の心」とは「犠牲的精神」＝貢献者精神であり、その「犠牲的精神」を自覚することによってこそ「我等国民の絶対使命である平和日本再建の歩みの上にも、自発的に急先鋒たる」[102]ことが可能になるというのである。

それは確かに、「戦没者の心」の具体的内容を明らかにし、平和日本再建との関係性についても明確化するものではあったが、それまで戦争の最大の犠牲者＝受難者であることを理由に反戦・平和を希求する代表的存在たることを自任していた遺族運動が、一転して「戦没者」の「犠牲的精神」＝貢献者精神の継承を以て平和日本再建への貢献を果たそうとする姿勢は、あまりにも劇的な転換であったといわざるを得ない。

さらに、日本遺族会の会合において、ビキニ環礁水爆実験の被害にあった洞爺丸の議論がなされたことを耳にしたある未亡人が、「戦没者」と「洞爺丸でなくなられた気の毒な方々とは別な面がある」として述べた以下のような投稿もみられる。

自衛隊とか軍隊とかこんなものについて言ってるのではありません。戦争はもうこの世の中からなくしたいです。私は子供を戦争には絶対出したくありません。しかし亡き夫のその尊い精神ほどは日常の生活にもつながって居ると思います[103]。

そして、亡き夫の尊い精神＝「国の為に殉じた精神」が「いかに尊いものであるか」を自覚し、子供に伝え、生きていく決意が述べられるのである。戦争に対する絶対忌避を示しながらも、「国の為に殉じた精神」に基づいた日常生活を運動として追求していくべきとした決意は、「戦没者」の「犠牲的精神」を継承し平和日本再建を担うべきとする先の主張にも通じるものであった。

以上のように、それまでの受難者としての運動から、「戦没者」の「犠牲的精神」、「国の為に殉じた精神」の継承者として、さらには平和国家再建を担う貢献者としての運動へと転換が図られた遺族運動であったが、その過程で明らかとなった問題点は少なくない。

いうまでもなく、ここで示された「犠牲的精神」や「国の為に殉じた精神」とは、靖国平和論の中で国民の敬意を受けるべきとされた「殉国の精神」と同義である。その「殉国の精神」が、GHQの警戒を回避するために戦争自体の評価と切り離し、純化した形で使用されたことは既に見たとおりであるが、その論理が何ら検証されることなくそのまま平和日本再建の論理として援用されている。それは、平和の論理と「殉国の精神」を併存させた靖国平和論が、独立後に至るまで一切批判的検証を受けることの無かったことと無関係ではあるまい。

同様に、遺族運動が最大の犠牲者＝受難者としての立場から希求した反戦・平和と、「犠牲的精神」＝貢献者精神を以て再建を担わんと決意した平和の差異もまた問われることがなかったのである。そして、「日本の平和を守るのには、日本人が日本人としての独自の自覚をとり戻すことこそが大切」とする同時期の『神社新報』の記事には、再建されるべき平和の本質が赤裸々に描き出されていたのであった。(104)

近来、日本の国民が、日本独自の天皇の意義にめざめ、神道の信仰にもどりつゝあることは、日本人の心の中に独立の精神の復活しつゝあることを意味するものである。それは日本が、真の意味での平和を築いて行くための基礎を固めつゝあるものと云ひ得る。(105)

つまり、日本国民が再び「天皇の意義」に目覚めることによって「独立の精神」を復活させることが、「真の意味での平和」を築く基礎になるというのである。それはもはや、天皇への忠誠と平和の建設を直結させた、戦前・戦中論理への回帰以外の何ものでもなかったことは明らかであろう。

それにもかかわらず、以上のような新たな運動方針における平和の内実が問われることのないままに、革新勢力をも巻き込む形で、「平和祈念の社」としての靖国神社国家護持を目指す動きが活発化していくのであった。

おわりに

独立後の「戦傷病者、戦没者遺家族等援護法」成立をはじめとした物質的処遇改善の進展にともなって、戦没者遺族運動においては、占領下を通じて展開された受難者としての立場に依拠した運動から、「戦没者」の「犠牲的精神」、「殉国の精神」を継承する貢献者の運動へと転換が図られたことが明らかとなった。

それは、占領下における運動が、「戦没者」の存在を介した遺族自身の処遇改善・国家補償を求める運動であったのに対して、独立後の「英霊の顕彰」に象徴される新たな運動方針は、継承を担う主体は遺族でありながら、戦後社会においても継承されるべき精神を有した「戦没者」の存在を中心に据えた運動となった点において、その転換の意義は見過ごされるべきではない。

その一方で、占領下であるか否かを問わず、一貫して継続されたのが遺族運動と反戦・平和の論理を結びつけようとする試みであり、「戦没者」の存在が戦争の記憶と切り離せないものであっただけに、戦後社会における運動と反戦・平和との関係性は、不断に問われ続けなければならない問題であったといえる。

それは「戦没者」を祀る靖国神社にも共有された課題であり、その存続すら危ぶまれた占領下においては、平和的存在であることをあらゆる手段を以て訴え続けたことは既に明らかにしたとおりである。そして、その靖国神社が国民的平和祈念の象徴として重視したのが平和を祈念する天皇の参拝であり、独立後に再開された天皇の参拝直後に行われた皇太子の参拝に際しても、「御渡欧を前に平和を祈られる殿下」として、平和を祈念する姿が象徴的に報じられたのであった。

平和な次の日本を表徴し我々の希望と喜びの源である、若く明るき皇太子様の御参拝がそのまま、御社頭のそして日本の将来を祈《ママ》次第である。[106]

そのような平和天皇像、平和皇太子像と結びつく形での靖国神社や「戦没者」に対する評価は、遺族運動における「平和日本再建」の主張を強く支えるものであったに違いない。

しかしながら、独立後、遺族運動内にみられた新たな方針を模索する動きに並行して、靖国神社もまた、「神道復興こそ平和への道」と唱え、国民が再び「日本独自の天皇の意義」に目覚めることを促す主張を展開した事実は、平和天皇像や平和皇太子像によって覆われた靖国神社の戦前・戦中からの連続性を示して余りある。さらに、その靖国神社が提起した「殉国の精神」が、遺族によって継承されるべき「戦没者の心」として平和国家再建と接合されるに至り、戦後平和天皇と靖国神社、戦没者遺族運動三者の相互補完関係は確立されたということができる。

(1) 大熊信行「日本の愛国心論争」、『理想』通号二二四、一九五二、一。

（2）野坂参三「民主戦線によって祖国の危機を救え」、『野坂参三選集―戦後篇』（新日本出版社、一九六七）。
（3）前掲「日本の愛国心論争」、四三頁。
（4）大熊によれば、この時期の「愛国心」論議は、「雑誌の編集者や出版社の企画によって登場したものが多く、国民に強い感銘をあたえるような論考はみられなかった」とされる（前掲「日本の愛国心論争」、四三頁）。
（5）同右、四四頁。
（6）重松俊明「愛国心について」、『日本評論』二一巻一一号、一九四六、一一、四七頁。
（7）同右。
（8）座談会「世代の差違をめぐって―進歩的思潮の批判と反批判―」、『世界』通号三二、一九四八、八、一五頁。
（9）司会役の清水幾太郎によれば、この座談会は、「単なる世代の相違」ではなく、「いまの日本に同時的に存在している異った思想傾向の間の質的な相違、もしくは対立」を止揚せんとする試みであった。参加者は、清水幾太郎、安倍能成、天野貞祐、和辻哲郎、磯田進、松村一人、高桑純夫、都留重人の八人であった。
（10）前掲「世代の差違をめぐって―進歩的思潮の批判と反批判―」、一五頁。
（11）同右。
（12）同右、一六頁。
（13）前掲「日本の愛国心論争」、四五頁。
（14）前掲「世代の差違をめぐって―進歩的思潮の批判と反批判―」、一七頁。
（15）小熊英二は同時期の保守論調の特徴として、戦後の民主化や労働運動などを軍部独裁と同一視する傾向を指摘し、その例として、二・一ゼネストと二・二六事件を「同一の事件」と評した鈴木成高の主張などを挙げている（小熊英二『〈民主〉と〈愛国〉』（新曜社、二〇〇二）、一九九頁）。
（16）前掲「世代の差違をめぐって―進歩的思潮の批判と反批判―」、三一頁。
（17）同右、二五頁。
（18）同右、二九頁。
（19）野坂参三によって提起された「民主人民戦線」は、一九四八年三月、共産党中央委員会によって改めて「民主民族戦線」として提唱された（神山茂夫編著『日本共産党戦後重要資料集』第一巻（三一書房、一九七一）、三二一〜三二三頁）。
（20）前掲「世代の差違をめぐって―進歩的思潮の批判と反批判―」、二九頁。
（21）神山茂夫「われらは祖国と共に」（一九四七年九月刊、『祖国を愛する道』序文）、前掲『日本共産党戦後重要資料集』第一巻、一六五頁。
（22）前掲「世代の差違をめぐって―進歩的思潮の批判と反批判―」、三一頁。
（23）淡徳三郎「新しい愛国主義のために」、『思索』通号二八、一九四九、一一。
（24）高桑純夫「平和と共にある愛国」、『改造』二九巻九号、一九四八、九。
（25）向坂逸郎「愛国心について」、『前進』通号三五、一九五〇、六。向坂逸郎「再び『愛国心』について」、『前進』通号三七、一九五〇、八。
（26）高島善哉『新しい愛国心』（弘文堂、一九五〇）。
（27）清水幾太郎『愛国心』（岩波書店、一九五〇）。
（28）大熊は、同時期の状況を「それは不思議な、歴史の前後にない、瞬間であった」と、その特殊性に言及している（前掲「日本の愛国心論争」、五八頁）。
（29）座談会「愛国心とは何か」、『前進』通号三六、一九五〇、七。その表現を提示した谷川徹三自身は、それをあえて「愛国心」という必要はないと述べている。
（30）一九四九年一二月二日、社会党中央執行委員会は、全面講和、中立、基地反対の「平和三原則」を決定し、一二月一五日には、「中立の立場から絶対平和国家の道を追求」する「平和独立期成国民同盟」（会長天野貞祐）が結成された。そして、一九五〇年一月には平和問題談話会が、全面講和、経済自立、中立不可侵、軍事基地提供反対の立場を明らかにする「講和問題についての平和問題談話会声明」を発表した。
（31）吉田茂「施政方針演説」、大嶽秀夫編・解説『戦後日本防衛問題資料集』第一巻（三一書房、一九九一）、四四〇頁。
（32）「講和へ自立の態勢　首相、新聞週間に演説」（『朝日新聞』一九五〇、一〇、三、一面）。
（33）「〝静かな愛国心〟こそ必要　天野文相、知育の振興を力説」（『朝日新聞』一九五一、二、八、二面）。
（34）林敬三「総監就任に際しての訓話」（一九五〇、一〇）、前掲『戦後日本防衛問題資料集』第一巻、四八九頁。

(35)湯元勇三・インタビュー記録(一九八〇年九月一八日)、前掲『戦後日本防衛問題資料集』第一巻、四九〇~五〇七頁。

(36)大嶽秀夫は、吉田茂の教育政策と再軍備政策の関係について、「吉田は長期的な再軍備政策の観点から、教育政策を通じて、「軍隊」に対する国民世論の「教育」を試みていたのではないか」と分析している(大嶽秀夫「吉田内閣による「再軍備」」、東北大学法学会『法学』五〇巻四号、一九八六、一〇)。

(37)大熊信行は、安倍能成の愛国論について、「いまの(一九五二年)日本の政府が必要とする愛国思想の系譜に属するというよりも、いまの政府の愛国思想の発端はむしろここにあるとみていいものである」と、その関係性について言及している(前掲「日本の愛国心論争」、四六頁)。

(38)座談会「愛国心の検討―とくに平和の問題との関連において―」、『日本評論』二六巻四号、一九五一、四、における久野収の主張に代表される。

(39)「戦争遺族特別考慮は現在困難　議院決議に政府回答す」、『会報』七号、一九五〇、一、二〇。

(40)「国際的信用が先決問題」、『通信』九号、一九五〇、三、二五。

(41)前掲『十五年史』、四一~四二頁。

(42)「愛国心　懐しい言葉だが…」、『通信』二一号、一九五一、三、一。

(43)同右。

(44)第一回全国遺族代表者大会直前の二月一三日、衆参両院本会議演説において、吉田首相は「たゞ一方的に他国から安全を保障されるだけで自らの国土を守るために自らは何らの犠牲をも払わないということは国民としての自尊心がこれを許さない」と、明らかに再軍備を意識した発言をおこなっている(『読売新聞』一九五一、二、一四、一面)。

(45)「遺族問題の解決は人道精神に立て」、『通信』二一号、一九五一、三、一。三月三一日に衆議院本会議において為された「遺族戦傷病者及び留守家族に対する決議」の趣旨説明として、高橋等議員が述べた内容。同様の決議が前日の三月三〇日に参議院本会議において為されている。

(46)大会直後の三月八日、参議院予算委員会における「手厚い援護の手をさしのべるよう十分考えている」との吉田首相の答弁以降、遺族に対する援護が具体的に検討され始める(前掲『十五年史』四三~四四頁)。

(47)「遺族問題の論議は慎重に　長島会長談」、『通信』二四号、一九五一、六、一。

(48) 前掲「戦争犠牲者運動の黎明期」。
(49)「部内覚書：靖国神社について」、前掲『新編靖国神社問題資料集』、一〇四頁。
(50) 日本人義勇兵参加問題に対して、吉田茂首相は一九五〇年七月二一日の衆議院外務委員会で「義勇軍の申し入れが仮にあったとしても、政府として受け入れる考えはない」と述べていた。
(51) 神社新報企画・葦津事務所編『神社新報五十年史』(上)(神社新報社、一九九六)、二三〇頁。
(52)「創業記念日に際し平和のために祈る」、『神社新報』二〇一号、一九五〇、七、一〇。
(53)「反共平和の大道」、『神社新報』二〇四号、一九五〇、七、三一。
(54) 同右。
(55)「日本再武装問題と宗教人の責任」、『神社新報』二二六号、一九五一、一、二二。
(56) 同右。
(57)「再武装論を批判す」、『神社新報』二二八号、一九五一、二、五。
(58) 同右。
(59) 日本平和推進国民会議の運動については、森下徹「全面講和の論理と運動―日本平和推進国民会議を中心に―」、広川禎秀、山田敬男編『戦後社会運動史論』(大月書店、二〇〇六)を参照のこと。
(60) 前掲「全面講和の論理と運動―日本平和推進国民会議を中心に―」、九九～一〇〇頁。
(61)「靖国社頭に赤旗　共産歌沸く平和大会」、『神社新報』二五七号、一九五一、九、一〇。
(62)『講和新聞』四五号、一九五一、九、一五。
(63) 前掲「靖国神社と平和の理想」。
(64) 前掲『靖国　知られざる占領下の攻防』、二二八頁。
(65)「再軍備論者の主張　天皇譲位論に反対する」、『神社新報』二五五号、一九五一、八、二七。
(66) 同右。
(67) 同右。
(68) 同右。

(69)前掲『引揚げと援護三十年の歩み』、三九九頁。
(70)『通信』三五号、一九五二、五、一五。
(71)同右。
(72)対外的には講和条約の第十一条で東京裁判の判決を受諾するという形で必要最小限度の戦争責任を認めることによってアメリカの同盟者としての地位を獲得する一方で、国内においては戦争責任の問題を事実上否定するというように、対外的な姿勢と国内的な取り扱いを使い分けるような問題処理の仕方を吉田裕は「ダブル・スタンダード」と呼んでいる(吉田裕『日本人の戦争観』(岩波書店、一九九五)第四章)。
(73)『毎日新聞　夕刊』一九五二、五、二、一面。
(74)『十五年史』は、この「全国戦没者追悼式」を「わが国が、その独立を回復するに当り、先ずもって、戦没者を追悼し、その霊を慰める意味をもって行なわれたものであり、意義深い式であった」と評している(前掲『十五年史』、五二頁)。
(75)社報『靖国』は一九五一年四月一日付で創刊され、当初は年四回の発行であったが、一九五三年以降は隔月の発行となる。
(76)『靖国』三号、一九五一、一〇、一。
(77)『靖国』九号、一九五二、一一、一五。同じく『朝日新聞』にも、「両陛下のお姿を見て何か心のしこりがとれた感じです」との遺族の声が紹介されている(『朝日新聞　夕刊』一九五二、一〇、一六、二面)。
(78)『靖国』九号、一九五二、一一、一五。
(79)同右。
(80)例えば毎日新聞では、「かねてから両陛下は戦没者とその遺族に対し、つねづねお心を痛められ、去る五月二日の全国戦没者追悼式の際〝衷心その人をいたみ、その遺族を想って…〟とのお言葉を述べられたほどだった」と報じられている(『毎日新聞　夕刊』一九五二、一〇、一六、二面)。
(81)『靖国』一〇号、一九五三、一、一五。
(82)同右。
(83)『靖国』九号、一九五二、一一、一五。

(84)「戦争未亡人の成長＝ある手記から＝」、『通信』二〇号、一九五一、二、一。
(85)『通信』二八号、一九五一、一〇、一。
(86)同右。
(87)同右。
(88)『通信』三七号、一九五二、七、一。
(89)「社会福祉法人日本遺族会（仮称）設立の動き」、『通信』三八号、一九五二、八、一などを参照のこと。
(90)『通信』四五・六号、一九五三、四、一。
(91)前掲『十五年史』、七〇頁。
(92)『通信』四五・六号、一九五三、四、一。
(93)『通信』四七号、一九五三、七、一。議論の内容は不明であるが、採決の結果、改案反対一二・賛成二四であったことから、満場一致の改正賛成ではなかったことが理解できる。
(94)前掲『十五年史』、七七頁。
(95)『通信』四九・五〇号、一九五三、一〇、一。
(96)この時期の『通信』には、日本遺族会本部が募集した「遺族会の今後の在り方」に関する意見投稿が散見できることからも、問題意識の高さがうかがえる。
(97)根尾長次郎「遺族会今後の在り方」、『通信』六〇号、一九五四、九、一。
(98)ただ、一連の寄附行為改正の具体的内容について、『十五年史』では「(1)理事は六十名以内、副会長三名、評議員若干名とする。(2)第三条事業のうちに「遺児の育成補導」を挿入する。(3)理事長制を廃して、会長に会務を統轄させる」とされる一方で、「英霊の顕彰」の挿入については触れられていない（前掲『十五年史』、七八頁）。
(99)池谷好治によると、主権回復直後は軍人恩給復活に対しても「消極的賛成」の立場が取られていたが、一九五四年以降は「恩給亡国」といった表現を伴いつつ、批判的な評価が大勢を占めるようになった（前掲「旧軍人援護に関する新聞の論調」、八四頁）。
(100)『十五年史』、七八頁。

(101) 前掲「遺族会今後の在り方」。
(102) 同右。
(103)「冷水三斗」、『通信』六一・二号、一九五四、一一、一。
(104)「神道復興こそ平和への道」、『神社新報』四三二号、一九五五、三、一四。
(105) 同右。
(106)「皇太子殿下　靖国神社御参拝」、『靖国』一一号、一九五三、四、一〇。

第四章　戦没者遺族の世代間格差克服の試みと英霊精神の再生

はじめに

独立を期に、占領下における犠牲者＝受難者としての立場に依拠した運動から、「平和の礎」となった「戦没者」の「犠牲的精神」、「殉国の精神」を継承し、平和国家再建の貢献者となるべき運動へと大きく舵を切った戦没者遺族運動であったが、平和憲法体制下において「戦没者」の「犠牲的精神」、「殉国の精神」を重要視しようとする試みは決して遺族運動に限られたものではなかったのである。

それは、「無名戦没者の墓」への埋葬範囲をめぐる議論の中でも注目されることになる。明確な規定の定められていなかった「戦没者」の条件として重要な意味を持つ基準として位置づけられ、その後、国会において靖国神社の国家護持法案が検討される段階に至ると、自民党・社会党を問わず、「戦没者」の「犠牲的精神」、「殉国の精神」こそが、戦後国家による「顕彰」や「国民の感謝と尊敬の念」の前提条件とされたのである。

そのような絶対的ともいうべき「戦没者」評価が成立しつつある中で、復古的な「犠牲的精神」、「殉国の精神」ばかりが強調される「戦没者」像に疑問を呈し、平和憲法との整合性を問うたのが遺族運動の次世代を担うべき「戦没者」の遺児たちであったことは注目に値しよう。

第一節　保革両者が認めた「戦没者」の「国家への献身」

一．「無名戦没者の墓」をめぐり明らかになる「戦没者」の評価基準

一九五二年五月の講和条約発効にともなう日本の独立を契機として、占領下においては実現し得なかった、海外の諸地域に残されている「戦没者」の遺骨収集事業が検討され始めることになる。具体的には、遺骨の収集と慰霊、送還作業が計画され、同年六月一六日の衆議院における「海外地域等に残存する戦没者遺骨の収集及び送還に関する決議」及び一〇月二三日の閣議決定をもって、海外遺骨収集事業が開始されることになった。(1)

そして、翌年一月から開始された遺骨収集作業によって日本国内へ持ち帰られた遺骨のうち、氏名が特定できないなど遺族に引き渡すことができないものについては、国の責任において管理することとなり、一九五三年一二月一一日、「遺族に引き渡すことができない「戦没者」の遺骨を納めるため、国は、「無名戦没者の墓」（仮称、以下「墓」とする）を建立する」(2)ことを閣議決定したのである。

それに先立ち、独立を回復した二日後の一九五二年五月一日、「墓」建設を推進するために「全日本無名戦没者合葬墓建設会」が発足された。それは実質的な官民合同の挙国的組織であり、総裁の吉田茂首相をはじめ、政財界の有力者が役員に就任し、諸外国の無名戦士の墓に相当する、外国の元首・使節等が公式に訪問し得るような施設の建設を目標としていた。この建設会の依頼によって全国の市町村長を通じて一世帯十円の浄財が募られるなど建設に向けた動きが具体化されていったが、先の閣議決定によって国による建設が正式に決定されたことから、翌年の一九五四年八月に解散するに至った。

解散された建設会に代わって、その後の「墓」建設推進のための中心的役割を担ったのが「全国遺族等援護協議会」（その後、社団法人化して全国戦争犠牲者援護会となる。以下、援護会）であった。援護会もまた、名誉会長の宇垣一成元陸相をはじめとして、会長の砂田重政元防衛庁長官、副会長の中山マサ、橋本龍伍、曽根益、三宅正一など与野党の議員が超党派で名を連ねていた。援護会は「戦死した軍人・軍属だけでなく空襲や原爆などによる一般戦災者を含めた全戦没者の慰霊[3]」を活動の柱としており、それは援護会理事長であった堀内一雄の以下の主張からも明らかであった。

今次戦争は既往の戦争と全くその様相を異にし、外地と内地とを問わず、戦闘員と非戦闘員との別もなく、斉しく多くの犠牲者を生じたのであって、これらの方々の慰霊は国家として当然行うべきことである。[4]

つまり、日本遺族会と同様に、その理念として「国に殉じた戦没者を慰霊顕彰し」、「愛国心を高揚し、日本の健全な復興発展を図る」ことを掲げながらも、一方で「あまねく、戦争犠牲者を援護する」ことについては、軍人・軍属・準軍属に限定することなく、空襲による戦災死者や原爆犠牲者など一般の戦争犠牲者も対象とすべきであるとの立場に立っていた点が援護会の特徴であった[5]。そして、国家による金銭的な援護補償だけでなく慰霊顕彰の対象としても、軍人・軍属・準軍属と一般の戦争犠牲者を統一的に「戦没者」として位置づけようとした援護会の試みは、まさに「靖国神社・遺族会連合 vs. 援護会という構図[6]」を生じさせるものであったといえる。

そして、先の閣議決定によって「墓」の建設は決定されたものの、「場所の選定はもちろん、建設会が目指した日本を代表する国立追悼施設という位置づけや、一般戦没者も含む全戦没者の追悼という理念など[7]」が明確化されていなかったため、建設計画が具体化されていくことによって対立が表面化することは必至であった。

その結果、国会議員や関係官公庁、援護会や日本遺族会をはじめとする関係団体との打ち合わせが始まると、「戦没者の墓を国において建設すること」については全会一致をみたものの、その規模や敷地などに関する議論を通して、「墓」自体の性格をめぐる対立点が浮き彫りになっていった。その対立が明確化させたものこそ、独立後に新たな遺族運動が求めた「戦没者」の評価基準の本質であったといえる。

閣議決定から半年後の一九五四年六月に実施された第一回打合会の席上から議論となったのが、「墓」の設置場所をめぐる問題であった。日本遺族会としては靖国神社境内に設置し、「墓に詣つた人が、総て靖国神社にも詣でることになることが望ましい」との立場であったが、他の出席者の多くが靖国神社境内の設置に難色を示したのである。その理由としては、戦没者遺族の信仰の多様性に言及する意見もあったが、「全戦没者を象徴する」墓であることを期するのであるなら、その敷地規模も含め、靖国神社内は適切ではないとの意見が大半を占めたのである(8)。

その後三回に及ぶ打合会を経ながら、国会の場に議論が及ぶに至り、より厳密な意味で「墓」の性格そのものが問われることになった。一九五六年一一月二八日の衆議院海外同胞引揚及び遺家族援護に関する調査特別委員会(以下、特別委員会)において、初めて「墓」の詳細に関する本格的な質疑が交わされたのである。実は、その直前の一一月二三日、援護会は臨時総会を開き、「墓」の性格について、軍人・軍属だけでなく一般戦災者をも対象とする施設とするよう議決し、鳩山一郎首相や小林英三厚生相、衆参両院議長に申し入れをおこなっていた。それを受けた一一月二七日、一九五三年の「墓」建設を決めた閣議決定の再確認のための閣議決定がおこなわれたのである。

その閣議決定についての新聞報道を受け、改めて「墓」の性格について問われた山下春江政府委員は、「以前無名軍人の戦没者ということに一応きめられておった構想を撤回」したことを明らかにするとともに、敷地の選定経緯も以下の通り説明をおこなった。

遺族の方々から、靖国神社境内の拡張等によるお話もございましたが、土地の実態に触れてみますと、なかなか困難な問題があります。いろいろ戦没戦士というだけでなくて、お話の通り、今次戦争の犠牲になられたすべての方を祈念したいという気持から申しまして、千鳥ヶ淵がやはり一番有力な候補地ではないかと考えております。(9)

つまり、内定した政府方針では、建設する「墓」の性格として、戦没兵士に限られない各地の空襲や原爆による犠牲者をも視野に入れた、「今次戦争で犠牲になられたいわゆる無名戦没者全体の霊を慰める記念塔」たらしめることを想定していたのである。(10)

それに対して、日本遺族会副会長でもある逢澤寛委員は、予期せぬ政府方針の変更に明確な抗議の意志を示した。

政府の考え方としては、戦死者の遺骨だけでなく、一般戦災者の遺骨も同時に合祀するというお考え方だから、当時の構想とは違うのじゃないか。遺族としましても、一般の方と合祀してもらうということは喜びません。それは、戦死者自体が、国家のために積極的に進んでいって、今度会うときには九段の森で会おう、こういう気持で行っておるのだから、それを他の戦災者の御遺骨と一緒に合祀するということについては、（略）これは賛成しない、しかられる、こういうことになっておる。(11)

そして、戦没兵士と戦災犠牲者の遺骨を合わせて「墓」に納骨しようとする政府方針については「何をか言わんや」であるとして一蹴したのであった。以上のような逢澤委員の発言からは、占領下の遺族運動が主張し続けた、「戦没者」は命令で止むを得ず戦場に赴いたとする主張が完全に姿を消している点に注意しなければならない。

ただ、そのような逢澤委員の強硬な姿勢の背景には、未だ国家管理実現への見通しすら定かでない靖国神社の将来性に対する危機感があったことは間違いない。しかし、それに答えた山下政府委員は、国家が靖国神社を「粗末にしたり、あるいは立ち腐れにしたりということがあろうはずはありません」と言及した一方で、重ねて戦没兵士と戦災犠牲者は平等に平和祈念の対象となるべきとの見解が示されたのである。

先ほど逢澤委員にとくと私の方からお願いしたいことは、それらの戦士の英霊もあるいは一般の方々のみたまも、ひとしく戦争の犠牲になられた方々であり、従って、そのみたまは今後の日本の平和再建を念願しておられるみたまであるから、国民全体がそれにお参りして、祈願をするというい わゆる碑である。[12]

そのような戦没兵士に限られない、広く戦争による犠牲者を対象とする「墓」の性格を期待する見解は山下政府委員に限られたものではなく、閣議決定を促した援護会理事長の堀内一雄議員や元海軍少将の眞崎勝次議員からも、賛同の意志が示されたのである。[13]

その一方で、戦没兵士と他の犠牲者との同一視を頑なに拒否する意見もまた根強かった。

それから五日後、一二月三日の同委員会では、逢澤委員からの「政府としても今後できるお墓が、決して全戦没者の英霊の対象じゃない。従って、これを代表としての取扱いはしない」との確認に対して、小林厚生相が「その通りでございます」と答弁し、先の山下政府委員の答弁からの完全な方針転換を認める姿勢を示したのであった[14]。

この数日間での政府見解の動揺の背景には、日本遺族会と援護会との熾烈な主導権争いがあったようで、一二月一日には日本遺族会側が砂田援護会会長に対して「強硬陳情を行い」、さらに三日には「陳情の際の確約条項について文書によつて確認し協力」を求めたのである[15]。その文書こそ、「靖国神社に比べ今一つ慰霊の中心施設となりきれない」、「墓苑の性格」を「政治的に狭い枠」にはめこむ政治的文書であったが[16]、結果的に、遺族会主導のもとで、一二月四日にはあらためて「墓」建設再々確認のための閣議決定がなされたのである。

そして、翌一九五七年二月の特別委員会においては、「墓」の性格について、前政務次官の「全戦没者の精神的な慰霊をする」といった趣旨説明と、「旧軍人の納骨堂的な意味が強い」とする前大臣の説明には大きな食い違いがあるのではないかと堀内委員が厳しく問い質したのであった[17]。それに対し、「なお十分調査、研究をいたしたい」と明確な回答を避けた神田博厚生大臣とは異なり、関連発言を求めた逢澤委員の回答は明解であった。

ただいま堀内委員の方から、仮称無名戦士の墓についての基本的な考え方についてお話がありましたが、これは私は非常に意外に思うのです。（略）これはいわゆる仮称戦没者の墓として論議されたのです。従って、一般戦災者の人をそれに祭るなどということは、もってのほかだと思うのです[18]。

そこに主導権争いに勝利した遺族会側の余裕があったことは明らかであるが、一般戦災者との混同を拒む理由としては、全国の被災地単位で慰霊塔の建設などが進んでおり、それに加えて「国の費用を投じてまでそこに何をしてやるか」との意見が示されたのである。

つまり、同時期に展開された、戦没兵士が祀られている靖国神社の国家管理を強硬に求める論議と、「墓」の性格をめぐる一連の論議は、まさに表裏一体の関係にあったということができる。それは、国家のために生命を捧げた「戦没者」に「国の費用を投じ」ることによって他の戦争犠牲者との差異を明確化させようとしただけではなく、国家のために生命を捧げる行為それ自体が、平和憲法体制下の戦後日本社会においてもなお、特別な評価を与えられるべきであることを確認するための論議だったのである。そこでは、戦没兵士の貢献的側面こそが「戦没者」の評価基準となり、その点において一般戦災犠牲者との差異が明確化されていたのであった。

そして、そのような国家のために生命を捧げる行為の評価をめぐって、積極的に評価すべきとの主張を展開したのは、先にみた日本遺族会出身の逢澤寛委員に限られたものでなかったことは確認される必要がある。なかでも、被爆直後の広島において私財を投じて戦災児育成所を開設するなど、原爆被害者に対する支援の確立に積極的に取り組んだ社会党参議院議員山下義信[19]の以下の発言は注目に値する。

あまりに一般のいわゆる国に生命を捧げたという、国のために生命を捧げて犠牲になったという範疇よりさらに拡大をいたしまして、一般戦禍によりまする被害によって死亡したという者までもこれを拡大いたしますことは、結局この墓の性格もきわめてぼやけて参りまして、私はかえって国民の追慕哀悼の念も不明確なことになりまするおそれもございまするので、私は政府のお考えのごとく、一応今回の無名戦没者の墓は、いわゆる今次戦役に国のために命を捧げて尽した方々の御遺骨を埋葬すべき建前が至当であろうかとまあ私どもは考えるのであります[20]。

一般戦災犠牲者と混同することなく、「国のために命を捧げて尽した方々」への「国民の追慕哀悼」施設として「墓」を位置づけるべきとする山下の主張は、逢澤に代表される日本遺族会の主張に合致する内容であったことは明らかである。確かに、山下は超党派による「戦没者」の慰霊顕彰実現にも積極的な姿勢を示してはいたが、所属政党である社会党の意志決定と無関係にそのような主張を展開したわけではなかった。それは、右の発言があった参議院社会労働委員会の直前に実施された、「墓」に関する第二回打合会の席上、建設予定地を千鳥ヶ淵に決定する政府方針について、「海外戦没者慰霊委員会及び社会党を代表して」感謝を述べ、敷地・規模についても異議のないことを確認していることからも間違いない。[21]

また同様に、「墓」に納められるべき氏名不詳の遺骨の中には、一般邦人の遺骨が含まれている可能性が高い点に関して、社会党の受田新吉議員が示した見解の意味は大きい。

結局戦闘に従事した人々は、法規的に軍人でありあるいは準軍人あるいは軍属であってほかの一般邦人とは区別されても、実際の戦争の状況からいったならば、ひとしく苛烈なる戦闘に参加した立場においては、これを同等に見るべき性格のものであるというのが、今度の無名戦没者の墓をお作りになる場合でも起ってきておるのでしょう。[22]

たとえ「墓」に納められるべき遺骨の中に一般戦災犠牲者の遺骨が混在していたとしても、民間人をも巻き込んだ各地の戦闘状況から考えて、等しく戦闘参加者として取り扱われるべきと主張したのである。つまり、一般戦災犠牲者をもいわば国家のために生命を捧げた存在であったと見なすことによって、それまでの「墓」の性格をめぐる争点の克服を可能にする一つの見解が、社会党議員から示されていたのであった。

結局、仮称「無名戦没者の墓」は、一九五九年二月六日「千鳥ヶ淵戦没者墓苑」と呼称することに決定され、三月一三日の閣議で了承された。その閣議への報告の際にも「墓に収納される遺骨」の性格について厚生相から以下の説明がなされたのである。

戦後、政府によって、各戦域から収集された無名の遺骨であり、みぎの追悼式は、この収納遺骨によって象徴される支那事変以降の戦没者に対して行うものである。[23]

ここでは「支那事変以降の戦没者」の「象徴」とする認識までは示されたが、そこに一般戦災犠牲者が含まれるか否かの明言は避けられたであった。さらに、同年三月二八日に開催された千鳥ヶ淵戦没者墓苑竣工式並びに追悼式においても、坂田道太厚生相が「全戦没者の冥福を祈り」、岸信介首相が「戦没者の精神を象徴する霊域に立ち、故国の土に抱かれて永遠の眠りにつく戦没者の冥福を心から祈念」するなど[24]、「全戦没者」を意識した発言が繰り返されたものの、この千鳥ヶ淵戦没者墓苑が対象とする「戦没者」の範囲でさえも、未だに明確化されていないことは序章において確認したとおりである。

一連の「墓」の性格をめぐる議論について、『靖国神社問題資料集』は「自民党議員はこれはあくまで無縁の骨の収容所であり」「全戦没者を祀るのは靖国神社であるとしたのに対し」、「社会党議員は」「全戦没者の象徴的性格があるのではないかと迫った」と要約している。[25]しかし、既にみたとおり、論争の構図は自民党対社会党といった政党間対立の構図に集約されるべきものではなく、論点も納骨の対象となる「戦没者」の定義、つまりは国家のために生命を捧げたか否かを峻別する点にこそ核心があったと考えるべきではないだろうか。

それは決して、戦後日本政治を牽引した保守勢力と革新勢力の対立構図の中で展開されたわけではなく、両勢力共に、国家のために生命を捧げた「戦没者」に対する肯定的評価は揺るぎないものであったといえる。そのことは、「墓」をめぐる本格的な議論と並行して進められた、独立後初の靖国神社国家護持をめぐる経緯をみても明らかであり、結果的に自民、社会両党によってそれぞれまとめられた法案要綱は、「戦没者」の評価軸において全く対立するものではなかったのである。

二．対立点の存在しない保革両者による靖国神社法案

一九五六年一月二五日、神田共立講堂において第八回全国戦没者遺族大会が開催された。その大会決議として「靖国神社及び護国神社は国又は地方公共団体で護持すること[26]」が決定されたのである。それまでも、遺族大会の決議として靖国神社や護国神社が行う慰霊行事への国費負担の要望は出されていたが、明確な靖国神社国家護持の決議がなされたのは第八回大会が初めてであった。

そのような要求は、一向に進まない「戦没者」の靖国神社合祀作業に対する不満を背景としたものであったが、右決議に前後して国会においてもまた、「戦没者」合祀に関わって靖国神社問題が取り上げられるようになったのである。そして、靖国神社国家護持に関する独立後初の大きな山場が一九五六年に訪れたのであった。

一九五六年二月一四日、衆議院海外同胞引揚及び遺家族援護に関する特別委員会において、「靖国神社における英霊合祀に関する問題」についての参考人招致をおこない、意見を聴取した。参考人として招致されたのは、国会図書館長金森徳次郎と京都大学教授大石義雄であった。聴取の内容としては、主に①現状のままでの靖国神社に対する国

家補助は違憲であるのか、②特別法によって靖国神社を一般の宗教法人の枠内から外し、国家補助を行うことは可能か、の二点に絞られた。

意見聴取の結果について、翌日の一般紙では「大石氏は「違憲ではない」と断じ、また金森氏は「違憲の疑いはあるが、性格を変えれば可能」と述べている」(27)と報じられた。また、両者の陳述要旨を掲載した『通信』の記事でも、大石の陳述を「特別法で処理すれば憲法違反とはならぬ」と要約したのに対し、金森の陳述を「現在の姿のままではかなり困難性がある」と要約することによって、両者の相違点を際立たせる形で報じられたのである。(28)

確かに、大石は、憲法に「宗教とは何か」の定義が存在しないうえに、神社には「国民道徳的性格と宗教的性格の両面」があり、宗教的性格は「神社の普遍的性格ではなく、特殊的、偶然的な性格」であるとして、現状のままでの靖国神社国家護持も可能であるとの見解を示した。(29)一方で金森は、憲法の政教分離規定をあげて、「国民の良識」によって宗教と判断され得る靖国神社は、たとえ特殊法を整備しても国家護持は違憲の可能性を免れないとしていたのである。

しかし、確かに靖国神社をめぐる憲法解釈は終始平行線を辿り続けたが、靖国国家護持の前提条件ともいうべき「戦没者」に対する評価は、両者共に全く揺るぎないものであったことは確認されなければならない。現状のままでの靖国神社国家護持は違憲の可能性が高いとした金森もまた、「戦没者」の功績の大きさ故に、それに見合う国家的施設を整備すべきと説く。

国家のために非常にりっぱな働きをされた方々を一つ所に、(略)象徴として集める、象徴といいまするか、具体的のことは別として、これこそ英霊を祈念し、それに対して感謝の意をささぐる所であるというふうにしての設備を作りますことは、何もそれ自身宗教ではございませんので、（略）りっぱに国家的な設備をもってこれに処することができようかと思うのであります。[30]

この発言が、同時期に進められていた「墓」構想を強く意識したものであったことは間違いないが、国家のために生命を捧げた行為を「りっぱな働き」と認め、戦後国家としてもその働きに報いる方途を講じなければならないとする立場は、決して遺族会の主張と対立するものではなかったのである。

さらに、大石の以下の見解は、単なる復古的主張として見過ごし得ない内容を含んでいたといえる。

日本国民として、日本国のために犠牲になった人々である点においては、みな同様であります。これらの人々を祭神とするのが、靖国神社であります。でありますから、いやしくも日本国民ならば、それが仏教徒だろうとキリスト教徒だろうとその他の宗教徒だろうと、国民としての立場においては、ひとしくこれらの祭神に対しては崇敬の念をささぐべきは、日本国民の最小限度の道徳的義務であります。[31]

大石自身が国家護持合憲論の根拠とした靖国神社の「国民道徳的性格」とは、まさに国家のために生命を捧げた「戦没者」の行為こそ、戦後社会においても「崇敬の念」を捧げるべき行為であることを前提に、それを「日本国民の最小限度の道徳的義務」として明示する役割を担うことにあったといえる。

つまり、「戦没者」と戦争自体の評価を切り離し、「軍国主義の復活」とも切り離すことによって[32]、国家のために生命を捧げた「戦没者」に対して国家として正当な評価を与えるべきであるとする認識は、大石、金森両者に共有されたものだったのである。

さらに、そのような認識は両参考人や保守系議員たちのみならず、靖国神社の宗教性を重視し、国家護持慎重論を展開した社会党議員中井徳次郎にとっても、否定し得ないものであったといえる。


私どもは、国家のために貴重な命を投げ出されました英霊に対する私どもの尊敬の念というもの、これはだれにも劣るものではありませんけれども、それを国民のこういう一般的な考え方につきまして神社というものでしばるということは、妥当であるかどうかという考え方をするのであります(33)。


国民信仰の神社への一元化を警戒しながらも、「国家のために貴重な命を投げ出」した「戦没者」に対する「尊敬の念」を明らかにし、その「尊敬の念」が国民の「一般的な考え方」とまで断言したのである。確かに中井は、靖国神社の国家護持に関しては終始慎重な姿勢を崩さなかったが、その一方で、国家のために生命を捧げた「戦没者」に対する評価の点では、決して他の保守系議員たちとも対立していたわけではなかったのである。

そのことは、以上見てきたような参考人招致の議論を受けて、自民党、社会党がそれぞれ作成した靖国神社法案の内容をみても明らかであった。

一九五六年三月一四日、参考人招致が行われた特別委員会の委員長であった原健三郎議員と、同じく委員であった逢澤寛議員を中心として、私案「靖国社法草案要綱」(以下、靖国社法案)がまとめられた。靖国社法案は全五章から構成されており、第一章第一条において、その「目的」として以下の内容が示されている。

靖国社は、国事に殉じた人々を奉斎し、その遺徳を顕彰し、もって国民道義の高揚を図るとともに恒久の平和の実現に寄与することを目的とする。[34]

ここで靖国神社ではなく靖国社とされているのは、先の参考人招致における金森参考人の意見を意識したものであり、その宗教性を糊塗するための苦肉の策であったといわざるを得ない。そして、この靖国社法案でも「国事に殉じた人々」の「遺徳」が揺らぐことはなかったが、その「遺徳」を「顕彰」することが何故「国民道徳の高揚」につながり、さらには「恒久の平和の実現に寄与」することができるのか一切問われることのないまま、目的の中心に据えられたのである。

それは、後の靖国神社法案の原型をなすものであったということ以上に、独立以来、「戦没者」の「犠牲的精神」を継承し、平和日本再建の主体たることを新たな運動の中心課題とした遺族運動との共通性を見落とすべきではないだろう。

さらに、自民党の靖国社法から遅れること八日、三月二二日には社会党もまた靖国神社国家護持をめぐり「靖国平和堂（仮称）法案草案要綱」（以下、靖国平和堂法案）を発表したのである。後に日本遺族会も「社会党の現在の硬直化した姿勢と比較するとき、両派統一直後の社会党の柔軟さを示す歴史的記録[35]」と評した靖国平和堂法案は、自民党案の靖国社法案同様、第一条に殉国者の遺徳の顕彰を掲げたのである。

この法律は、殉国者の遺徳を顕彰し、これを永久に記念するため、靖国平和堂を設け、式典その他の行事を行い、もって殉国者に対する国民の感謝と尊敬の念をあらわすとともに恒久平和の実現に資することを目的とする。[36]

「殉国者に対する国民の感謝と尊敬の念をあらわす」との目的は、参考人招致の席上で中井議員が述べた「戦没者」に対する「尊敬の念」と合致する内容であり、この靖国平和堂法案が、参考人招致を経たうえでの社会党としての公式な統一見解であったということができよう。

さらに、同法案の第二条では、「殉国者」の定義について銘記されており、それは「戦争その他の事変又は国家的事業により国に殉じた国民」と定義されていた[37]。このような定義は自民党案では示されておらず、前節の「墓」をめぐる議論のなかで繰り返された、祀られるべき戦争犠牲者の範囲について、国家のために生命を捧げた日本国民に限定しようとする方針を社会党が率先して決定していたことになる。

以上のように、靖国神社国家護持をめぐる参考人招致から自社両党による法案作成に至る過程において、争点となったのはあくまで政教分離をめぐる問題であり、国家のために生命を捧げる行為の是非が問われることはなかったのである[38]。その結果、作成された両党の靖国法案も決定的な対立点が存在することもなく、共通して殉国者の「遺徳を顕彰」し、戦後社会においても「国民の感謝と尊敬の念」の対象として「戦没者」を位置づけていこうとする姿勢が明確に示されたのであった。

しかし、靖国神社問題に限らず、この時期極めて直接的な戦前回帰を企図していた神社界は[39]、靖国神社の宗教性を排するために祭祀の実施を禁じる法案作成に断固として反対する方針を崩さなかったのである。具体的には、法案作成に先立って護国神社宮司会を開催し、「靖国神社特別立法については、その祭祀の伝統を変更しないことを条件とすること」など三項目の申合事項とともに、日本遺族会とも同趣旨で連携していくことが決定されていたのである[40]。

そして、その打診に答える形で日本遺族会も「靖国神社国家護持に関する小委員会」を設置して対応策を検討し、特別委員会に対して「靖国神社法案（仮称）に対する意見書」を提出したのである。その中でも、第一に「靖国神社の名称を変えないこと」が要求項目として掲げられ、靖国神社こそが「国事に殉じた人々の「みたま」」を奉斎し、「その遺徳を顕彰し慰霊する」正当性を有する場所として認められるべきとの意見が示されたのであった。[41]

結局、神社界や日本遺族会を中心とした激しい批判のなかで、両法案は国会の場で議論されることもないままに葬り去られてしまったのである。しかし、一連の論議の過程で明らかになった、保革両陣営に共有された「戦没者」評価は、直後の「墓」をめぐる論議を通じて、より一層具体化、明確化されていったことは既にみたとおりである。そのため、その後も国家のために生命を捧げる行為の是非については改めて追究されることのないままに、争点が靖国神社の宗教性をめぐる問題に集約され、靖国神社の国家護持実現に特化した政争へと展開していったのである。

以上のように、一九五〇年代半ばの国会において、国家のために生命を捧げた「戦没者」の精神、いわゆる「犠牲的精神」は、「国民の感謝と尊敬」を受けるべき「平和の実現に寄与する」精神として、保革の差を超えて認められたものであった。それは、独立以来、「戦没者」の「犠牲的精神」を継承し、平和日本再建の貢献者たらんとする運動への転換をはかった戦没者遺族運動と軌を一にするものであったといえる。つまり、「戦没者」の評価基準をその「犠牲的精神」に求め、それを戦後平和思想と結びつけることによって、さらなる運動の展開を模索した遺族運動の動きは、決して孤立したものであったわけではなく、同時代の政治状況にも十分に対応した動きであったということができる。

しかし、国政の場においても容易に受容され得た「戦没者」の「犠牲的精神」の継承が、運動内部において思わぬ反発を受けることになる。それは、「戦没者」遺児たちの組織化を進める段階で突如として表面化し、その結果、犠牲的精神の戦後的解釈とともに、反戦・平和との関係性が、より具体的に問われることになったのである。

第二節 「戦没者」認識をめぐる世代間格差の表面化

一．表面化した世代間格差と遺族会幹部の危惧

一九五六年における靖国神社国家護持に向けた一連の試みが挫折した後、遺族運動が改めて国家護持への取り組みを本格化させるのは、三年後の一九五九年のことであった。

その間、物質的処遇改善に関して大きな成果が達成されることになる。一九五八年四月、長年の懸案であった文官との恩給不均衡是正問題に関して、岸信介首相の裁断により公務扶助料・遺族年金の大幅増額が決定された。それはまさに「全国八百万戦没者遺族にとって正に血と涙の歴史として、終生銘記されるであろう[42]」成果であり、それによって、物質的処遇改善問題は一応軌道にのったと評価されたのである。

しかし、その過程で日本遺族会が圧力団体と評されるようになるなど、世論の風当たりも相当強くなっていたことも事実であった。首相裁断を伝える機関紙特集号には「世論よ誤ることなかれ」と題した主張が掲載され、改めて運動への理解を訴えかけた。

> 戦没者遺族の求めているのは、単なる恩給増額のみではなく、もとより国家財政を無視した特権を主張するものでもない。それは肉親を国のために捧げた遺族に対するに相応しい、国家の処遇であり、温い同胞の理解である[43]。

つまりこの時期、物質的処遇改善が概ね軌道に乗る中で、以後の運動に対する国民からの理解を得るためにも、名実共に「戦没者」精神の継承運動＝英霊顕彰運動を本格化すべき段階に至ったと考えられるのである。[44]

ところで、英霊顕彰運動を本格化するにあたって、その一翼を担うべき遺族青少年＝戦没者遺児の育成に関しては、前身である厚生連盟発足当初から「戦没者遺児の育英部門の重視」が掲げられ、様々な取り組みがなされてきた。その結果、一九五〇年代後半には各地での青年部の組織化も報告されるようになっていたのである。[45]

ただ、そのような遺児対策の背景には、遺児たちを取りまく厳しい状況への少なからぬ危機意識が存在していたと考えられる。遺児の育成対策を振り返って、日本遺族会常務理事の佐藤信は以下のように述べている。

　そして少し大きくなると、父が無いために母があんなに苦労しているのだ。父は国のために死んだんだといっているが、国はなんにもやってくれないじゃないかと考えてくる。とすると国は一体何んだと考えるようになる。これは国家的な問題ではないかと考えた。[46]

そして、お互い励まし合い、助けあっていく場として青年部組織の必要性を強く感じたという。また佐藤は一九五四年、皇太子教育参与であった小泉信三に「戦没者遺児に与える書」の執筆を依頼し、翌年『遺児の皆さんへ』と題して刊行されたものが全国の遺児たちに頒布された。[47]その内容は「国民が国に尽くすということが、どんな大切な、貴いことであるか」[48]を説くと同時に、「日本のために死んだ人々のことを忘れてはなりません」[49]と訴えるものであった。佐藤の回想と結びつけて考えるならば、遺児対策における問題の所在と、その取り組みに対する遺族会幹部の関心の高さを窺い知ることができよう。

さらに、物質的処遇改善が概ね軌道に乗ることになると、それまで以上に、遺族運動の継承者としての明確な認識の上に立った遺児対策が展開され始めた。なぜなら、戦後十数年を経た彼らの存在には、次代の遺族運動を担うこと、つまりは、来るべき英霊顕彰運動の本格化に際して中心的役割を果たすことが期待されていたからである[50]。

そして公務扶助料・遺族年金の大幅増額が決定されてから四ヶ月後の一九五八年八月、「遺児たちの自覚と誇りを促し、本会の根本的理念を体得せしめると共に、併せて今後の全国遺児の結束と交流[51]」を目的とした第一回遺族青少年研修会が開催された。全国から集まった一一八名の遺児たちが「遺児の進学、就職上の問題点」、「遺児ということの意味」、「遺児の組織」などについて意見交換を行い、「全国百万人の組織と団結への第一歩」となる研修会となった[52]。参加者の内訳としては、男性九〇名、女性二八名となり、一五歳から一九歳までが全体の半分の五九名を占め「若々しい年代が断然多かった[53]」とされる。職業別にみると、高校生が四一名、大学生が二七名と学生が多くを占め、残りは教員、公務員、農業など社会人で構成され、まさに次世代の遺族運動を担うメンバーが集められたといえる。

その一方で、大きな問題が表面化する研修会となったことも事実である。その問題こそ、「遺児としての自覚や誇り」とも深い関わりをもつ、「戦没者」認識をめぐる世代間格差の表面化であった。日本遺族会事務局長の徳永正利も、表面化した世代間格差の存在を率直に認め、その対策の必要性を以下のように述べている。

> 事実、卒直《ママ》にいって古い時代の者は、新しい世代についての認識が決して十分なものとはいえない。古い、新しいといっても、永い人類の歴史から見れば昨日、今日のことであって、そこには一つの共通なものがあり得る。今後の遺児の組織対策に当って大切なことは、新しい世代に対する深い愛情と十分な理解である[54]。

明らかになった世代間格差に対する対応は極めて迅速なものであった。研修会直後の一〇月九日、理事会、評議員会、婦人部長、事務局長の合同会議が開かれ、「本会の今後の最も重要な使命である遺児の育成指導に関して、本部、支部が一体となって推進すべき方針[55]」が決定された。支部に対する遺児育成を目的とした年額六〇〇万円の助成などが決定されたほか、研修会における遺児たちの意見を集約した「遺児対策に関する基本方針」が策定された。そのなかでは、「遺族対策の核心」として「遺児に対する深い愛情と真摯な理解」などが示されたが、加えて「特にそれが政治的、思想的に一方に偏し、或いは特定の目的のために利用されることのないよう留意する」ことが盛り込まれたのである[56]。この留意項目の挿入は何を意味するものであったのだろうか。

「遺児対策に関する基本方針」が示された合同会議の翌月、遺児対策の具体的方法などについて担当者の意見を聞く、全国事務局長、婦人部長合同会議が開催された。そこで出された、遺児の組織をつくる上での問題点に関する各支部からの報告は、留意項目の意味を考える上においても非常に示唆的である。

◎青少年部をつくるときに、青少年の中には第二の遺族会をつくるという気持ちが多い。青少年部を遺族会の中のものとするためには婦人部の強化が必要である。（新潟）

◎第二遺族会ができるのではないか、こゝに悩みがある。遺族会の在り方について不満のある遺児には、中に入って遺児たちの力で是正し、新しい健全なものにしてほしいと指導している。（鹿児島[57]）

このように、自らの経験から、表面化した世代間格差の問題が、「第二の遺族会」につながる可能性に危惧を抱く地方遺族会幹部も少なからず存在していたのである。そして、安保条約改定を目前に控え、政治に対する意識の高まりが顕著な状況にあって、「第二の遺族会」が「政治的、思想的に一方に偏」する可能性を否定しきれなかったからこその留意項目挿入だったといえるのではないだろうか[58]。

いずれにしても、「戦没者」認識をめぐる世代間格差の問題が、以後の遺族運動の展開をも左右しかねない極めて重要な問題として認識されていたことは間違いなく、英霊顕彰運動の本格化を前に、その克服に向けた早急な対応を迫られることになったのである。

二．遺児が明らかにした英霊精神と愛国心の距離

一九五九年に入ると、二月に日本遺族会の諮問機関である運営委員会において遺児育成事業についての審議がなされ、三月に開かれた理事会、評議員会の合同会議では、遺族青少年育成特別会計の新設や遺児たちの実態調査の実施などが決定された。しかし、世代間格差の根本的な解消のためには、経済的支援の拡充のみでは十分でないことは言うまでもなく、早急に世代間格差を生じさせる問題の核心を明確化し、その克服に向けた対策を講じることが不可欠であった。

その問題の核心が、同年八月一〇日から二泊三日の日程で開催された第二回遺族青少年幹部研修会のなかで、より一層具体的な形で浮き彫りにされることになる。この第二回研修会は、遺族青少年「幹部」研修会と銘打つように、参加一三一名の平均年齢が二三歳と第一回研修会と比べて参加者の年齢層が高く、まさに組織化に向けて「各地方青少年部のリーダー格として活動できる人材を養成」することを目的とした研修会であった[59]。そして、その研修会において討論の中心となったのが、英霊精神や愛国心の問題だったのである。

一方、研修会に先がけた開会式において、逢澤寛日本遺族会副会長からなされた挨拶の中でも、研修会を通じた

「本会の殉国の英霊の愛国精神を基調とする基本的精神についての理解」が求められ、今後の「愛国運動の母胎となるよう努力してもらいたい」との期待が示されたことからも、研修会にかける幹部の思いが窺える。[60]

しかし、実際の研修会における討論の中では、「いままでのような大人の考え方だけでは遺児はついて行けない」という意見が大勢を占め、[61]研修会終了後に寄せられた感想では、遺族会幹部の姿勢に対する痛烈な批判を展開するものもあった。

愛国精神とか英霊精神とかいう言葉は私達の世代では殆んど死語と化しています。魅力がありません。（略）だから自分の国のために生命を捧げた私達の父の行為の崇高な精神と私達が受けつぐという論理の中に大きな断絶があるのではないかと考えるのです。（24・公務員）

遺族会幹部の方々と私達少年（特に二十代前半）との間の考え方の相違は仕方がないとしても幹部の方々のお話中に自分の考え方の〝押し売り〟といった態度が見受けられたのはどうしたわけでしょうか。（20・学生）

甚だ失礼な言草ですが遺族会の方々には案外不勉強な方がおられる。…独善性と視野の狭さは独り一部の役員のみではなく遺族会全体に通じることのように思います。自分だけが、自分の夫だけが、息子だけがお国のために尽くしたのだというお考えが強すぎるようです（20・学生[62]）

そして、英霊精神や愛国心の問題に関しても、「私達は私達の良心や思想を持っています。それをもっと尊重してほしい」として、具体的には以下のような愛国心像が示されたのである。

…私のいう愛国心とは現実に即応したものであって、先般の会で一部幹部の方が言われたかつての栄光を夢みるような「大日本帝国」的愛国心ではありません。(20・会社員)

個人から民族を、民族から人類に通ずる人類同胞の精神に、民族の平和から世界平和へ通ずる愛国心の存在こそ尊いのではないだろうか。(20・学生[63])

ここで示された愛国心は、明確に「「大日本帝国」的愛国心」と峻別しようとする意志が示されており、それは戦争と深く結びついた英霊精神を、無批判に基本精神として理解させようとした遺族会幹部の考え方とは決定的に異なるものであった。それと同時に、強い平和への意志は他の多くの意見にも共通するものであり、それ故、戦争に結びつく愛国心や貢献的犠牲を過度に美化する愛国心への不信感は根強いものがあった。

そして、第一回研修会で明らかにされた、運動参加に不可欠な「遺児としての自覚や誇り」が、「観念的なものではなく、具体的な自分の生き方と結びつけて[64]」考えられる必要があるのと同様に、愛国心も「現実に即応したもの」、つまりは戦後平和憲法とも矛盾しない内容であるべきとする指摘は極めて重要な意味を持つものであり、そこに世代間格差の核心が存在したといえるのではないだろうか[65]。

ところで、この第二回研修会に先立つ六月二一日の理事会、評議員会合同会議において、恩給増額決定後、遺族運動はその目的を達成したという世評に対して、経済的目的の達成だけが使命ではなく、英霊精神の継承、道義の高揚、愛国心の高揚など、根本的施策を進めるために「機構等刷新特別委員会」の設置が決定された[66]。その委員会の「答申」が八月三一日に示され、今後の基本方針として「真の愛国的精神運動を積極的に展開する」ことが改めて強調された[67]。その一方で、遺族青少年の育成指導は「今後遺族会として全力を傾注すべき事業である」が、「英霊の精神を基調とする本会の根本理念については、戦後の社会環境のもとで成長してきた大部分の遺族青少年には直ちに理解され難い点が少なくない」ことが「最大の困難性」であるとの認識が盛り込まれたことは、いかに世代間格差克服の重要性が強く認識されていたかを示して余りある[68]。

そして、世代間格差の問題に対応するためは、「本会の指導理念をなるべく具体的にわかりやすく解明し、遺族青少年の指導に当たるものにも遺族青少年にも十分理解されるものを作成することが望まれる[69]」との見解が示されたのである。それはつまり、遺児たちの具体的な生き方と結びついた英霊精神の解明、そして現実に即応した愛国心の分析を促すものであり、まさに世代間格差の核心を突く内容であったと同時に、その克服へ向けた方向性を明確にした見解であったといえる。

その結果、翌一九六〇年二月一日、英霊精神を解明することを調査事項の主要な命題とした「基本問題調査部」の設置が決定され、併せて遺児対策の要綱を研究調査することになったのである。

第三節　「平和と民主主義」のための愛国心

一．愛国心の中核となる英霊精神

「基本問題調査部」における調査結果は、一九六一年七月に開催された第四回全国遺族青年研修会に討議資料として提出するために中間報告書としてまとめられ、研修会での検討に加え、一九六〇年一二月に結成された日本遺族会青年部や各地方青年部からの意見を求めた。その上で一九六二年四月まで更なる問題の解明をおこない、翌五月の理事、評議員会に提出、承認されたのが「英霊精神に関する報告書」(70)(以下、「報告書」)であった(71)。

以上のような一連の経緯こそが、青年部組織の確立・強化を強く意識した「報告書」の性格を如実に物語るものであったといえるが、さらに附録として末尾に添付された「遺族青年対策について」からは、結成間もない青年部の不安定な状況を窺い知ることができる。そのなかでは、遺児たちに対して、「亡き父を通じて、戦没者の死の意義を認識し、納得し、これを現代に調和させて新しい秩序を確立すること」と同時に、以下の期待が示されている。

また、一面に日本遺族会のアウトサイダーとしてでなく、その組織の中において、会の目的、事業を認識し、これを継承して、充実、発展させようという責任を謙虚に、自覚してもらいたいということである(72)。

この要請ともいえるような表現は、厳然として存在した世代間の温度差以上に、未だ払拭しきれない「第二の遺族会」化への危惧を物語っているように思われてならない(73)。

そして「報告書」の冒頭において、「日本遺族会の主なる目的」である「英霊の顕彰」のために、かねてより「先ず英霊精神を現代に即して解明しなければならない」という論議がなされてきたことが明らかにされる(74)。その論議こそ、遺児たちによって提起されたものであったことは前述したとおりである。つまり、戦没遺児の問題提起によってはじめて、平和憲法下において強調されてきた反戦・平和思想と、独立後の遺族運動において主たる目的となった「戦没者」精神の継承路線との、明確な関係性の分析と運動論理としての結合が、公式な形で試みられるに至ったのである。さらにその内容については、靖国神社国家護持運動の本格化を前にして、決して遺族運動内部に限定されることのない、より広範な国民からの理解と納得が得られる内容であることが求められたといえる。

完成した「報告書」ではまず、「愛国心と英霊精神について」と題して愛国心と英霊精神の関係性についての解明が試みられる。そこでは、郷土への愛着を感じる感情や、自分の属する集団社会の安全を願う人間としての本能など、「自然発生的な素朴な感情が愛国心の根基をなす重要因子である」[75]と前提される。その因子は、それぞれの民族の住む郷土の自然条件及び社会条件によって育まれ、次第に民族独自の高度な価値判断力が形成され、それによって民族の物心両面の向上進歩がより一層促進される。その結果、錬成され、高められた感情・情操は国家意識へと発展し、郷土を愛する感情・情操が国の平和と繁栄を願う愛国心へと発展していくとの見解が示される。

すなわち、あらゆる民族の愛国心は「自然に形成され、具体化され」るものであり、「しいて抽象的に」言うならば、「おのおのの国民が、その平和と繁栄を願う心」であると説明される。[76]

しかし、その愛国心も絶対不変ではあり得ない。それは、おのおのの国民が進歩、繁栄しようと努力するなかで、「時代に応じて理解され、具体化される」のだという。その一方で、一本筋の通った部分も存在するとし、その顕著なものが「その社会、その民族の危険や災厄を防ぎ、これを排除するために、身を挺して、その難局に当り、尊い身命を犠牲にした人」を「尊び感謝することである」と断言される。[77]

つまり、「身を挺して、その難局に当り、尊い身命を犠牲にした人」を「尊び感謝すること」もまた愛国心発露の「一本筋の通った」形態であり、その論理に従うならば、先の靖国法案にも掲げられた、「戦没者」の「遺徳を顕彰」したり、「殉国者」に「国民の感謝と尊敬の念をあらわす」ことも愛国心の発露として位置づけることが可能であったといえる。[78]

それでは、英霊精神はいかなる評価を受けるべきであるのか。「報告書」は続ける。確かに「戦争は、自然の災厄ではない」。しかし、戦争に立ち至らざるを得ない状況になるということは、「国としての生存上自然の災厄より更に重大な難局に直面すること」を意味するのであり、その難局に際して身命を捧げた「戦没者」の行為もまた、「愛国心の発露」として「尊び感謝」される必要があるとの結論に達するのである。(79)

英霊精神は、ここに根ざすものであり、従って、愛国心につながるものであり、その中核をなすものである。(80)

ここで注目すべきは、英霊精神は愛国心に包含される関係にあるという分析結果である。本「報告書」の主要課題である英霊精神は、愛国心の中核として、まさに両者不可分の関係にあることが繰り返し強調されているが、その一体化には見落としてはならない作為的操作が存在していたといえる。それは、本来「自然発生的な素朴な感情」であるはずの愛国心が、「自然の災厄ではない」戦争において発露した場合において英霊精神とされ、いわば愛国心の特殊な形態として抽出されているところにあった。その特殊な形態であるはずの英霊精神が愛国心の中核に据えられること自体、巧妙な論理操作といわざるを得ないが、それ以上に、その特殊な形態を生み出す要因がまさに戦争であることを考えるならば、英霊精神を中核とする愛国心の存在を容認するとき、愛国心もまた戦争と不可分の関係となることはもはや自明の理であったといえる。

つまり「報告書」は、愛国心を国の平和と繁栄を願う「自然発生的な素朴な感情」として極めて純化したかたちで定義することによって、それと結びつく英霊精神から戦争イメージの脱色をはかり、それとは逆に、社会や民族の危険や災厄を排除するために身命を挺して難局に当たった象徴として英霊精神を位置づけることで、愛国心における不変な側面の具体化を試みたといえる。

しかし、英霊精神の解明を主眼とするかぎり、戦争との関係性に対する言及は避けられず、結果的に戦争と不可分な英霊精神を戦後社会において生かそうとする時、いわゆる反戦・平和思想との整合性を、改めて追究する必要性が残されたのであった。

二．「平和と民主主義」を支える英霊精神

続いて「報告書」では、「わが国の現状の把握と英霊精神」、「新しい秩序の確立と戦没者遺族の在り方」と題して、より現代＝平和憲法体制下の戦後日本社会に即した形での英霊精神の分析結果や、今後の遺族運動の意義に関する研究結果が示される。

その内容の分析を試みる前に、あらかじめこの「報告書」全体の特徴として三点指摘しておきたい。なぜなら、「報告書」が体現した三つの特徴は、いずれも遺族運動内部の問題として限定されるべき性格のものではなく、戦後平和運動をはじめ保革両者の対立を越えて戦後日本社会で共有された反戦・平和思想の理想と現実を理解するうえでも、多くの示唆に富む内容であったと考えられるためである。[81]その特徴とは、①「今次の戦争」に対する評価の保留と戦争の不可避性の強調、②平和、民主主義の重視と反戦の不在、そして、③「国民的納得」を保証する民主主義の論理の以上三点である。この三つの特徴が内在させた問題性について、「報告書」残部の分析を通じて明らかにしたい。

まず、①「今次の戦争」に対する評価の保留と戦争の不可避性の強調についてであるが、「報告書」は、「今次の戦争の評価は、後世の史家にまつべきで、今直ちにできないであろう」として、その時点での明確な判断を避ける。[82]し

かし、その一方で、「今次の戦争」が、「国としての生存上自然の災厄より更に重大な難局」であったが故に、その難局に際して身命を犠牲にした「戦没者」は「尊い犠牲」であったとの見解が示されたことは既に見たとおりである。

すなわち、「今次の戦争」の歴史的評価を保留することによって、「戦没者」の行為それ自体、なかでも英霊精神そのものに限定した評価を可能にしながら、「今次の戦争」を「自然の災厄」に準ずる不可避な局面であったことを強調することによって、純化された愛国心と、「今次の戦争」の評価にとらわれない英霊精神とを重ね合わせようとしていることは明らかである。それは、「「大日本帝国」的愛国心」との峻別を求めたような、遺児世代から示された批判を強く意識したものであったことは間違いない。

しかし、そのような論理が、同様に「今次の戦争」に対する評価を避け、「戦没者」の「殉国の精神」に焦点を当てることによって自己救済をはかろうとした靖国平和論と同質性を有するものであったこと、さらには、敗戦後の日本政府が「基本的には一貫して取っていた立場」としての「過去の戦争と日本軍の行為の評価の棚上げ論[83]」にも共有された論理であったことは指摘しておかなければならない。

その一方で、戦争そのものに対する評価を放棄し、戦場における兵士達の姿に純化された人間本来の「素朴なるもの」を見出した劇作家三好十郎は、なし崩し的な自身の戦争協力を経験した。そして、そのような戦時下における自身の経験から、敗戦後再び「戦没者」が純化して描かれようとすることに対して警戒感を露わにしたことはむしろ当然のことであったといえるが、その詳細については次章において詳しく述べることにしたい。

そして、「戦没者」の行為自体に限定した評価と戦争自体の歴史的評価の保留こそが、そのような事態を生じさせた指導責任や敗戦責任の保留までをも可能とすることによって、際限なき戦争責任の空洞化をもたらす一因となったことは否定できない。例えば、岸信介は東京裁判に関する評価を求められ、以下のように述べている。

ただ自分たちの行動については、なかには侵略戦争というものもいるだろうけれど、われわれとしては追い詰められて戦わざるを得なかったという考え方をはっきりと後生に残しておく必要があるということで、あの裁判には臨むつもりであった。(84)

この岸の発言にある「戦わざるを得なかった」という論理を、「その時代の国のおかれている立場、その国の制度から、それ以外の道が選べないことであったなら、そういう状況下における個人の行動〔「戦没者」の行動〕は、国民的納得があったと考えていいということである」(85)との「報告書」の文言と結びつけて考えるとき、戦争評価の保留を前提とした「戦没者」の肯定的評価が、恣意的に対象を拡大させることによって、あらゆる戦争責任の免罪符にもなり得たということができるのではないだろうか。

次に、②平和、民主主義の重視と反戦の不在についての考察に移りたい。「報告書」によると、敗戦と被占領によって二つの貴重な教訓が得られたという。それが、「自由と独立の観念に基づく民主主義の思想」と「平和がいかに貴重なものであるかということ」の二点であった。(86)しかし同時に、この教訓は個人の自由と利益ばかりを第一とする傾向をも生じさせてしまったとする。したがって、「国家と個人の関係を調和」させるためには、平和、民主主義に英霊精神を加味することで、「新しい認識のもとに愛国心を形成し、実践すべき」であると主張されるのである。(87)そして、「愛国心も自分の国の平和を願うことは、世界の平和につながるように拡充して実践されなければならない」として、国際情勢への配慮も促される。(88)

では、そのような平和、民主主義の多用に対して、遺児たちからも提起された反戦や戦争放棄などの文言が皆無であることは何を意味するのか。

「報告書」が強調する平和や民主主義とは、具体的には戦後日本が享受する既存の平和、民主主義であり、国際情勢への配慮も、自分の国の力だけでは既存の「平和を維持できない[89]」がゆえに重視されるのである。そして、今ある平和を守り、民主主義を失わないために、英霊精神の継承が必要とされるのである。つまり、平和と民主主義を守るために国際情勢への配慮としての日米安保体制が正当化され、その平和と民主主義擁護のためには、継承された英霊精神の発露は避けられないとの立場が示されているのである。

それに対して、反戦、戦争放棄とは、あらゆる戦争に反対し、二度と戦争を行わないという姿勢であり、究極的には、たとえ平和を守るための戦争であっても、それを拒否する決意を内在させた文言であったといえる。つまり、「報告書」も認めた、戦争と不可分な英霊精神との関係において考えるとき、守られるべき平和と、貫かれるべき反戦の間には、決定的な断絶が存在せざるを得なかったのである。その結果、継承すべき英霊精神との整合性を得るためにも、平和が強調される一方で、反戦、戦争放棄の使用が控えられたとは考えられないであろうか[90]。

そして、このような英霊精神の評価をめぐる反戦、平和の取捨選択が、一連の遺族運動内における世代間格差の克服過程で浮き彫りにされた問題であったことは否定できない。しかし、そこで明らかになった反戦と平和の解体とさえ表すべき事態こそ、平和憲法に基づく反戦・平和路線が強調される一方で、戦争において国家のために生命を捧げた「戦没者」の行為そのものが問われることのなかった、戦後日本社会の抱え続けた内的矛盾の核心を、如実に描き出すものであったといえる。

その一方で、戦後日本社会において改めて英霊精神を生かそうとするとき、③「国民的納得」を保証する民主主義の論理が、反戦に代わってその正当性を支える不可欠な要素となったのである。

そもそも「報告書」では、遺児世代からの批判の対象となった「「大日本帝国」的愛国心」も、確かに「考え直さねばならない」側面はあるものの、「それ以外の道が選べない」状況下であったならば、同時代的な「国民的納得があった」とする見解が示されていた[91]。

さらに、その中核たる英霊精神については、「戦後をも通じて理解され、国民的納得が得られる筈である」と断言されているのである。その根拠は定かではないが、国会における千鳥ヶ淵戦没者墓苑建設をめぐる経緯や、自民・社会両党から示された靖国法案の内容などからみても、「国民的納得が得られる筈」との確信もあながち無根拠なものではなかったといえよう。

そのうえで、戦後日本社会における「国民の願いであり、義務である」として、「新しい秩序の確立」を以下のとおり訴えるのである。

そして民主主義に立脚して、人道的に平和を尊ぶ心と、広い国際情勢の分析を基として、日本の歴史と調和した道義を重んずる新しい秩序を立て直し、職域における在り方、国民としての在り方を具体化し、実践しなければならない[92]。

つまり、「民主主義に立脚」することによってこそ、目指すべき平和と英霊精神の結合は、戦後日本社会における「国民的納得」という正当性を獲得することが可能となり、それによって初めて、時代を超えた英霊精神の継承が保証されることになるのであった[93]。ここに、「報告書」の第三の特徴である「国民的納得」を保証する民主主義の論理に基づいた英霊精神の正当性が示されたといえよう。しかし、それは同時に、英霊精神の肯定に伴う反戦論理からの乖離を決定づける「新しい秩序」でもあったのだが、その点については一切明らかにされることは無かったのである。

さらに、②平和、民主主義の重視と反戦の不在と③国民的納得を保証する民主主義の論理に共通する問題として、「報告書」において英霊精神の基軸として据えられることになった「平和と民主主義」は、同時代の保守勢力によって使用される以上に、革新勢力によってこそ強調された課題であったということを忘れてはならない。和田進の分析のとおり、一九五〇年代の保守勢力による改憲論議に対抗する形で「自由・人権・民主主義の課題と九条・平和主義の課題とが密接に結合されて意識されるという日本における平和意識の特質が形成」されるようになり、革新勢力のスローガン、とりわけ日本共産党のスローガンの特徴として「平和と民主主義」がワンセットで理解されるようになっていた[94]。そして、保守勢力による五〇年代改憲の試みを挫折させた背景には、そのような「平和と民主主義」を一体化させた国民意識の存在があったことを和田は指摘するが、確かに遺族運動においても「平和と民主主義」擁護のスローガンを掲げる学生運動が遺児世代に与える影響を非常に警戒していたのである。「報告書」完成二ヶ月後の『通信』においても、日本共産党の強い影響下にある日本民主青年同盟への警戒を呼びかけ、その目的として「日本民主青年同盟は、平和と独立、民主主義日本の中立のためにたたかう」ことを掲げている事実も紹介している[95]。そのような状況下において作成された「報告書」が、「平和と民主主義」を重視し、「国民的納得」に支えられた遺族運動の展開を約束したことは、極めて重要な意味を持つものであったといえる。つまり、「報告書」によって示された英霊精神と「戦没者」像が結合されることにより、もはや「平和と民主主義」は革新勢力の専売特許とはなり得ず、保守勢力においてもその擁護が「戦没者」の意志を継承するものとして正当化されることが可能となったといえる。

そして、そのような「態度と指標を堅持して、広く一般社会に働きかけ」ることが、今後の戦没者遺族の課題であるとして、一連の英霊精神の解明を終えている。

以上のように、遺児世代との認識格差の克服を目的として作成された「報告書」は、愛国心と英霊精神の純化をはかり、「平和と民主主義」との接合を主眼とするものであったということができる。さらにそれは、戦前・戦中と戦後の連続性を強く意識したものであり、その連続性を支えた精神こそ国家のために生命を捧げた「戦没者」の英霊精神であったことを理解させると共に、その精神の継承者として遺児達の自覚を強く求めるものであったことは明らかである。

確かに、戦争放棄を謳った日本国憲法下においても、国家のために生命を捧げた「戦没者」の行為が批判の対象となることはほぼあり得ないことであった。さらに、自衛隊の設置という実質的な再軍備を経た状況下では、戦争における愛国心の発露である英霊精神も、決して無視し得ない存在であり続けたことは間違いない。その英霊精神が、戦後日本の国是というべき平和の論理と民主主義的に結合されたとき、国家のために生命を捧げた存在として純化された「戦没者」像は、戦前・戦中と戦後の「時代の変化をつらぬいて、納得される[96]」国民像として再生することが可能となることを「報告書」は示したのであった。

ここにおいて、占領期遺族運動の到達点ともいうべき「平和の礎」としての「戦没者」像からさらに踏み込んだ、平和憲法の論理とも調和し得る目指すべき国民像としての「戦没者」像の可能性が明確に示されるに至ったといえる。それは、表面化した遺族運動内部における世代間格差への応急措置的対応策ではあったものの、占領期以来の特権的な運動の限界について自覚を余儀なくされ[97]、新たに平和国家建設の一翼を担わんと舵を切った遺族運動にとって、戦没者遺族に限定されることのない、いわば国民運動としての英霊精神継承運動の可能性が示されたことは、運動における求心力の回復に大きな役割を果たしたに違いない。

そのことは、一九五九年一〇月二六日に開催された第五二回理事会、第二三回評議員会合同会議において実施が決定された「靖国神社国家護持の全国署名運動」が、「広く国民の皆さんの御賛同を得て、そのことを強く国会に要望[98]」

することを目的とする、まさに「民主主義」的な方法論に基づいた国民的署名運動として展開されたことからも明らかであろう。そして、最終的に二三〇〇万を超える請願署名を背景として[99]、改めて自民党内における靖国神社国家護持に向けた動きが本格化されることになるのであった。

つまり、一九六〇年代以降の靖国神社国家護持運動において明確化された英霊顕彰路線は、単なる遺族運動内部の路線転換として矮小化すべき問題ではなく、純化された「戦没者」像を媒介として、戦後日本社会に順応し得る「あるべき国民像」を、国民的規模で再認識させる意味を内包していた点にこそ注目すべきではなかったのか[100]。

そして、それは決して孤立した動きであった訳ではなく、「報告書」が出された翌年の一九六三年六月に中央教育審議会からの諮問が発せられ、一九六六年に答申別記として発表された「期待される人間像」においても、「日本の歴史および日本の国民性」の継承が強く主張されたのであった。

特に敗戦の悲惨な事実は、過去の日本および日本人のあり方がことごとく誤ったものであったかのような錯覚を起こさせ、日本の歴史および日本の国民性は無視されがちであった。(略)日本および日本人の過去には改められるべき点も少なくない。しかし、そこには継承され、発展させられるべきすぐれた点も数多くある[101]。

そのうえで、「当面する日本人の課題」として、「平和を受け取るだけではなく、平和に寄与する国」になるべきことや、「民主主義の確立」が求められるのであった。それが、「平和」と「民主主義」が強調された「報告書」に類する内容であったことは明らかであり、さらに「真の愛国心」の必要が説かれ、「他人のために尽くす精神」や「自発的な奉仕ができる精神」が「民主主義の確立」と結びつけられるとき、「期待される人間像」の「日本および日本人の過去」における「継承され、発展させられるべきすぐれた点」と、「報告書」の英霊精神とは、連続性をもって理解できるのではないだろうか。

しかし、英霊精神の継承が運動の主軸に据えられる一方で、当然のことながら、「戦没者」の犠牲（受難と貢献）に対する遺族の思いが解消される訳では無かった事実を忘れてはならない。確かに、英霊精神の継承を軸とした新たな運動路線への転換は、「戦没者」評価における戦前・戦中と戦後の断絶を克服し得るものではあったが、逆説的にいうならば、その転換によって再び、戦争で国家のために生命を捧げた肉親の犠牲を肯定的に受容する必要に迫られたといえる。それが時に、「戦没者」の「国家への献身」を認めながらも、その結果としての戦死に煩悶し続ける姿となって現れたり、同様の戦死を二度と繰り返すべきではないとする戦争忌避の意志が、英霊精神をめぐる平和と反戦の乖離状況を浮き彫りにすることさえあったとしても不思議ではなかった。

そして、そのような戦没者遺族の葛藤は、同時期に日本遺族会創立一五周年記念事業の一環として出版された体験記録集などからも、十分に読みとることができるものであった。

第四節　戦没者遺族が抱える反戦・平和の葛藤

一．体験記録にあらわれる戦没者遺族の苦悩と葛藤

日本遺族会創立一五周年の記念事業の一環として、『十五年史』の編集・発刊などと共に、「一般遺族、戦没者の妻及び遺児の体験記録」の編集・発刊が決定されたのは、一九六二年一月二四日の第七二回理事会においてであった(102)。

そして、全国の遺族から公募したところ、三九四編という「予想以上の多数」の応募があった(103)。そのため、一九六

三年一月二六日に第一回編集委員会が開かれ、「全委員が、必ず全篇に亘り責任をもって回読の上」掲載内容を選考することが決定されたのである。その選考基準としては、戦没者遺族としての具体的な生活体験記録であることが重視されたが、それに準ずるものとして、「故人への追憶、思い出などにおいて真情のあふれたもの」もまた、評価の対象とされたのであった。

そのような選考基準をもとに、二次にわたる選考作業を経たうえで、一般記録として八四篇、詩五篇、歌四七篇、俳句八句の合計六〇点が選定され、紙幅の関係から、原文を生かしながら一部を削除、訂正したうえで、最終的な所収内容が決定されたのである。そして、題名を『いしずえ』とした体験記録集は、一九六三年一二月、発刊に至ったのである。

以上のような選考の結果掲載された体験記録の多くで、肉親を失いながらも敗戦後の苛酷な状況下を生きぬいた苦悩と、戦争に対する激しい忌避意識が示されたことは、当然のことであったといえる。

まるで昨日の事のように生々しく甦って来るかと思えば、又遠い夢のような昔にも思えて来るつらい悲しい事の多かった敗戦、戦争という忌わしい呪われた残酷な言葉、如何なることがあっても二度と繰り返したくない、絶対に繰り返してはいけない。これが私の切実な血と涙の叫びである。(104)

このような、数多くの「血と涙の叫び」の中で育まれた遺児世代であったからこそ、反戦・平和意識はより強固なものとなり、結果的に「戦没者」像をめぐる世代間格差を表面化させるに至ったと言っても過言ではあるまい。その反面、たとえ少なからぬ認識の相違が存在していたとしても、遺児に至るまで反戦・平和意識が共有されることによって、組織としての一体性が維持し得たこともまた揺るぎない事実であったといえる[105]。

そして、そのような遺族としての戦争忌避意識＝反戦意識が、具体的な「故人への追憶、思い出など」と結びつくとき、継承すべき対象として純化された「戦没者」像を揺るがしかねない結論が導き出されることも皆無ではなかった。

　人はいう。国のため生命を捧げたのであり、立派に御英霊として靖国神社の神と祭られたので全く名誉のことだといってくれるが、親の身としては、祖国日本を滅亡にまで導いた今回の無謀な戦争に、生命まで犠牲にしたことは、全くの無駄死であることに間違いはない[106]。

最愛の息子の戦死に直面することで「戦争の罪悪を人一倍に痛感し」た母親は、息子の犠牲を意義あるものとするためには、「戦争をこの世から払拭して、世界永遠の平和を建立する」必要があるとの結論に達するのである。

さらに、戦争によって突然夫を奪われた妻から、戦争に向けられた憎悪もまた激しいものであった。

　戦争が夫を灰に、私の心を灰色に、私達の生活を暗黒にしてしまったかと思うと、戦争を憎まずにはおれません。ああ、戦争さえなかったら私は幸せだったのです[107]。

そして、「一番失くしたくないものを奪ってしまった」戦争への憤りは、「戦没者」を英霊として祀る靖国神社の論理をも拒否させるまでに至るのであった。

私にとって、人間が神として祀られることなどどうでもいいことなんです。人間はやはり人間のままの方がいい。[108]

神として祀られた夫に会うため靖国神社に参拝した際に溢れ出したその思いは、国家のために生命を捧げた「戦没者」を讃える靖国神社の思想のみならず、それを愛国心の中核として位置づけ、「時代の変化をつらぬいて、納得される」[109]継承の対象とすることを新たな運動の機軸に据えようとした遺族運動そのものの方向性をも問い直す意味を有するものであったといえる。それらはまさに、戦争によって肉親を奪われた戦没者遺族の慟哭の叫びであり、遺族各々の故人への追憶、思い出などに基づいた戦争忌避＝反戦の意識は、決して平和との乖離を許すものではなかったと考えられる。

以上のように、世代間格差の克服を主眼とした英霊精神に関する「報告書」をまとめ、本格的な英霊顕彰運動を展開するに至った日本遺族会により企画・編集された体験記録の中に、今後起こり得るいかなる戦争による犠牲をも拒絶し、時には、肉親が祀られ、国家護持運動の対象となっていた靖国神社の論理とも対峙するような主張が掲載されたことは明記しておかねばならない。[110]

二.「戦没者」評価を支える「国家への献身」

しかし一方で、肉親の死を嘆き、肉親を死に追いやった原因の追及、戦争責任の追及にまで至らんとする段階にありながら、突如として追及の矛先が収められる手記もまた少なくないのである。それは、『いしずえ』所収の体験記録にとどまらず、同時期に靖国神社宛に送付されたり、神職や受付に託されたという書面の中からも同様の事態を読みとることが可能であり[111]、その追及挫折の要因こそ国家のために生命を捧げた行為の絶対視であり、その体現者として純化された「戦没者」像の受容であったといえる。

何故死んだ。何故生きて私達の許へ帰って来て下さらなかった……とは私のぐちであろうか。（略）いやだがどうしても貴方を責めることができようか、何でうらむことができようか、貴方方は国の為に一つの尊い生命を捨て、愛国心という名のもとに遠く異国の土と化してしまった貴方方を、貴方方は犠牲者だ、みんなみんな犠牲者だ。私は叫びたい、みんなこうしてしまったものに対してこの心の中の憤りを——だが止めよう[112]。

明確に肉親である「戦没者」の受難者的側面を自覚しながらも、その受難をもたらしたものに対する「心の中の憤り」を明らかにしようとしながら、それを思い止まる。それは、肉親としての立場からその死に納得せず、受難の原因を追及することによって、「国の為に一つの尊い生命を捨て」た「戦没者」像をも否定することになってしまうためであった。

同様の挫折は、修学旅行の際に靖国神社に持参したと思われる、亡き父親に「おっちゃん」と呼びかけ続けた、以下の手紙からも十分に読み取ることができる。

なぜおっちゃん死んでしまったの。なぜなぜなの。私はおっちゃんがなぜ死ななければならないかと思うと、一人で泣いてしまいます。
でも国の為に死んでしまったのだと思うとしかたありません[113]。

ここでも、強い反発と執拗な問いかけが向けられた父親の死であったが、「国の為に死んでしまったのだ」と納得することによって受容されるに至っている。つまり、この両者にとっては、「国家の為に生命を捧げた」行為の正当性こそが、個々の遺族の煩悶を超えて「戦没者」の死を受容するための、重要な要因となっていたのである。

それはまさに、「報告書」が示した純化された「戦没者」像の中核を為す思想であり、同様の理解が戦没者遺族に幅広く共有され得るものであったと同時に[114]、新たな運動の展開にとっても不可欠な要素となるものであったことは、前節において確認したとおりである。その一方で、同じく「報告書」が明らかにしたように、「国家の為に生命を捧げた」精神＝英霊精神は戦争と不可分の関係にあることから、無批判な英霊精神の絶対視とその継承こそ、遺族の希求する反戦・平和の追求のためにも改めて問い直される必要があったのではなかろうか。

そして、数年後の『通信』紙上において早くも、そのような「戦没者」像に依拠した「平和のための犠牲」の必要性まで言及された事実を考慮するとき[115]、父親の犠牲と平和との関係性を問うた以下の遺児の訴えは、多くの示唆に富むものであったといえる。

父は平和のために死ねる強い人なんだ。私ならいくら平和のためとはいえ、死ねるものではないと考えた。だが、父親が死んだとはいえ、日本が平和な国になるだろうか。

国での一番の不幸は戦争だろう。その戦争で死んだ父達の力で防ぐ事が出来たでしょうか。（略）父の遺志を受継ぎ、絶対に戦争をしない平和な世界を造ろうではありませんか[116]。

平和のために命を捧げた父親に尊敬の念を抱きながらも、父親をはじめとする「戦没者」の死と「日本が平和な国になる」ことが、果たして直結するものであるのかどうか問うた意味は大きい。そして、国家における最大の不幸である戦争を二度と繰り返すことなく、「絶対に戦争をしない平和な世界を造」ることが、「父の遺志を受継ぎ」、「亡き父に仕えるただ一つの道」であるとの決意を明らかにするのである。

しかし、たとえ「戦没者」の死と平和の関係性に疑問を抱き、絶対的な戦争の否定と平和の実現こそが「父の遺志」であったと提起したとしても、「国家の為に生命を捧げた」行為自体が問い直されないかぎり、いわゆる英霊精神もまた、「戦没者」の「遺志」として継承の対象となることが可能であったといえる。ここに、戦没者遺族運動が内包した多様な可能性とともに、英霊精神の継承によってもたらされる、反戦・平和路線の限界が存在したといわざるを得ないのである。[117]

三、戦後日本の反戦・平和論が内包した矛盾

そして、そのような反戦・平和の乖離ともいうべき事態は、決して遺族運動固有の論理に基づいた独自の展開であったわけではなく、千鳥ヶ淵戦没者墓苑建設をめぐる論議の過程からも明らかなように、保革を超えた英霊顕彰の容認が存在していたことを忘れてはならない。

「英霊精神に関する報告書」が理事・評議員会において承認された直後の一九六二年七月、「靖国神社国家護持問題に対する理解を深めることを第一[118]」とした、日本遺族会青年部第五回全国研修会が実施された。そして、靖国神社国家護持運動を本格化するにあたり、運動の中核を担うべき青年部による本研修会の「ヤマ場」こそ、「靖国神社の国家護持について」の三党討論会だったのである。

既にみたとおり、一九五六年の衆議院「海外同胞引揚及び遺家族援護に関する調査特別委員会」における参考人意

見聴取以来、靖国神社をめぐる争点は、憲法の政教分離規定に抵触するか否かの問題に集約されるものとなっていた。本討論会においても、社会党代表であった山中吾郎衆議院議員から、靖国神社は現行法上は宗教であり、「国家が保護することに疑問をもっている」との発言がなされていたのである[119]。

しかし一方で、出席した政党の違いを問わず、国家のために生命を捧げた「戦没者」に対する評価は揺るぎないものであった。民社党代表が、「その国の危機に際して国に殉じたものだから、神社に祀るのは、当然のことである」として、特別立法による靖国神社国家護持の必要性を主張したのをはじめ、同様に自民党代表も、「遺族の意向を反映した」法整備を検討していることを明らかにしている[120]。そして、憲法上の理由からだけではなく、政治的な理由からも、現状のままでの靖国神社の国家護持に反対する趣旨の発言を行った社会党代表も、「国家の為に尽くした人々を守り遺徳を偲び、顕彰することには、賛成である」と、英霊顕彰路線には賛同の意を示していたのである。

さらに、一九五九年以来の靖国神社国家護持へ向けた署名活動の結果、多数の地方議会において超党派での「靖国神社国家護持の要望決議」がなされるなど[121]、一連の英霊顕彰路線の本格化は、決して遺族運動単独の孤立した動きではなかったということができる。そして、国家のために生命を捧げた「戦没者」像を中核とする英霊顕彰運動に対しては、安保闘争の経験を「一面日本人が一本立ちしようとする運動であった」と位置づけながら、早急に「日本民族の精神的背骨を作ることが必要である」として、あるべき国民像の形成をも視野に入れた提起がなされていたことは注目に値する[122]。

以上のように、遺族運動内で進められた純化された「戦没者」像の確立や英霊顕彰路線の本格化は、まさに戦後日本社会総体としての反戦・平和の乖離状況を忠実に反映する形で展開されていったということができる。それは確かに、決して戦争を容認するものであったわけではなく、様々な角度から平和の重要性が強調されたことも事実である。

しかし一方で、戦争において国家のために生命を捧げた「戦没者」が肯定的に受容されることによって、戦争そのものを拒否するために、戦争によるあらゆる犠牲をも拒否しようとする反戦思想は、必然的に空洞化し、実践性の伴わない単なるスローガンとして無力化していかざるを得なかったのである。

つまり、平和憲法体制下において、敗戦による悲惨な経験に基づいた戦争忌避・平和擁護の意識が広く共有されながら、同時に、戦争と不断の関係にある国家のために生命を捧げた行為もまた遺徳として共有され、顕彰の対象とされた矛盾こそ、戦没者遺族に限定することのできない、戦後日本社会総体としての内的矛盾であったといえる。

そのような内的矛盾の克服が、遺族運動内における世代間格差の克服を目的として、文字通り反戦・平和の解体と民主主義論理の導入によって実証的かつ具体的に試みられたことは、まさに戦後日本の反戦・平和の乖離構造を象徴的に表象するものであったといっても過言ではあるまい。そして、以上述べたような、反戦・平和の乖離が一切顧みられることのなかった状況とは対照的に、米ソ冷戦構造内における既存の平和を絶対視し、様々な政治勢力が自己の正当性を立証するために掲げた「平和と民主主義」をめぐるイデオロギー争奪戦に終始したことが[123]、内的矛盾を内的矛盾のままに固定化させた最大の要因であったといえるのではないだろうか。

おわりに

まさに、以上見てきたように「戦没者」像の再評価が進められた一九五〇年代、保革両陣営が自らの反戦・平和の正当性を声高に主張する一方で、両者に共通して進行しつつあった反戦・平和の乖離を鋭く見抜き、警鐘を鳴らし続けた一人の劇作家が存在した。それが、次章で分析の対象とする三好十郎その人であった。

三好は戦前・戦中、そして戦後に至るまで、自身の創作活動を通じて一貫して兵士・戦没者・遺族に対する視線を失わなかった劇作家であったといえる。その視線によって、プロレタリア作家時代には「殺し・殺される」兵士たちの過酷な運命を描き出すことで、反戦・平和を訴える作品を多く発表していたが、マルクス主義との訣別を決意した三好は、戦場における兵士たちや戦没者、その遺族の犠牲的な献身の姿に人間本来の「あるがままの姿」を見出すことで、結果的に戦争協力の一端を担うことになった。

そして敗戦後、自らが陥った戦争協力を二度と繰り返すことの無いよう、実践的な反戦・平和の姿勢を追求し続けることになったが、その反戦・平和の実践の主体として期待されたのが戦没者遺族だったのである。そして、反戦・平和の乖離が進行していく状況においてその立場を保持し続けるためには、「戦没者」評価における核心ともいうべき国家のために生命を捧げる行為、「国家への献身」こそが対象化されなければならないことを、三好は戦没者遺族を主人公とする劇作を通じて明らかにしていくのであった。

（1）厚生省社会・援護局援護五十年史編集委員会編『援護五十年史』（ぎょうせい、一九九七）などを参照のこと。
（2）同右、二四四頁。
（3）毎日新聞「靖国」取材班『靖国戦後秘史』（毎日新聞社、二〇〇七）、一八七頁。
（4）『援護』一六号、一九五六、一一、一五。
（5）千鳥ヶ淵戦没者墓苑奉仕会編『千鳥ヶ淵戦没者墓苑創建三十年史』（一九八九）、二頁。
（6）前掲『靖国戦後秘史』、一八九頁。具体的には、国による金銭的補償について、「広く一般の戦争犠牲者に対しても援護の手を差延べるべきで、決して直接軍関係者へのみの援護に片寄ってはならない」としていた（『援護』一七号、一九五六、一二、一五）。
（7）伊藤智永『奇をてらわず』（講談社、二〇〇九）、二九四頁。

（8）「第一回「無名戦没者の墓」に関する打合会議事記録」、前掲『新編靖国神社問題資料集』、三四二～三四三頁。
（9）「第二十五回国会衆議院海外同胞引揚及び遺家族援護に関する調査特別委員会議事録第三号」（一九五六、一一、二八）。
（10）同右。
（11）同右。
（12）同右。
（13）堀内は「空襲、原爆または船員とか報道人」の霊魂を祀ることは、「再建日本のために再出発する」ためにも「時宜を得た」ものであるとし、眞崎は「もっと庶民的な、もっと大衆的な、お互いがだれでもお参りできるような性格」の「墓」を希望する旨の発言をおこなっていた（同右）。
（14）「第二十五回国会衆議院海外同胞引揚及び遺家族援護に関する調査特別委員会議事録第四号」（一九五六、一二、三）。
（15）『通信』八四号、一九五六、一一、一。
（16）前掲『靖国戦後秘史』、一九五～一九六頁。
（17）「第二十六回国会衆議院海外同胞引揚及び遺家族援護に関する調査特別委員会議事録第四号」（一九五七、二、一六）。本文中にみた山下春江政務次官の発言と、小林厚生相の発言の齟齬を指摘したものであったと考えられるが、確かに小林厚生相は遺族会の主導権確立後、一二月一二日の委員会において、一般戦災者の遺骨の埋葬については「考えていない」と答弁していた（「第二五回国会参議院社会労働委員会会議録第一三号」（一九五六、一二、一二））。
（18）前掲「第二十六回国会衆議院海外同胞引揚及び遺家族援護に関する調査特別委員会議事録第四号」。
（19）一八九四～一九八九、浄土真宗僧侶。山下は一九五二年に結成された海外戦没者慰霊委員会の役員にも就任しており、「私は社会党に属しているが、戦没者の慰霊顕彰は超党派で推進すべき問題で愛国心については誰にも劣るものはない」と公言していた（前掲『千鳥ヶ淵戦没者墓苑創建三十年史』、二頁）。
（20）前掲「第二十五回国会参議院社会労働委員会会議録第十三号」。
（21）「「無名戦没者の墓」（仮称）に関する第二回打合会議事記録」、前掲『新編靖国神社問題資料集』、三五二頁。
（22）前掲「第二十五回国会衆議院海外同胞引揚及び遺家族援護に関する調査特別委員会議事録第四号」。
（23）前掲『援護五十年史』、二四八頁。

(24) 前掲『奇をてらわず』、三一八頁。
(25) 前掲『靖国神社問題資料集』、四四～四五頁。
(26)『通信』七五号、一九五六、一、一。
(27)『毎日新聞』一九五六、二、一五、七面。
(28)『通信』七六号、一九五六、二、一。
(29)「第二十四回国会衆議院海外同胞引揚及び遺家族援護に関する調査特別委員会議録第四号」(一九五六、二、一四)。
(30) 同右。
(31) 同右。
(32) 金森は戦前・戦中の忠君愛国思想についても、「君と言ったって、個々の君じゃない」として、「結局国に尽くした」「国に対して真心をささげ」た側面は、軍国主義復活と直結させるべきではないとの認識を示した(同右)。
(33) 前掲「第二十四回国会衆議院海外同胞引揚及び遺家族援護に関する調査特別委員会議録第四号」。
(34) 前掲『靖国神社問題資料集』、一二〇頁。
(35) 日本遺族会編『英霊とともに三十年』(日本遺族会、一九七六)、四二頁。
(36) 前掲『靖国神社問題資料集』、一二〇頁。
(37) 同右。
(38) 田中伸尚は社会党の「靖国平和堂法案」が作られた背景として、「社会党の左右両派の統一が生み出した政治的産物だったと思われる」としている(田中伸尚『靖国の戦後史』(岩波書店、二〇〇二)、七三頁)。
(39) 同時期の靖国神社国家護持問題に対する神社界の動向は、井口和起「戦後靖国神社の国営化「運動」について」、『日本史研究』通号一二六、一九七二、六を参照されたい。
(40) 神社本庁編『神社本庁十五年史』(神社本庁、一九六一)、四頁。
(41)『通信』七九号、一九五六、五、一。
(42)『通信』九六号、一九五八、四、三〇。
(43)『通信』九四号、一九五八、一、三〇。

(44) 平田哲男は、この公務扶助料・遺族年金の大幅増額を国家補償運動の「大転機」と捉え、それを機に日本遺族会が「精神運動団体として回春をはかった」と分析するが、筆者は運動内部における路線転換の模索は既に進行していたと考えると共に、現実的な「回春」に影響を及ぼした要因としては、遺族会内部における世代間格差の問題も存在していたと考える（前掲「日本遺族会と「英霊の顕彰」」）。
(45) 例えば、富山県では、後の青年部の「はしり」である「靖和会」が一九五五年四月に結成された。そして、その結成は「全国的にも最も早いのではなかろうか」とされている（前掲『念力徹岩　富山県遺族会四十周年記念誌』、一四六頁）。
(46) 前掲「座談会　二十年をかえりみて」。
(47) 当初は神奈川県遺族会内のみで配布されたが、一九五六年以降、日本遺族会によって各都道府県支部において頒布された。
(48) 小泉信三「遺児の皆さんへ」、『小泉信三全集』第一〇巻（文藝春秋社、一九六七）、九頁。
(49) 同右、二一頁。
(50) 第一回遺族青少年研修会の案内にも、「今や戦後十三年を経て、遺児は心身共に成長を遂げ、自らの意志と判断をもって、亡き父の精神を体し、本会の健全なる発展を継承すべき段階に達しつつある」との認識が示されている（山形県遺族会編『山形県遺族会三十年史』（山形県遺族会、一九七八）、一六八頁）。
(51) 同右。
(52) 『通信』一〇〇号、一九五八、九、三〇。
(53) 同右。
(54) 同右。また、日本遺族会会長の高橋龍太郎も、「…若い世代のものの考え方は、私たちのそれとは、大きく隔っていることも事実であります」と述べている（『通信』一九五八、一一、三〇）。
(55) 『通信』一〇一号、一九五八、一〇、三〇。
(56) 『通信』一〇二号、一九五八、一一、三〇。
(57) 同右。
(58) 日本遺族会青年部結成後の第四回全国遺族青年研修会（一九六一年七月）では、自己の所属する労働組合の運動を推進することで「支持する政党と運動方針が遺族会と相反する」状況が報告され、逆に、保守色が強いと認識されている遺族会ゆえに、青年が「遺族会に近づくことに二の足をふんでいる」との意見も出されていた（『通信』一二七号、一九六一、七、三〇）。
(59)『通信』一〇九号、一九五九、八、三一。
(60)同右。
(61)前掲『四十年のあゆみ』、一九四頁。その他にも、実際の研修会参加者からの聞き取りにおいて、遺族運動の方向性について多くの批判的な意見が出された様子を記憶しているとの証言も得られた。
(62)『通信』一一〇号、一九五九、九、三〇。
(63)同右。
(64)『通信』一〇〇号、一九五八、九、三〇。
(65)その一方で、「「大日本帝国」的愛国心」に対する批判が、直ちに貢献的犠牲の否定につながるわけではなかったことは以下の発言からも明らかであるが、だからこそ「戦争を合理化」することのない「国家犠牲」の再評価が急がれたといえる。

残された肉親としては、（父の死を）出来るだけ、美化し、正当化したいのは人情だろう。しかし、ここにそれを肯定しない一群がいる。彼らは戦後教育の影響から、戦争罪悪論を拡大し国家犠牲を意識的に低い価値で捉えようとする。彼らは父の死を好戦論に結びつける。一方、遺族会には民族のための犠牲を高価値で訴えるあまり、戦争を合理化するむきの人がいる（『通信』一二〇号、一九六〇、八、三〇）。

(66)『通信』一〇八号、一九五九、六、三〇。
(67)『通信』一〇九号、一九五九、八、三一。
(68)『通信』一一一号、一九五九、一〇、三一。
(69)同右。
(70)『通信』一三七号、一九六二、五、一。
(71)北村毅は、「報告書」による「英霊精神」の確認作業を経て、「次代を担う遺族青年へとそれを継承発展させる具体的な場が切実に求められ」た結果、「「亡き父を通じて、戦没者の死の意義を確認」することのできる場所」として沖縄が選ばれ、一九六〇年代の遺児達による戦跡巡礼や慰霊行進が推進されたとする。さらに、以後の遺族会青年部の活動状況を分析した上で北村が導き出した、「「平和」というイデオロギーが、遺族会青年部の「魂」だとすると、「血」というイデオロギーは、その「身体」なのである」との結論は、本書では分析し得なかった「血のイデオロギー」に言及している点でも非常に興味深い（北村毅『死者たちの戦後誌―沖縄戦跡をめぐる人びとの記憶』（御茶の水書房、二〇〇九）、「第3章「父」を亡くした後―遺児たちの戦跡巡礼と慰霊行進」）。

(72)「英霊精神に関する報告書　附録」、前掲『十五年史』、二一一頁。

(73)大谷籐之助も、一九六〇年頃には「青年部と親会との間には少しだがずれがあった」と回想している（『通信』二〇三号、一九六七、一二、一）。

(74)『通信』一三七号、一九六二、五、一。

(75)同右。

(76)同右。

(77)同右。

(78)同右。

(79)同右。

(80)同右。

(81)波多野澄雄は「報告書」について、「その後の運動の展開から見て二つの興味深い特徴がある」として、①「愛国心」を強調しながら、太平洋戦争に関する歴史的評価を避けている点、②靖国神社と遺族会の結び付きを極力避けている点を指摘している（前掲「遺族の迷走―日本遺族会と「記憶の競合」―」）。特に①は筆者も共有する問題意識であるが、それは遺族運動内部の問題として限定すべきではないように思われる。また井口和起は、「靖国神社を国民の「愛国心」育成の極めて有効な手段として訴えていこうとする基本態度」が、この「報告書」において体系的にまとめられたとの示唆に富んだ指摘をしている（前掲「戦後靖国神社の国営化「運動」について」、前掲『記憶としてのパールハーバー』、一九頁）。

(82)「今次の戦争」に対する評価の保留は、既にみた占領期間中における靖国神社論とも共通するものであったが、一方で、「アジアの共存の考え方」が敗戦後の「日本の経済力の発展と、貿易圏の確立」を促し、アジア諸民族の独立を喚起したことなどを挙げ、「この限度においては意義を充分評価されてもいいと言える」と言及されたことからも、決して主体的な評価を放棄しようとしたものではなかったことは明らかである。

(83) 赤澤史朗「戦後日本における戦没者の「慰霊」と追悼」、『立命館大学人文科学研究所紀要』八二号、二〇〇三、一二五頁。

(84) 岸信介・矢次一夫・伊藤隆『岸信介の回想』(文藝春秋社、一九八一)、八八頁。

(85)『通信』一三七号、一九六二、五、一。

(86) 同右。

(87) 同右。

(88) 同右。

(89) 同右。

(90) 一九六四年五月一日号を境にした『通信』紙上における「標語」の変更、とりわけ「戦争防止」の文言の削除が、日本遺族会の「変質」を決定づけたと田中伸尚は指摘するが(前掲『遺族と戦後』、六八〜六九頁)、その一方で、「平和日本建設」の文言が残されたことに注目しなければならない。

(91)『通信』一三七号、一九六二、五、一。

(92) 同右。

(93) 北村毅は、「死者の痕跡の異同なき反復」を絶対的な責務と課し、生者が「民主主義の副次的な主体としかなりえない」遺族運動の在り方を「死者の(ための)民主主義」として注目するが(前掲『死者たちの戦後誌―沖縄戦跡をめぐる人びとの記憶』第3章)、筆者はそのような運動の在り方自体が、まさに「民主主義的に立脚」することによって正当化され得るとの見解を示した「報告書」の意味を重視したい。

(94) 和田進『戦後日本の平和意識―暮らしの中の憲法』(青木書店、一九九七)、一〇〇頁。

(95)『通信』一三九号、一九六二、七、一。

(96)『通信』一三七号、一九六二、五、一。

(97)「報告書」においても、「時の経過とともに戦没者遺族及び日本遺族会並びに各都道府県の遺族会に対する一般社会の関心が稀薄になりつつあり、戦没者遺族という特定の立場にある者だけに比重をかけることは差控えたいという空気が強まる傾向にある」ことが指摘されている（「英霊精神に関する報告書　附録」、前掲『十五年史』、二一〇頁。）。

(98)「靖国神社の国家護持に関する署名のお願《ママ》」、『通信』一一二号、一九五九、一一、三〇。

(99)一九六六年四月一五日の『毎日新聞』では、日本遺族会が「二三四七万七四二四人分の請願書を内閣と衆・参両院に持ち込み、係員のドギモを抜いた」ことが報じられている。

(100)同じくその延長線上に、一九六三年以降恒例化する「全国戦没者追悼式」の実施や、一九六四年に復活される戦没者叙勲などの動きが位置づけられると考えられる。

(101)「「期待される人間像」最終報告全文」、高坂正顕『私見期待される人間像　増補版』（筑摩書房、一九六六）、二三八頁。

(102)『通信』一三三号、一九六二、一、三〇。

(103)「編集後記」、日本遺族会編『いしずえ　戦没者遺族の体験記録』（日本遺族会、一九六三）、五三六～五三七頁。以下の編集過程に関する記述は、同「編集後記」を参考とした。

(104)三刀屋澄子「異境の空」、前掲『いしずえ　戦没者遺族の体験記録』、五〇頁。

(105)例えば『いしずえ』の中にも、親子間の「保守と革新のちがい」による不和は存在しながらも、「この平和を破壊してはならない」、平和を守ることこそ「遺児としての使命」であるとする遺児の主張が掲載されている（佐藤久子「二十一才のグチ」、前掲『いしずえ　戦没者遺族の体験記録』、三二四～三二五頁）。

(106)池田平治「思い出ありのままの記」、前掲『いしずえ　戦没者遺族の体験記録』、八三頁。

(107)福本なか「私の歩んで来た道」、前掲『いしずえ　戦没者遺族の体験記録』、三五二頁。

(108)同右、三五三頁。

(109)『通信』一三七号、一九六二、五、一。

(110)「靖国神社の存在理由を根底から否定する」ような福本なかの主張が採用されたことについて、三浦永光は「私には、彼女の遺族としての、人間としての心の叫びが遺族会の編者たちの心を動かしたのだと思えてならないのである」と分析している（「戦没者遺族の手記を読んで」、『婦人新報』通号九七七、一九八二、二）。
(111) 本田總一郎編著『あ、靖国神社』（旅行読売出版社、一九七〇）、一三三頁。
(112)「（姓不詳　賽銭箱より）由美子」（一九六一年一一月一五日）、同右、九九頁。
(113)「（兵庫県）岡山幸子」（一九六二年八月一五日）、同右、九二頁。
(114)『いしずえ』に所収された手記の中にも、「でも国の為に戦死した夫は素晴らしい。社会がどんな思想の変化があっても私は清らかに祖国を守り、神となった靖国にいる夫を尊く思う」と、まさに純化された戦没者像を支えとすることによって、悲しみを克服し、英霊顕彰運動の必要性を強調する遺族も少なくないのである（鈴木香久子「流れ石」、前掲『いしずえ　戦没者遺族の体験記録』、二四頁）。
(115) 日本遺族会事務局長を勤めた板垣正は、「靖国神社国家護持問題の今日的意義」について、「平和に徹し、真剣に平和のさきがけとなろうとする日本国民」の戦没者に対する「誓いのあらわれ」と評価したうえで、「平和とは献身と犠牲を要求する事業である」との見解を明らかにしている（『通信』一八三号、一九六六、四、一）。
(116)「戦争のない平和な世界を」、『通信』一〇九号、一九五九、八、三一。
(117) そして、各々の戦没者遺族が固有に有する実体験に裏打ちされた反戦・平和の主張と、それら遺族が組織化され、運動体として展開する「英霊精神」継承の主張が併存し得たところに、靖国神社国家護持をめぐる議論を複雑化させる最大の要因があったといえる。
(118)『通信』一四〇号、一九六二、八、一。
(119) 同右。
(120) 同右。
(121)『通信』には、茨城、兵庫、長崎、和歌山、佐賀、三重の各県議会で「靖国神社国家護持の要望決議」がなされ、市町村議会でも一九六〇年一月末の段階で、四四〇以上の市町村で決議がなされたことが報じられている（『通信』一一四号、一九六〇、一、三一）。
(122)『通信』一四〇号、一九六二、八、一。
(123) 粕谷一希は、「戦後日本の不幸」として、東西冷戦の激化が「はげしいイデオロギー戦争として、平和と民主主義という言葉自体の意味内容を完全に混乱させ」たことを指摘し、「平和は戦争とも革命とも対極にあるもの」として、「平和のための戦争」も「平和のための革命」も「語義矛盾でしかない」ことを明らかにしている（「混乱する〝平和〟の意味」、粕谷一希『戦後思潮』（日本経済新聞社、一九八一）一三六～一三七頁）。

第五章　兵士・戦没者・遺族をめぐる劇作家三好十郎の視線

はじめに

戦没者遺族運動によって確立された「戦没者」像は、遺児世代からの批判を受けて平和憲法体制下における「平和と民主主義」に立脚する一方で、その「国家への献身」は純化され、継承の対象として肯定的に位置づけられるに至った。それは、愛する肉親の命を奪い、二度と戦争の悲劇が繰り返されることのないよう切望する数多くの遺族が共有した戦争責任追及の可能性が、「国家への献身」という「戦没者」評価の受容によって回避される結果をもたらしたことは既にみたとおりである。そこには、平和憲法体制に基づく反戦・平和を強く希求しながらも、例えばその「平和と民主主義」が脅かされる場合における「国家への献身」、つまりは国家のために命を捧げた「戦没者」の行為の正当性は何ら揺るぎないものとして継承されていたことは明らかであった。それが、戦争行為そのものを否定し、いかなる理由によっても戦争への荷担を認めない反戦の論理と、再評価された「戦没者」像との間に存在した決定的な矛盾であったということができる。

その矛盾を直感し、「いよいよ戦争が起きそうになったら、又、戦争が起きてしまったら、自分はどうするか、自分の団体はどうするか(1)」の実践性を追求することによって独自の反戦・平和論を確立したのが劇作家三好十郎であった。三好自身は戦没者遺族ではなかったが、銃後にありながら戦争に翻弄され続けた経験と、戦中から戦後に至るまで一貫して兵士・戦没者[2]・遺族に注目することによって確立された反戦・平和論に注目するとき、戦没者遺族運動によって示された「戦没者」像の内包した課題について多くの示唆を与えてくれる。

その三好十郎の反戦・平和論は数々の挫折を経ながら敗戦後の冷戦構造激化のなかで確立されるに至るが、特に戦争において傷つき命を落とすことになる兵士達、そして残された家族・遺族達に対する分析視角の変化に注目することによって、その反戦・平和論の展開を理解することが可能となる。そして、反戦・平和論の根拠となる三好の戦争観については、戦争を「もはや動かすことのできない決定的な力としてうけいれ[3]」、その結果、戦争否定―戦争肯定―戦争否定という再転向がもたらされたとの評価がある一方で[4]、戦争が「兇悪な愚挙」であるとの自覚のもと、それ故にかえって強く照らし出されることになる人間本来の美しさや強さを描き続け、真実を追求してやまなかったとの評価もある[5]。確かに、三好自身が「汚点」と言って憚らなかった戦争協力の問題も含め、三好の戦争観に対して画一的な評価を下すことは非常に困難な作業である。

その一方で、戦中・戦後に関わらず、三好の戦争観もまた常に彼の詩作・劇作において描かれた兵士や戦没者、その家族を通じて明確に示され続けていたといえる。そこで描かれた兵士やその家族の姿こそ、三好の戦争観に直結する思想展開を顕著に反映するものであったと共に、戦没者やその遺族に対する三好の深い洞察に結びつくものであったことを見落としてはならない。

第一節　プロレタリア作家としての兵士・遺族分析

一．殺し・殺される存在としての兵士の発見

三好十郎の公的な創作活動は、一九二四年、吉江喬松教授の推薦によって詩作五篇が『早稲田文学』六月号に掲載されたことに始まる。(6) その後、一一月号までに、叙事詩一篇を含む二四篇が掲載されるなど積極的な詩作活動を展開し、新鋭詩人・三好十郎の名は広く知られるようになった。

三好が詩作活動を開始したのは、早稲田大学文学部英文科に在学中のことであった。さらに、大学を卒業した二五年以降には詩作の発表の場も広がり、『新人』、『文芸行動』などの文芸誌だけでなく、『朝日新聞』や『東京日日新聞』にまで彼の詩が掲載されるようになる。その間、学生時代にニヒリズムからサンジカリズムを経ていた三好は、マルクス主義の高揚の中で「アナーキズムにもあきたらなくなり(7)」、遂に一九二七年、マルクス主義へと移行していったのである。(8)

プロレタリア作家としての三好は、翌二八年一月に結成された「全詩人聯合」に世話人として名を連ねるが、それが同月のうちに瓦解したため、翌月、アナキズム陣営を離れた壺井繁治の呼びかけに応じて「左翼芸術同盟」を旗揚げした。そして、五月に創刊された「左翼芸術同盟」の機関誌『左翼芸術』において、詩「おい、執行委員」、詩論「詩は如何に「行動」すべきか」、戯曲「首を切るのは誰だ」を発表し、プロレタリア詩人としての論陣を張るとともに、戯曲作家としてもデビューを果たしたのである。

しかし、「左翼芸術同盟」結成の翌月におきた日本共産党に対する大規模な弾圧（三・一五事件）を契機として、プロレタリア芸術運動初の統一組織体たる「全日本無産者芸術連盟」（通称「ナップ」）が事件直後の三月二五日に結成され、「左翼芸術同盟」も「ナップ」へ合流、発展的解消を遂げることになる。その「ナップ」の機関誌である『戦旗』に、当時の三好の戦争観を如実に反映した作品、詩「山東へやった手紙(9)」（『戦旗』、一九二八、八）が発表さ

れた。
「山東へやった手紙」は、居留民保護の名目で実施された山東出兵に従軍する一兵士、「甚太郎オヂサン」へ「僕」が宛てた手紙の形式をとった詩で、戦地にいる「オヂサン」の安否を心配するとともに、あとに残された村人達が長雨被害と苦闘する様子を、佐賀方言を交えながら切々と語りかける内容となっている。
「剣ツキ鉄砲デ　突キ殺ロサレンヨーニシナサイ」と何度も「甚太郎オヂサン」の身を案じる一方で、「日本軍ガ合戦ニ勝ツタ」ことを新聞で知りながらも、出征前に「オヂサン」が語った言葉を「僕」は忘れられない。(10)

オヂサンワ　言ヒマシタ
支那ワ　ホントワ俺達ノ敵デワ無イヨ
シカシ　出征シナンナラン
行キタク無イノニ行カンナラン
殺シタクナイノニ殺サンナラン(11)

そして、出征などしたくないにもかかわらず出征を強いられ、「ホントノ敵ワ支那ヂヤナカ」と理解しながらも「歯ヲ食イシバツテ殺シテイル」「オヂサン」に対して、村人に迫る苦境にいかに立ち向かうべきかの教えを請うのである。

ドースレバヨイカ

ソレヲ山東カラ書イテヨコシテクレ
ザンゴーノ中カラ
殺シテワイケナイ支那兵ヲ
殺シタ手デ
カチカチ　フルエル手デ
血ダラケニナツタ手デ。[12]

詩全篇を通じて、繰り返される戦争への批判が、主要な働き手を奪われて苦悩する農村からの悲鳴として、言うなれば生活意識に基づいた反発として明示されている。そして最大の悲劇は、本来ならば共に田畑を耕し、良き知恵袋となるはずの「甚太郎オヂサン」が兵士として戦地に赴くことで、殺してはならない敵兵を殺し、いつ殺されてしまうかわからない存在となってしまったことである。つまり、戦争が「甚太郎オヂサン」を兵士に変え、殺し・殺される存在へと変えてしまったことを三好は明確に示したのであった。

それでは「ホントノ敵」とは何者であるのか。農民達から日常を奪い、殺し・殺される存在にしてしまう戦争を始める者こそ「ホントノ敵」であり、「オヂサン」の言葉を借りるならば、その敵は「外国ニワ居ラン」のである。そして、殺し・殺される存在である以前に、耕作者である農民達にとっての「ホントノ敵」とは、自分たちの作った米を搾取し続ける「地主ノ鬼」であるということを、決壊寸前の川の土手で見張りをする「僕」は知るのである。

プロレタリア作家として「解放戦線上の一人の雑兵たらん」[13]ことを目指した三好であったが、その戦争観・反戦論は単に与えられたテーゼ[14]に従順であれば良いというものではなく、あくまで戦争によって民衆が強いられる具体的な現実に基づいて導き出されたものでなければならなかった。そして、「山東へやった手紙」において示された「ホントノ敵」に対する追及は、殺し・殺される存在となった兵士自身の視点、さらには残された家族・遺族の視点を介することによって、いわゆる「戦争のメカニズム」の解明へと到達するのであった。

二.「国民では無かった」戦没者と遺族

プロレタリア作家としての三好は、『左翼芸術』に戯曲「首を切るのは誰だ」を発表して以降、次第にその創作活動の中心を詩作から劇作へと移行させることになる。そして、詩作から劇作への移行を遂げつつあった初期戯曲作品の中に、ある私立授産所における傷病兵=廃兵の姿を通して「戦争のメカニズム」を白日の下に晒さんと試みた力作、戯曲「報国七生院」[15]があった。「報国七生院」は、新築地劇団の公演として一九三〇年五月に築地小劇場で初演された。

「報国七生院」とは廃兵のために設立された私立授産所の名称であるが、そこでは「国家的事業」の美名の陰に隠れて劣悪な環境の下で廃兵たちを請負作業に従事させ、そこから得た莫大な利益を数名の理事が独占している。ある日、民間功労者叙勲のための秘密視察があるとの噂が流れ、場当たり的な廃兵の待遇改善、利益の隠蔽などのために所内は騒然となる。

そのような騒動の中、所内で厳しく禁止されている『労働者新聞』の「戦争」と題された記事を一人の廃兵が読み上げる場面を通して、「山東へやった手紙」でも試みられた「戦争のメカニズム」が解明されることになる。

実際の劇中では読み上げられる記事の内容に則した劇中劇が展開され、政治家に擬したと思われる「勲章を下げ二つの仮面を使い分ける」「犬」と、同じく資本家に擬したと思われる「犬の手足に糸をつけて操る、ハチ切れそうに肥った」「豚」が、廃兵達と戦争についての押し問答を繰り広げる。[16]

まず、笑顔の仮面をかぶった「犬」が、都合良く「国家を料理する」ために「戦争こそは一大罪悪でありますぞ！」との偽善的演説を始めるが、自身の会社の株価上昇を急ぐ「豚」が、戦争を煽るようにたきつける。当初は議会解散を恐れてそれを拒んだ「犬」であったが、目の前に叩きつけられた札束に恐悦し、以下の演説を始める。

わが親愛なる七千万同胞諸君！かゝる悲惨なる戦争は根絶さるべきである。即ち戦争根絶、これこそ吾人の理想である！しかし乍ら諸君よ理想は遂に理想であって現実に非ず。（略）実に目下の世界列国の情勢を以てしては万国平和の曙光は遠く遥かなり。かかる時に当たって実に我が国民のみが理想に駆られて現実を無視するは、正にこれ祖国の基礎をして危々たらしめる事にあらずして何ぞや！[17]

しかし、廃兵達の反発を前にして、「人として平和を愛せざる者、誰かあらんや、然り吾人は平和を愛す！」と苦し紛れに再度「平和」を持ち出すが、当然廃兵達は聞く耳を持たない。

この劇中劇によって、資本家が自己の利益のために戦争を願い、その戦争を滞りなく実行するため、資本家に操られた政治家があらゆる詭弁を弄し、美辞麗句を並べ立てて国民を動員するという「戦争のメカニズム」が暴露された。このような三好の「戦争のメカニズム」についての理解が、あくまで同時代のテーゼに則った理解であったことは否定できないが、その中においても、過去の戦争を正当化する場合だけでなく、新たな戦争を始めようとする際にも、常に「平和」が語られる事実を明確に示したことは特筆すべき点であろう。

そして、資本家の論理に貫かれた「戦争のメカニズム」の中では、必然的に、資本家の利益に寄与しなくなった廃兵達は無下に切り捨てられることになる。戦争における犠牲は国民の利益のため、生活の向上と幸福のためと強弁する「犬」に向かって、廃兵達は言い放つ。

それならば、おゝ
俺達は国民では無かった!
戦争は俺達を奪った!
俺達の手と足と目を奪った!
俺達の生命を奪った!
俺達の生活を奪った!(18)

国民の利益と幸福のためと戦地に赴き身を犠牲にして帰還した廃兵達こそ、そこで語られる国民という言葉が、いかに欺瞞と作為に満ちたものであるかを、文字どおり身をもって実感させられた存在であったといえる。廃兵達が自身の境遇を、「壊れてまでも御意のままに動かされる人形」、「搾りカス」などと自嘲する姿は悲痛である。いわんや戦没者をやであるが、戦没者遺族と思われる女達は死んでいった肉親に以下のように語りかけるのであった。

わし達の息子、わし達のたのもしい男兄弟、わし達の強い夫。倒れる時あんた達のかすんだ目にチラツイたのは、××××だったのか?それとも働きながら待ってゐるわたし達だったのか?(19)

伏せ字の部分にどのような台詞が入るかは明らかにされていないが、死に際の兵士達の目に映る存在を想定した台詞と考えるならば、そこには「天皇陛下」が入ると考えるのが妥当なのではないだろうか。そして、戦没者遺族の女達は、「天皇陛下万歳」を唱えながら倒れたとされるような戦没者の美化を拒否し、自らのもとへ「国民では無かった」肉親を取り戻すために、そのような死者への問いかけを口にしたのではないだろうか。

さらに、戦場においては敵味方関係なくもはや「虫ケラ」でしかなく、「殺さなければ、殺されるから」敵を憎まなければならなかったと語る廃兵の姿は、「山東へやった手紙」における「オヂサン」の姿を彷彿とさせるものであった。

その一方で、一人の廃兵に「え？どうすりゃいいんだい？俺達が出征した時あ夢中になって敵の奴等を突き殺したろう。あん時になってから俺は戦争するなあイヤだと言っても、もうおそいぜ[20]」と、「戦争のメカニズム」からの具体的な脱却方法を問い詰めさせたのは、テーゼに依拠して反戦論を代弁したに過ぎなかった自分自身への問いかけの言葉でもあったのではなかろうか。

以上のように三好は、傷病兵、戦没者となった兵士、そして残された遺族たちの視線から「戦争のメカニズム」を解明することによって、美辞麗句を以て送り出される兵士が殺し・殺される存在であるというだけでなく、もはや「国民では無かった」ことを明らかにしたのであった。その一方で、迫り来る戦争の足音に直面する中において一人の廃兵に語らせたように、単なるテーゼの代弁者にとどまらず、いかにして自身の反戦の立場を貫くのかという現実的な問題との対峙をも自身に突きつけることになったと考えられる。

それは三好が、プロレタリア作家という立場をとりながらも、テーゼを絶対視し、そこに現実を都合よく当てはめて解釈することでは納得せず、あくまで「政治の網目からはみ出し、こぼれ落ちなければならない」「真に生きよう」

とする人々の存在、その生活意識に依拠しようとした作家であったが故に生じた問題であったといえる。[21]そこに、「戦争のメカニズム」によって国民としての存在から「こぼれ落ちなければならな」くなった傷病兵や戦没者、その家族への眼差しを、生涯にわたって三好が失わなかった理由があると考えられる。しかし、その兵士やその家族に対する深い眼差しが、マルクス主義との対峙を経ることで、三好の戦争観、そして反戦・平和の立場に決定的な動揺をもたらすことになったのである。

三．マルクス主義との対峙と戦争観の変化

前述の「ナップ」結成間もない頃、ある総会の席上で、執行委員会のとった処置は不当なりと抗議をはじめ、持ちかけられた妥協案にも応じず執拗果敢に喰いさがり、最後には執行委員長を詫びさせてしまった人物がいたという。[22]それが三好十郎その人であった。

事の真相は、新連盟が結成されたので新しく連盟歌を選定することになり、その選定が「詩部会」に委嘱された。そこで「詩部会」は一篇の詩を選び執行委員会に推薦したのだが、その詩を委員会が「政治的理由により」否決してしまった。確かに連盟の歌である以上、最終的な決定権を有するのは執行委員会であることから、他の「詩部会」員は「組織の命ずるところ」に従おうとしたが、三好だけが頑として承伏しなかったという。[23]

「執行委員会は詩部会構成員の詩人たるの資質を認めないのであるか」と喰ってかかった三好と執行委員会との関係は、「その後「ナップ」解散に至るまでの数年間に亘る芸術団体の指導部と平メンバーとの関係の本質を、逸早く露呈したものであった」と佐々木孝丸は振り返っている。[24]その中にあって三好は、「自分の属する団体や組織の内部に於てでも、そこにかもし出される「政治的な」陰謀や駆け引きや圧迫には耐えきれなかったし、そういうものと妥

協して要領よく身を処して行くということは金輪際出来[25]」なかったのであった。

しかし、そのような三好の姿勢に反して、日本共産党の強い影響力のもと文化運動団体の中央集権化が進み、「演劇運動のボルシェヴィキ化」が提唱されるなど、芸術運動を政治運動の「補助機関」として位置づけようとする傾向は一層顕著なものになっていった。

そのような状況においても、三好は劇作活動の一方で「労働組合運動にもいくらか参加し、三年間ばかり各地の労働争議の応援などに駆けまわった[26]」。しかし、突然三好に不幸が襲う。最愛の妻操が過労の末、肺結核に倒れたのである。

病床の妻を看病しながら、執筆活動一本で生活を成り立たせるために相当な苦労を重ね、「その頃から、マルクシズムに就いての疑い[27]」が三好を捕らえはじめたという。一度芽生えはじめた疑いは彼を捕らえて放さず、遂にマルクス主義との対峙は不可避のものとなったのである。

そして妻の看病の只中にありながら、自分自身にとってのマルクス主義とは何であるのかについて「考えに考えつづけた」結果、「私とマルクシズムとは無縁だという結論」を三好は導き出す[28]。「マルクシズムとは無縁」とはいかなることなのか。その意味が、妻の病没後に発表された戯曲『天狗外伝斬られの仙太』（ナウカ社刊、一九三四）や、同時期に書かれた評論「バルザックに就いての第一のノート」（『文化』、一九三三、七）、その続編である評論「打砕かる人」（『文学界』、一九三三、一二）において示されたのである。

戯曲「斬られの仙太」は、幕末、蹶起によって世の中を変えようとする水戸天狗党に共鳴し、その挙兵に身を投じた貧農・仙太郎の物語である。武士達は仙太の剣の腕を利用しながらも、敗北間際の土壇場で天狗党が暴徒集団と間違われてはまずいという身勝手な理由から同行した士分以外の者たちを斬り殺そうとする。仙太もまた信頼していた指導者の裏切りにあい、斬りつけられた果てに崖から突き落とされてしまう。

しかし、奇跡的に生きのびていた仙太は、天狗党の挙兵からおよそ二十年後、自由党壮士が藩閥政府打倒への協力を求めに来たのを横目に、完全に百姓爺になった姿で以下のようにつぶやく。

何の事でも、上に立ってワアワア言ってやる人間は当てにゃならねえものよ。多勢の中にゃ欲得離れてやる立派な人も一人や二人はあるかも知れねえが、そんな人でさえも頭ん中の理屈だけで事をやってゐるもんだから、ドタン場になれば、食ふや食わずでやってゐる下々の人間の事あ忘れてしまうがオチだ。…御一新の時にも忘れられて居った。今でもそうだ。(29)

三好自身が経験してきた政治的体験との、徹底的な対峙を経て生み出された作品がこの戯曲「斬られの仙太」であったが、そこでは、彼の携わった運動の現実が「支配体制側における権力機構の顛覆をけんめいにめざす反体制側のものもまた、じつのところあたらしい権力の構築をねらっているもの」でしかなく、「たとえ権力の交替はあっても、真の革命はなく、百姓はあくまで百姓である」という確信から、(30)権力の争奪戦に終始するマルクス主義との訣別の意志がはっきりと描き出されていた。

さらに、バルザック作『従兄ポンズ』の批評を通じてプロレタリア文学の現状を批判し、真の芸術家の在り方を問うた評論「バルザックに就いての第一のノート」、「打砕かるる人」においても、芸術に対する政治の介入を厳しく論難する。

初めに「意図」が有り、意図に基く「理論」が有り、その次に少しばかりの現実が並べられてゐるのだ。しかもその少しばかりの現実も、「意図」が全現実世界から撰り好みをしながら（「理論」に矛盾しない様に）拾ひ上げた現実だ。(31)

何故そのような作品ばかりが生み出されるような事態に陥ってしまったのか、三好は明解な答えを示す。

政治は、常に存在する全現実の中のテーゼから出発するか、又は、アンティテーゼから出発する。芸術家・リアリストは常に全現実自体を発足点にする。（略）彼〔芸術家・リアリスト〕は一個のブルジョアを見描いたと同じ冷酷さで一個のプロレタリアを見、描くのである。従って、その描かれた結果が、場合に依り、政治の或るテーゼ又はアンチテーゼの直接の目的性とは、差し当り、反発し合ふ事が有り得る。(32)

その反発を政治の優位性の中で認めようとしないならば、「芸術が本来発揮し得る真の政治性も死んでしまふ(33)」と三好は警告する。

また、芸術家・作家にとって何より重要なことは現実認識を手に入れることであると説く。つまり、「頭ん中の理屈」＝「意図」に基づくものに過ぎない「理論」を絶対化することなく、自身を取りまく「「恐ろしい」程に「なつかしい」現実」の顔を発見し、「自身の生命、生活をくわえ込んでゐる「現実の歯車」」の姿を眼にした者だけが「リアリストとしての生長」を得られるのだという。(34)そして、「悧巧者には先づ計算がある。愚者には先づ本能がある」としたうえで、「今ほど少数の愚者が愚者らしい事をやりとげるために立上がらなければならぬ時は無いのだ」と、

「党派から悪く言はれても構はんから俺は自分のこれでいいと思う文学を書く」ような「愚者の暴挙」を求めるのである。[35]

ここで挙げられたリアリズムを追求する愚者の姿こそ、三好自身が芸術家・作家として斯くあらんとした姿であったことは疑うべくもない。しかし、真の芸術家であるためにはマルクス主義の政治性こそが最大の妨げであり、それ故に「マルクシズムとは無縁」であろうとした三好の決断それ自体が、結果的に彼の戦争観に致命的な影響を及ぼすことになってしまったのではないだろうか。

戯曲「報国七生院」において三好は、いわゆる「戦争のメカニズム」を明らかにすることによって、兵士やその家族が打ち捨てられる存在でしかなく、「国民では無かった」という見解を提示することが可能となった。その一方で、実際に戦地に送られる兵士や残される家族の立場に寄り添おうとしたが故に、「戦争のメカニズム」からの具体的な脱出方法について苦悩し続けたことは想像に難くない。しかし、与えられたテーゼには革命による権力奪取の方針しか示されることはなく、たとえ革命が成就されたとしても、新たな権力機構が構築されるのみで決して「戦争のメカニズム」からの脱却にはつながらないことを三好は自身の経験から確信したに違いない。そして、三好はマルクス主義との訣別[36]を決意したのである。

しかし確認しておかなければならないことは、三好のおこなった「戦争のメカニズム」の解明は、少なからずマルクス主義に基づく分析視角を身につけることで可能となるものであったにもかかわらず、マルクス主義との訣別を決意した三好が、そのマルクス主義から獲得した戦争分析の方法自体とも訣別しようとしてしまったのではないかということである。

その結果、マルクス主義との訣別以降の三好作品からは「山東へやった手紙」、「報国七生院」で見せたような戦争自体に対する鋭い分析や批判が後景に退き、あくまで「「恐ろしい」程に「なつかしい」現実」の一環として戦争を位置づけることによって、その現実の中で必死に生きようとする兵士やその家族の姿が肯定的に描き出されるようになるのであった。そしてそのことが、三好にとって取り返しのつかない「肉体と精神の分裂」をもたらすことになったのである。

第二節　美化される兵士・戦没者と戦争協力

一．マルクス主義との訣別と戦争批判の後退

戯曲「幽霊荘」（『文学評論』、一九三五、九）は、労働者や自身の家族を必ず幸せにすると信じて、周囲の犠牲を顧みず発明に没頭する発明家・加賀順介を主人公とする物語である。結果として発明品は完成したが、その発明品をめぐって周囲がさらなる混乱に陥る姿に直面した順介は、自身の命の結晶ともいえる発明品を自らの手で叩き壊す。順介が自ら叩き壊さねばならなかった発明品は、三好にとってのマルクス主義であった。(37)

そして「幽霊荘」には、順介の長男として、マルクス主義者であったが投獄によって転向し、出獄後は自殺未遂を繰り返す順一郎が登場する。その順一郎は、自身の転向体験を以下のように振り返る。

俺達の頭の中には、光りで以てギラギラ照し出された世界が一つずつ生きている……いた。どんな小さな事をやるにも、そこから割り出しやる《ママ》。でなければ、何一つやれない。……その頭の中の世界を照し出している光りは、……どこから出ている光りだ？（略）自分の生身に叩き込ま

れた所から来てる光りなら、消えはしない。
……光りは、借り物であつた。[38]

三好にとってその「光り」＝マルクス主義と対峙し、積極的な訣別を果たすためには、単にマルクス主義というイデオロギーとの訣別だけではなく、そこに依拠してきたプロレタリア作家としての自分自身との訣別を果たす必要があった。それは、「政治的意識と生活意識との矛盾を内的に止揚しよう[39]」とし続けた三好故の当然の帰結であったともいえるが、プロレタリア作家としての自分自身と訣別するということはすなわち、それまでの自身の全存在を自身の手で完全に否定し尽くしてしまうことを意味していたのである。

一方、明確なマルクス主義との訣別の意志に基づいた「幽霊荘」の発表直後、三好は寺島きく江と再婚し、翌一九三六年二月には東宝の前身の一つであるＰＣＬ文芸部に映画のシナリオライターとして正式入社した。ＰＣＬ時代の三好は、経済的な意味では生涯のうちで最も恵まれた時期であったといえる。しかし、そのような自身の厚遇について、「三好十郎よ、お前は、幸福か…?」「ノオ!」との自問自答を繰り返した末、それならば映画の仕事をやめるべきとの結論に達することになる。[40]

そのＰＣＬ退社の直前に、マルクス主義との訣別とはいかなるものであったのかに関する、全生活、全思想をかけた総括の結晶ともいえる戯曲「鏡」（『新潮』、一九三九、九）を発表したのである。「鏡」の主要な登場人物二人は、共に転向体験を持っており、一方は男爵で実業家の御堂精太郎と、その御堂が左翼学生であった頃にオルグした元旋盤工、現在は業界雑誌編集者の蛭間壮六である。ある日突然御堂を訪ねて来た蛭間は、旋盤工時代の自身を「帳面」に例え、そこに御堂によって書き込まれた「理論」が「楽書」であったと告白する。

君は真面目だったと言ふ。事実、真面目だった。真面目でも、楽書は楽書だったんだ。ところが、君が一杯に楽書をした帳面は、俺にとっては絶体絶命のたった一つしかない帳面だったんだ。君に取っては手習ひ草紙だったものが、俺には、天にも地にもたった一冊しかない帳面だった。それがないと俺は呼吸がつけない。生きて行けない。俺の生活や生命の全部だったんだ。[41]

そのため、獄中で信頼しきっていた指導者達の転向に直面して激しく動揺し、出獄後も何が間違っていたのかをハッキリさせられないまま「居心地の良い」文化運動へ足を踏み込んだ結果、蛭間は「メチャメチャに」なってしまったという。そこに、マルクス主義との訣別が不完全なままに、ＰＣＬに入社した三好自身の姿を重ね合わせることができる。

そのような蛭間の苦悩を、転向後、爵位を利用した政略結婚で財閥に潜り込むことに成功した御堂には全く理解できない。果ては「僕は転向者だ」と開き直り、「実は僕も君と同じやうに惨めなのかもわからないんだ」と臆面もなく語る御堂に、蛭間の次のような言葉が届くことは最後までなかった。[42]

……なる程。俺は転向者だ。しかし実は、転向者以下なんだ。辱かしいけれど、実際さうなんだよ。自分の思想の誤りに気がついたトタンに、自分のそれまでの生き方全体まで間違ってゐたと思った。思想は思想、生きることは生きることと別々に切離したりは俺には出来なかった。だもんだから思想を捨てると同時に俺は底の底まで根こそぎに別のものになってしまった。だから或る意味では俺はメチャメチャになった人間だ。君はさうぢゃない。文字通り転向したんだ。そして成功した。俺は元も子もなく破産した。[43]

ここにおいて三好のマルクス主義との訣別は貫徹されたといえる。しかし、「元も子もなく破産した」地点からの再出発、「もう一度生きる」ことはいかにして可能となるのか。そして辿り着いたのが「素朴なるもの」への立脚であり、それを支える「人間への信頼」の発見であった。[44] 蛭間も、自身の到達点を以下のように語る。

しかし、破産してメチャメチャになり尽しても、俺あまだ「人間」を信用してゐるらしいんだ。「日本人」を信用してゐる。自分のわきを歩いてゐる人々が、結局に於て、この俺も一緒に歩かせて行かしてくれない筈はない。俺だけをはねのけたり見殺しにしたりする筈はない。……そんな気持だ。気持と言ふよりも、もつと根強い、言はば本能だ。[45]

また、一九四〇年三月に明治座で初演された戯曲「生きてゐる狩野」においては、転向して故郷へ戻った狩野禎一が、何故生きて戻ったのかと厳しく問い詰める父親の禎介に対して、「—僕は転向したんぢゃありません。根こそぎ自分を叩きつぶされた人間です[46]」と自身の破産を告白したうえで、自殺を踏みとどまった理由として、人間を信頼し、何とか人のためになろうとした「初一念」の再発見を訴えたのである。そして禎一は、「方法は根本的に誤ってゐました。然し僕の了簡は間違ってゐなかったと思ひます[47]」との信念のもと、医者となり満州奥地から蒙古へかけての学術調査隊に参加して行く。

以上のように、マルクス主義との訣別によって破産し、根こそぎ別のものにならざるを得なかった三好は、長い煉獄の苦しみの果てに、揺らぐことの無い「人間への信頼」に基づいた「素朴なるもの」の発見へと辿り着いたのである。その「素朴なるもの」の象徴的な存在として、戦場における兵士や戦没者が見出されたことは後述するとおりであるが、「戦争のメカニズム」の歯車として殺し・殺される存在として描かれた兵士や戦没者が、何故「人間への信頼」の対象として再評価され得たのであろうか。

そこには、それまでの自分自身を根こそぎ否定されるような訣別過程が、本来その政治性を克服することにこそ主眼が置かれるべきマルクス主義に対して、過剰なまでの拒絶反応を強いることになってしまったのではなかろうか。「鏡」の蛭間も、自身の転向後の思考様式に激しい動揺を示す。

……それでゐて、それでゐながら、俺が何か物事を考へるだらう?それから何か物事を見るだらう?すると、自分でも知らない間に、昔の考へ方、見方でやってゐるんだ!自分が既に信じても居ない体系で考へたり見たりしてゐるんだ。こりゃ、いけないと思っても、そいつが避け得られない。畜生!と思ふ。なさけない!(48)

ここで嫌悪される「昔の考へ方、見方」、「自分が既に信じても居ない体系」というものが、三好にとってのマルクス主義であることは疑うべくもない。そのマルクス主義に基づくわずかな分析視角さえ、徹底的に放棄しようとする姿勢は揺るぎなかった。

その結果、三好は前節でみたような「戦争のメカニズム」に対する分析・批判の視角だけではなく、反戦・平和を基軸とする戦争観までも、自ら後退・形骸化させてしまったのではないだろうか。そして、マルクス主義との訣別にともなう反戦・平和意識の後退により、避けることのできない現実として戦争を受容することが可能となり、「素朴なるもの」の象徴が死に直面する兵士の中に見出されることになったと考えられる。

二．戦没者に見出された「自我の発現」

マルクス主義との訣別によって三好が獲得した「素朴なるもの」への立脚とは、「善良で素朴な気質と正直で単純な合理性と言ったやうなものを多分に持った人達」が、「どのやうな外的な事情や力をもってしても打ちこわすことの出来ない、奪ひ取ることの出来ない信念をもって生きてゐる」姿に依拠することであった(49)。三好は言う。

自我の発現―生かしきることだ。それが出発点であり、そしてそれのみが到達点である。政治的、倫理的、社会的等々の意義や効用はその次に来ることだ。…自分を正直に振返って見ると、芸術の仕事をするのに、自我を実現して見る欲望だけが、まちがひの無い出発点であり到達点である。(50)

しかし、そのような三好の人間への信頼、生命への信頼というべきものが、大きく揺るがされた時期があった。その最たるものが、病床の前妻操を看病する日々の中で訪れた揺らぎであり、その揺らぎから三好を救うことになった一因が、戦場において死に直面しながら戦う兵士の存在であった。

一九四〇年に発表された戯曲「浮標」は、三好自身が「私が重病の先妻「みさを」をかかえて千葉市の郊外の海岸に住んでいたころの身辺のことで、ほとんど当時のありのままである(51)」というように、自身の体験を忠実に再現した、死の淵にある最愛の妻・美緒を文字通り赤裸の姿で看病する画家・久我五郎の物語である。そして、それは「妻・美緒の結核との死に直面した闘いと、夫久我五郎の政治的体験（転向）にたいする内的格闘とが、その二本の糸(52)」となり、「支那事変が拡大してしまって、不安は既に不安という程度にとどまらず、第二次世界大戦はかなりの確率をもって予見できるようになっていた…ドス黒い時代(53)」の中で書かれた作品であった。

満州事変後、大陸に続々と出征していく兵士達を見て自責の言葉を口にする美緒に対して、「お前が戦争をしてゐるんだ」と必死に励まそうとする五郎であったが、自身の人間への信頼や生命への信頼は確実に動揺しつつあった。

生命といったものに対して俺が無意識の裡に抱いていた信頼というか信用というか……そいつが、美緒を見ていて少しづつくずれて来た。……いやまだくずれたわけじゃないが、もしかすると此奴はという疑いがチラッと射すようになって来たんだ。

……俺の性格の一番かんじんな所がグラグラしてしまう。俺が生きているという事の中心が不確かになって来る。一番大事なものが信用出来ないようになって来る。(54)

しかし、かつての左翼運動の同志であり、今は既に兵役にある親友・赤井源一郎との会話を通して、その動揺こそが「生きて行く事」であるとの思いを新たにする。赤井は、歩兵伍長として戦地に立つ報告を兼ねて五郎のもとを訪れたのであるが、左翼運動の頃を振り返りつつ五郎に語りかける。

……しかし、あの当時に掴んだ物の考え方の中の一番本質的な要素……つまり人間に対する信頼といったようなものだな。そいつは、やっぱり無くなっていないんだものな。僕あ、兵隊に行って、そいつを痛感するんだよ。(55)

さらに五郎は、いつ果てるとも知れない状態の美緒が放つ「生命の貪欲さ」を知る。

……彼奴の持っている生命です。生命というものの貪欲さです。生命の本能です。執念深い……そいつは恐ろしく執念深い。愛情だとか、愛だとか、そんなものでは、もう間に合わないんだ。そんな甘っちょろい物なんか吹き飛んでしまう。なんか、もっと別な、もっと物凄いもんです。(56)

「ドス黒い時代」状況の中で、マルクス主義との訣別と絶望的な妻の病状によって激しく動揺し続けた五郎＝三好が辿り着いた確信こそ、人間への信頼であり、その人間を生かす、恐ろしいまでに「その最後の瞬間まで無限に豊饒」な生命への信頼だったのである。そして最期の瞬間が刻一刻と迫りつつある中、美緒のお気に入りの万葉集の読み聞かせをしながら、万葉の世界に高揚した五郎は思わず語気を荒げてしまう。

万葉人達の生活がこんなにすばらしかったのは、生きる事を積極的に直接的に愛していたからだよ。(57)

さらに、神や来世を考えておかなければ「此の世に生きる事の強烈さに耐え切れなくなっ」た近代の人間は「いわば病気」であり、そのような病気を治すためには先祖が生きていた通りに生きてみる以外にないと断ずる。そして、その先祖の生き方を実践する存在として、戦場における兵士達が再発見されるのであった。

自分の肉体でもって動物のように生きる以外にない。動物といって悪いけりゃ、一人々々が神になるんだ。……今、戦争に行っている兵隊達が、それだよ。動物でもあれば神々でもある。日本の神々が戦っているんだ。戦争をするという事は、最も強烈に生きるという事だよ。そうじゃないか。理屈もヘチマも、宗教もイデオロギーも、すべてを絶した所で、火の様になって生きている！それが戦争だ。[58]

ここに至って、三好の求めた「自我の発現」――自己を生かしきる姿が、戦場において動物のように生き、火のようになって生きる兵士の姿として描き出されることになったのである。しかし、それは同時に、戦争そのものに対する判断を回避し、戦争を「「恐ろしい」程に「なつかしい」」現実の一環として受容したこと意味するものでもあった。つまり、三好自身が戦争を「あるがままの現実」として受容することによってはじめて[59]、同様に、避けることのできない現実として従容として戦地に赴き、その現実の中で必死に生きようとする兵士達の姿に、「自我の発現」を見出すことが可能となったといえる。

そして、「自我の発現」を戦場における兵士達に見出した三好は、遂には死に際の兵士こそ偽らざる自我を体現する存在であることを強調するようになる。つまり、戦場で命を落とした兵士＝戦没者こそが、三好の求める「自我の発現」の実践者そのものであり、「素朴なるもの」の究極の姿として理想的に描き出されるようになるのである。

生前には未発表であった戯曲「好日」（一九四一、六、脱稿）には、一年六ヶ月前に妻を病気で亡くした三好十郎という同姓同名の主人公が登場する。まさに「浮標」の続編とも言うべき内容であるが、その三好十郎が決して逃げ出すことのできない「自我」について語る場面がある。

……兵隊が死にぎわに、「天皇陛下万才！」と叫ぶそうだ。中には「お母さん！」と言って死ぬのも居ると言ふ。……俺にゃ近頃、そいつが身にしみる程よくわかる。そいつが嘘もかくしも無い自分だよ。ホントの自我だよ。[60]

ここで注目されるべきは、前述した「報国七生院」の劇中において、戦没者遺族による「戦争のメカニズム」暴露の根拠となった死に際の兵士の叫びについて、ここでは全く無批判に並列で示された点にある。その叫びが「天皇陛下万才！」であろうと「お母さん！」であろうと「ホントの自我」の表出として共感する三好の主張からは、構造分析に基づいた戦争批判の視角は失われてしまったといえる。

つまり、戦争はもはや国家や支配者によって引き起こされる問題である以上に、三好が終世寄り添おうとした「素朴なるもの」―本来平凡である人々が、厳しい現実の中において自己を生かしきるために不可欠な場面として位置づけられるようになってしまったといわざるを得ない。「浮標」の発表直後に書かれた戯曲「三日間」（一九四〇、九、脱稿）の主人公・及川哲が語る戦争観は、そのような三好の戦争観を象徴するものであった。

……戦争は、なにも、国のためだけにやられてるんぢゃ無いんだな。個人としての俺自身のためにも行はれてる。…さう言ふ意味で、あらゆる戦争が永久戦争だよ。人間の生きて行くホントの姿だ。[61]

以上のように、まさに兵士や戦没者の存在を理想化した戦争賛美と評さざるを得ない戦争観を提示するに至った三好であったが、そのことは果たして、かつて彼が「山東へやった手紙」や「報国七生院」で示したような戦争批判や反戦意識を、完全に放棄してしまった結果であったと判断するべきなのであろうか。そこには、戦地に送られる兵士や残される家族といった「素朴なるもの」に寄り添おうとした三好であったが故に陥った陥穽が存在したといわざるを得ないのである。

三．兵士・戦没者の自己犠牲への共感と戦争協力

ところで、実際に出征することのなかった三好にとって、一連の華々しい兵士・戦没者像は、あくまで当時の報道や伝聞に基づいて創作された像であったことは間違いない。確かにそれは「自分の眼の一つだ」と信頼した、「浮標」の赤井源一郎のモデルでもある堺誠一郎から届けられる戦地で記された日記を重宝するなど、決して無根拠な創作であったとは思われないが[62]、少なくとも三好自身が目にした「あるがままの現実」ではなかった。むしろ、三好にとっての「あるがままの現実」とは、戦時下に生きる銃後の国民の姿であり、戦地で受けた様々な傷を背負って帰還する兵士達の姿であった。

その「堺〔誠一郎〕達、帰還兵達のその後の生活群をモデルにした[63]」戯曲として、その構想段階から「むしろ戦争肯定の調子が強い」とまで自評した戯曲「三日間」であったが、同時に「ただ戦争が此の三人〔「三日間」の主人公達〕の上に与えた結果は、必ずしも明るい物のみでは無い。暗いとも言える[64]」とも述べ、戦争が帰還兵達に残したものを冷静に見据えようとした姿勢をうかがうことができる。

しかし、完成した「三日間」はその後二年間放置され、ようやく一九四二年一〇月、『演劇』に発表されるとともに劇団文化座によって初演されることになったのだが、その上演間際に情報局から待ったがかけられた。「あんまりホントの事が書いてあり、それが上演して一般の観客に見せた場合、時代や戦争に対して、懐疑的になるかも知れぬ」というのである[65]。その後、文化座と情報局との間の一ヶ月以上にわたる闘いの末に上演は許可されるに至るが、上演許可を見届けたうえで書かれたと思われる私信には、自身の劇作活動についての以下のような見解が示されている。

……自分は自分なりに「国策劇」も書こうと思へば書けます。しかし自分などが自身の至らなさを棚の上において、手早く「国策劇」を書くなどの僭越なことをすると、必らず仕事が粗末になってしまひます。……すると、「国策劇」の美名のもとで、害悪を流してしまうことになる。恐ろしい話です。[66]

このように、自らの劇作活動において国策的であることを拒否した三好が、[67]「日本人としての自己の正体の在り所を念々に突きとめながら、その基礎の上でただ正直に、正直にならうとする仕事に執念《マ》く《マ》取り附いて行[68]」った結果、戦場における兵士や戦没者の姿に「自我の発現」を見出したのは何故であったのか。そこには、兵士達の本来の姿というべき銃後の小作農や労働者など、いわゆる「自ら働いて暮らしている、あまり豊かで無い人々」の『生きかた[69]』に三好が寄せた絶大な信頼が存在していたのである。

わが兵士達の戦う姿は、強く美しい。この様な強さや美しさは、どこから生れて来たものかと思ひます。すると、やっぱり、国民の一人づつとしての彼等の日常生活、又、それを取巻き培ってゐる国民生活を捜して行く以外に無いのです。[70]

そして、「国民生活の日常の姿」を見つめると、「必らずしも強さ一点張りのものでは無い事」に気が付くという。それは決して「絶えず張りつめた鋼鉄の線」が持つような強さではなく、もっと柔らかい強さなのである。

時によく《マ》って《マ》弱々しくさえも見えるのです。必らずしも苦悩や煩悶の影が無いわけでは無い。そこには人間らしい哀楽や矛盾の起伏や相剋もあります。[71]

そのような人達こそ「強く美しい人達をはぐくみ育てる母胎となり得る」のであり、それこそが「日本及び日本人の強さ」＝「真の強健さ」であると三好は断言する。[72] つまり、強く美しく描かれた兵士・戦没者の姿はあくまでその存在の一断面でしかなく、同時に苦悩や煩悶を内在させながら必死に生きている「素朴なるもの」の実像を描き出すことこそ、兵士や戦没者の姿に「自我の発現」を求め続けた三好の一貫した主題だったのである。

しかし、たとえ国策的であることを拒否しようとしても、兵士や戦没者の強さや美しさを強調することによって、三好は「日本及び日本人」が総力をあげて邁進し始めた戦争への道に対する従順な同行者となったのである。そして、「人々の中で人々と共に調和して生きたいと言ふ欲望[73]」に忠実であろうとすればするほど、泥沼化する戦争の只中にその身を埋没させ、遂には「自分はとくに戦争を肯定してゐる[74]」とまで明言するに至ったのではなかろうか。

その一方で、兵士や戦没者など「素朴なるもの」への信頼とは対照的に、拡大する戦争を勝利に導くべき指導者に対する不信感は募る一方であった。三好にとって両者を隔てる明確な違いこそ「素朴なるもの」が有した犠牲的精神の発露であり、兵士や戦没者、そして残された家族の果たした様々な自己犠牲への共感が、三好の戦争協力を決定的なものにしたと考えられるのである。

一九四一年五月に脱稿した戯曲「をさの音」は、戦場において失明し、六年ぶりに故郷に戻った戦傷兵・緒方次郎を主人公とする物語である。この「をさの音」に対しても、先にみた「三日間」同様、日本移動演劇連盟を介して軍事保護院からクレームが寄せられたのである。主人公の帰還兵が全盲では上演が許可されないため、なんとか目が開くようなヒントを与える幕切れに書き直すよう求めてきたのである。現に「全盲の帰還兵はゐる」し、「その全盲の帰還兵を正しく扱ってある」にもかかわらず、それを全く理解しようとしない指導者達に、三好は驚き呆れはてた。

かうなつて来れば、もう、文句を言つてもはじまらぬと思ふ。どんな風にでも書き直せばよろしい。それは日本の恥だ。
結局、今の文化指導者達は駄目である。口先きや文章では、ひとかど立派なことを言つてゐるやうであるが、結局に於て、文化担当者にウソをつかせようとしてゐるのだ。それと言ふのが、この連中は日本国民を信用してゐないのだ。
国民を信用してゐない連中が国民を指導しようとする。これこそホントの『国難』ではないのか。(75)

この時点の三好においては、もはや戦傷病兵までもが、かつて「報国七生院」で示されたような「戦争のメカニズム」を暴露しその悲惨さを告発する存在ではなく、戦傷という自らの犠牲をあるがままに受けとめ、それでも逞しく生きていこうとする「素朴なるもの」として信頼の対象となっていた。それ故に、「素朴なるもの」を信用せず、その犠牲に欺瞞を塗り重ねようとする命令に、三好が批判の矛先を集中させたのは当然の結果であった。

さらに、戦局の悪化にともない銃後の生活困窮とあらゆる不正が横行するに至り、もはや批判の対象は指導者達に止まらず、「そんな役人に役人づらをさせ、指導者づらをさせて置く日本の現状(76)」にまで及ばざるを得なくなる。

悲しむ。
自分がこの日本を愛してゐれば愛してゐるだけ、深く深く悲しむ。

日本人の本質は、このやうに浅薄なものであったのか？日本人の民族的鍛錬は、このやうに劣弱なものであったのか？日本人の教養はこのやうに上すべりのものであったのか？

「否」とは自分には言ひ切れない。(77)

そのようなやり場のない三好の苛立ちは、戦時下において最後に脱稿した戯曲「峯の雪」（一九四四、一〇脱稿、未発表）からも十分に読みとることができる。国策の名の下に兵器部品となる新たな碍子の製作を依頼された熟練の老陶工花巻治平は、「おんしゃまがお国のために、数物を拵えるやうになると言ふのは、むしろ、此の町の名誉」と強弁する陶磁器製造会社専務を以下のように問い質す。

……そりゃ、そうかも知れまっせんが、……お国のためと、勝彦しゃんは直ぐ言はすが……そりゃ結構ばってんが……そんなら、会社の株式は、この、チット、儲け過ぎとるやうぢゃござっせんかなあ？お国のためなら、もうチット儲けば減らして、せめて、配当に廻す金ば、もっとほかの――(78)

そして、その専務同様、口では国策、国策と唱えながら、私利私欲の限りを尽くす「ソフィスト」達を、三好は徹底的に唾棄する。

○現代に於て最も有害な存在は、口先だけで革新論をとなへて自己の実生活ではそれと正反対の、依然たる現状維持的の闇と情実の生活をしてゐる者である。

○そして、かくの如きソフィスト革新論者が今の日本に充満してゐる。……もし日本が亡びることがあるとすれば、……ソフィスト革新論者のためである。[79]

しかし、たとえ「日本人の中の大部分を心から軽蔑」しようとも、「その軽蔑してゐるものに、又しても又しても希望をつながうとしてゐる自己矛盾」を重ね続けた姿勢こそ、戦時下における三好の「愚か」さであり、何よりそれが、彼の戦争協力の核心であったといえる。[80]

そのような「自己矛盾」をもたらしたものこそ「素朴なるもの」が果たした自己犠牲への共感であり、「峯の雪」の花巻治平は、自己の全てを犠牲にして戦地の兵士のために献身しようとする娘の決意に共鳴することで、それまで頑なに拒み続けていた兵器部品の製作に踏み切ることになった。また、戯曲「おりき」（『日本演劇』一九四四、三）の老農婦りきは、戦地で戦う兵士と既に戦死した息子とを重ね合わせながら、

兵隊にひもじい思いだけは……させたく無え、……へえ、よその子も、ウヌが子も……ありゃしねえ。……腹一杯食わして戦さあ、さしてえ、……日本国中、方々でおっかあや、おかみさんが……さう思って……ウヌあ、食わなくても……みんな、働いてるづら。[81]

と、懸命な食糧増産に励むのであった。その老農婦りきもまた、戦没者である自らの息子と戦地の兵士を重ね合わせることで、自己犠牲的な献身を続ける「素朴なるもの」の一人であったといえる。

戦争は人間のする行為の中で一番兇悪な愚挙である。その中で人は動物になり、悪い面のことごとくをトコトンの所までさらけ出してしまう。しかしそのような戦争の中に於てさえも、人間が本来的に持つている美しい面や明るい面は現われて来る。いや、戦争そのものが兇悪でダダ悪く動物的なものであるだけに、美しさや明るさは逆にかえつてその純度を増して発現する。そしてそれが人を照し、人を救う。そして、戦争さえも結局は人間を亡ぼし得ないことのヒントのようなものを人に与える。(82)

つまり、戦争末期に至り、確実に日本の敗北を予期しながらも、三好が最後まで希望をつなごうとした「自己矛盾」の帰結こそ、もはや戦争の勝敗をも超越するかの如き、あまりに純化された「素朴なるもの」による自己犠牲をともなう戦争協力の姿だったのである。

そして、特に兵士や帰還兵、戦没者やその家族の中に集中して「素朴なるもの」が見出された背景には、「あるがままの現実」として戦争を受容し、死と直面する苛酷な状況下において自己犠牲的役割を果たした姿への共感があったことは間違いない。しかし、作品中で描かれる自己犠牲の美しさや明るさは、かつて三好自身が明らかにしたような、殺し・殺される存在としての兵士の境遇や、時に国家から見捨てられる運命をも強いられる戦没者やその家族の運命から、目をそらすことによってはじめて成立し得る評価であったことはいうまでもない。

その一方で、三好が信頼した純化された兵士像や戦没者像、遺族像は、その犠牲的精神、とりわけ「国家への貢献」が重視されたという点において、前述した占領下に展開された靖国神社平和論や「英霊精神に関する報告書」で示されたような、戦後遺族運動の到達した「戦没者」像と共通性の高いものであったことが理解できる。ただ、三好の示した純化された兵士像や戦没者像は、受難者としての側面と貢献者としての側面が未分化であり、それを明確化していくことによって敗戦後における戦没者遺族運動が展開していくことは既にみたとおりである。

いずれにしても、そのような純化された兵士、戦没者そして遺族の存在こそ、マルクス主義との訣別以後、三好が求め続けた「素朴なるもの」の姿であったに違いない。しかし、それは戦場の兵士や、戦没者とその遺族の強く美しい側面を断面的に描き出した過ぎなかった。それを三好自身も十分に理解しながら、戦争の激化と被害の拡大に目を奪われ、傷つき倒れていく「素朴なるもの」への共感から、戦争協力へと踏み込んでいったと考えられるのである。


多吉さん〔戦没者〕を殺したやつを、殺して下さい。

多吉さんを殺したやつを殺します！

理屈はその後で並べれば、たくさんだ。(83)


もはやそのような劇中の叫びからは、敵味方を問うことなく、戦場の兵士が強いられる過酷な運命への眼差し、その運命をもたらす戦争そのものに対する分析や批判を読み取ることはできない。

そして、兵士や戦没者、そして遺族が肯定的側面のみで描き出された結果、その存在を生み出す戦争そのものへの分析・批判もまた不徹底なものとならざるを得ず、三好の「素朴なるもの」に対する信頼があまりにも絶大であったがために、「一番兇悪な愚挙」と自覚した戦争さえも、なし崩し的に容認、受容されてしまったといえる。

その政治性を拒否するためにマルクス主義との訣別を果たした三好であったが、訣別の結果「あるがままの現実」として受け入れた戦争こそが、実は何よりも政治性の産物であったという事実を、敗戦の衝撃をもって思い知らされることになった。それ以降、自らが戦争協力に至った現実を揺るぎない原点とし、戦後社会における戦没者、そして遺族の存在に注目することによって、独自の反戦・平和論を確立していくのであった。

第三節　戦没者遺族によって実践される反戦・平和

一．敗戦による変化と戦没者遺族への期待

一九四五年八月一五日、三好はラジオから流れる天皇の声を聞きながら、何も考えられず「ただ泣いた」という。

　聞いているうちに、自分にも思いがけず、急に泣きだしていた。悲しいと言うような気持ちでは全くない。腹立たしいと言うのでもない。自分がどんな感情のために泣いているのかわからない。もちろん感傷的になつているためでもない。ただむやみに泣けて、しまいに声を出していた。[84]

そして、まるで子供のように泣いてしまった自身について、「自然と言えば非常に自然なことのような気がしながら、どうも不思議でしかたがな[85]」く、その涙の中にあるものを考えることに一年ばかりを費やした。それは「戦争及び敗戦に就いての自己反省と言ったような、意識の表面だけで操作できる思惟ではなく、もつと深い、言葉や観念では掴めないような隠微な瞑想と言つたような種類の追求[86]」であったとの回想は、三好十郎という一人の劇作家が、敗戦という現実といかに対峙したのかを知るうえで非常に示唆的である。[87]

その三好が、敗戦を転機として直面した様々な変化について、戦争末期から敗戦後に至る二人の女性を中心に描きだした作品がある。一九五三年四月から一〇月までＮＨＫの第一放送から毎週一回連続放送された戯曲「美しい人」

である。

主人公栗原志乃は、戦局が悪化するなかで評論雑誌の編集者であった夫東作をスパイ容疑で逮捕され、東作は拷問に屈することなく敗戦を迎えるが、苛酷な拷問が原因で戦後まもなく病死する。志乃は義母としと、東作の拘留中に生まれた息子昭の三人で、敗戦後の混乱を生き抜かねばならなかった。

そして志乃には、一高を卒業し航空隊に志願した弟浩があった。すでに両親も亡く二人きりの姉弟であったため弟を深く思いやっていたが、右翼思想家の大隅嘉行の影響を受けた浩は、自身と日本の運命を同一視し、敗戦を予測しながらも「骨と皮の所で日本を救わなければならん」[88]として死を決意する。結果的に、首都防空部隊の特攻隊員となり、戦死する。

その浩の許嫁であったのが、石渡美奈子であった。美奈子は志乃の夫東作の従妹にあたり、許婚である浩を深く愛していた。しかし、浩の戦死後は一人で病気の父と弟妹を養っていたが、復員したモルヒネ中毒の兄によって人生を大きく翻弄されることになる。

つまり、二人の主人公は共に戦没者の肉親や許婚であり、敗戦後にはそれぞれ戦没者遺族として位置づけられ得る存在であった。その二人の主人公が、本心では戦争に反対しながらも戦局の悪化のなかで主体的に戦争協力を担い、敗戦後には自身の戦争協力への反省と肉親や許婚の死を都合良く再評価しようとする周囲の人々の変化の狭間で大いに混乱する。その姿は、同時代を生きる人々にとって決して特殊な状況ではなく、「言わば極く平凡な人たち」一人一人が「自分が生きて、歩いて来た道」を、「すべての粉飾をこそぎ落し、赤裸のまゝで」直視できる作品であったといえる[89]。

ここで三好が想定する「極く平凡な人たち」とは、個々の境遇の違いや考えの違いなどはありながらも、戦中から戦後にかけて生きた人々が共有した一生懸命さ、正直さ、真剣さを有する人々であった。それはまさに、戦時下において三好が追い求めた「素朴なるもの」の姿そのものであったが、そのような正直さや真剣さが存在したからこそ、時として戦争までもが懐かしく思えるようになった矛盾を三好は正直に告白する。しかし、その「平凡な人たち」の正直さ、真剣さこそが、戦中・戦後を通じた彼らの弱さでもあり強さであると三好は考えたのである。そして、その「平凡な人たち」を代表する主人公に戦没者遺族が選ばれたことは決して偶然ではなかった。

戦争中、志乃の弟浩をはじめ多くの若者を死に追いやった右翼思想家大隅嘉行は、敗戦を機に、多くの若者の死を日本再建の礎として再評価しようとしていた。

太平洋戦争が始まり、この戦争で日本が亡びるかもしれないと考えた大隅は、日本と日本人のために殉じようと決意した。しかし、一度日本が亡んだとしても、亡び果てはしないと確信した大隅は、日本再建の礎となるべく若者たちの死を求めたのである。若者たちの死の真相について、大隅は以下のように断言する。

それはイヤイヤながら国の犠牲になって行った者もかなり居ただろう。しかし国のために進んで死んで行った者も相当多い。たとえば特攻隊の若者たちだ。あれらを戦争にかり立てた大動機は間ちがっていたかもしれん。勿論その直接の責任者である軍閥は間ちがっていた。しかしあれらに私心は無かった。私慾は無かった。ただ、国のためになるならばと、ただそれだけで突込んで行ったのが大部分だ。(90)

しかし大隅自身は生き残り、正宗と名を変えて、右翼・国家主義復活を金銭面で支えるために闇ブローカとして暗躍している。その行動もまた、「あの若者たちの死を犬死にしたくないため」であると大隅は強調する。

日本という国が、あれだけの立派な若者を生んだのだ。あれらは可哀そうに、戦争のために死んだ。しかし死んだだけの事はしている。今後その証拠があがる。あれらの死が無駄になりはしない[91]。

つまり、若者の死の真相については私心私慾のない純粋に国を思う行動であったと解釈し、その若者の死を無駄にしないために、そのような「立派な若者」を生んだ日本という国を再建しなければならないと、大隅は自らの行動を正当化する。しかし、日本と自分自身を同一視させ、国家のために死ぬことが自分自身のためでもあると教えたのは、他でもない大隅であった。さらに、国家のために死ねる「立派な若者」を再び生み出せる日本を再建しなければならないという主張は、大隅の自己満足以外何ものでもなかった。

そこでは、入隊前に「死にたくない」と漏らした浩の深い苦悩や、「ブザアが鳴って、クヂに当りゃ、チャッと突っ込んで、そいで一巻の終りだもん[92]」と語った特攻隊員の虚無感が顧みられることは一切なかったのである。

しかし、戦没者を私利私欲のない存在として純化し、その死を「国の犠牲」＝受難として認めながらも、「国のためになるならば」といった国家に対して貢献したいという思いを抽出することによって日本再建の礎として位置づけようとする論理は注目に値する。その論理こそ、同時代の戦没者遺族運動が模索した「戦没者」像そのものであり、その論理が「英霊精神に関する報告書」として組織的に集約されたことは既に述べたとおりである。

その一方で、戦場における兵士や戦没者、その家族を純化することによって「素朴なるもの」を見出した三好は、まさに大隅の指摘した彼らの自己犠牲的側面への共感から主体的に戦争協力を担うことになったが、敗戦を経て再び戦没者が美化されようとしたとき、「平凡な人たち」を代表させた戦没者遺族にいかなる反応を期待したのであろうか。

敗戦直後に夫東作を失い、たった一人で幼い息子と義理の母を養っていかなければならなくなった主人公志乃は、職探しにおいても大変な苦労を強いられる。その結果、もはや三人で生きていくためには過去の自分を振り返ってはならぬと決意し、「野良犬の母親」の気持ちで職探しに奔走する。その後、様々な職を転々とした志乃であったが思うような収入を得られず、腹を空かせて待つ母と息子を思い、身を売ることさえ頭をよぎるのであった。

そのような追いつめられた状況で志乃は、心の中の夫東作に対して、身を売ることが何故いけないことなのか、との問いを発する。そして、「死んだ夫のあなたに対して、悪いのか」との問いに「いいえ」と自答する。何故なら、東作が三人を残して先に死んでしまったために、現在の窮迫があるためであった。

あなたは、エテカッテだ。あなたが、うらめしい。私はあなたが、うらめしい。私がこんなに変って、こんなひどい目に逢っているのは、あなたのセイです。なぜ、死ぬんです、あなたは！死ぬのが、いけないんです。(93)

それは一見、志乃の東作に対する身勝手な不満の吐露のようにも思えるが、志乃は決して死んだ東作への信頼を失っていたわけではなかった。それでも、日々の生活に困窮し、親子三人生き抜いていかねばならなくなったとき、東作が残した幻影への追憶よりも、その死によってもたらされた苛酷な現実を直視せざるを得なかったのである。つまり、溢れ出た志乃の怨み節こそ、美化された死者の意味づけなど入り込む余地のない、当事者としての「平凡な人たち」の叫びであったといえる。

確かに東作の死は戦死ではなかったが、その死後に戦争反対の闘士として英雄視しようとする動きに対して志乃は強く違和感を覚えたのであった。それと同様に、弟浩の特攻戦死についても決して美化することなく、彼の死は戦争への反対を貫けなかったが故にかえって戦争の直中に身を投じた自殺のようなものとして、その死の再評価を受け容れられずにいたのである。

そして、志乃が闇米のハコビ屋をしていた際の取引相手であるお絹は、戦没者遺族という境遇を直視しながらも、「いくら戦争だからって、私をおいて死ぬって法は無いんだよ。死ぬ奴が悪いんだ[94]」と、決して夫の死を美化することのない存在として描かれたのである。そのような肉親である戦没者の死に対する直感的で正直な反応こそ、三好が「平凡な人たち」の代表として戦没者遺族に求めた反応であり、実際に「何故死んだ。何故生きて私たちの許へ帰って来て下さらなかった[95]」などの手記が残されていることなどからも、決して的外れな期待ではなかったと考えられる。

いずれにしても、そのようなお絹の姿勢に敗戦後の混乱を生きる本当の強さを見出した志乃にとって、死んだ夫の英雄視や弟たち戦没者の美化は、もはや空虚以外の何ものでもなかった。その一方で、戦争中から戦後にかけて志乃自らが直面した様々な変化、さらには「自分の身体の中に叩き込んで来たその間のにがいにがい経験[96]」から導き出されたのが、「戦争こそ一番醜い」という揺るぎない確信であった。

その確信こそ敗戦を経た三好自身の確信でもあったが、そのような「戦争はもうしてはいけないという事。その戦争を引き起こす原因になるような事は、一切合切止めなければならないという事[97]」を貫く決意もまた、次にみる戦後第一作の主人公である戦没者遺族の口から語らせていたのであった。

二．戦没者遺族によって語られる反戦・平和

その戦後第一作である戯曲「崖」は、一九四六年二月に脱稿され、四月に三好本人の演出でNHKラジオドラマとして放送された後、『日本評論』五月号に掲載された。

そもそも「崖」は、敗戦間際の一九四四年三月に発表され、文化座によって初演された戯曲「おりき」の続編である。主人公である百姓・りきには実際にモデルが居り、その人物について三好は以下のように述べている。

……極く平凡な、どこの山村にも一人や二人は居る、一塊の土くれを見るような老婆だが、しみじみ見ているうちに私は次第に、この人の姿の中に偉大なものと豊かなものと、真に強いものを見ただけでなく、日本的―というよりも東洋的性格の本質又は原型ともいえるようなものを認めたと思つた。(98)

まさに、三好の求め続けた「素朴なるもの」、「平凡な人たち」そのものの姿が主人公・りきに投影されていたことは疑うべくもないが、そのおりきは戦時下を生きのび、そして、かつて南方の戦地に赴く直前に偶然出会ったおりきの姿に安堵して出撃して行った海軍中尉・藤堂正男もまた生還を果たし、再度おりきを訪ねてくる場面から「崖」は始まる。

藤堂には敗戦後の掌を返したような変化が全く腑に落ちないという。確かに、日本が「明治以来のわが国の歩み全体が間違っていた」結果、敗戦によって「自分で自分を叩きこわしてしまつた」ことは彼にも理解できる。(99)しかし一方で、新たに高唱され始めた様々な議論をどうしても信用する気になれない自身の葛藤の末、すがる思いでおりきを訪ねてきたのであった。決して「嘘をつかない」おりきに、日本「再建の基盤」の教えを請うたのである。

しかし、その最中に二人の男の邪魔が入る。闇米を扱い、賭博の現行犯で警察に追われる仙助と、戦争中は役人の手先となって私腹を肥やし、敗戦後は「農民の生活のため」と強弁して、再びおりきを利用しようとする地主の玉川である。二人は互いに弱みを握り合っているため協力しておりきを言いくるめようと躍起になるが、おりきは一切耳を貸そうとはしない。次第に痺れを切らし、脅し口調で協力を迫る二人に、おりきは静かなしみじみとした口調で語りかける。

戦争中、俺達をつかまえて、勝つためだ、コクサクだあ、なんでもかんでも洗いざらい供出しろ供出しろ、供出をいやがる者あ国賊だといつて俺達をおどかしたなあ、お前様だちずら。…お前様だちあ、全体、なん度トンボ返りを打ちや、気が済みやす？それを俺あ聞きてえ。(100)

時を同じくして、三好は「ソフィスト列伝」と題する評論を発表している。その中で三好は、ソフィストについて「物事を歪めてしまったり腐敗させてしまったりする作用の徹底的にして執拗なことは、軍国主義者や財閥の比ではない」と断言し、戦争中以上に「今後ますます猖獗を極めるらしい気配がある」と危惧する。(101) 戦時下はおろか、敗戦後においてまで跋扈し続けるソフィストこそ、戦後日本の再建基盤を探る三好にとって最も唾棄すべき存在だったのである。敗戦を機に即座に「トンボ返りを打ち」、飄々と被害者面を決めこむ仙助や玉川は、まさにそうしたソフィストの象徴的な姿であった。

そのソフィスト玉川が「お前なぞ……戦争中……ホントに痛めつけられた事がねえからだ」とおりきに対して口走ったとき、おりきの口から初めて戦死した二人の息子への思いが溢れ出した。

しかし、戦争で俺んとこぢや、息子二人、とられやしたよ。……お前さま、自分に子供持つて見さつし。まして、ウヌが腹あ痛めた小僧をとられちまつた母親の胸の内はなあ、……花が咲いても思ひ出しやす、雪が降つても思ひ出しやす、風が吹いても思ひ出しやす。木の枝で烏がガアと鳴きや、心の臓キリキリして、地びたの果ての所まで突走つて行きたくなりやす。[102]

戦争末期に発表された前作「おりき」では、「未練じゃ無えけど」と何度も念を押しながら、最期は食糧も底をつく状況だったと伝えられる長男の戦死を未だ受け入れられない様子で懸命に増産に励むおりきの姿が描かれるのみであったが、敗戦を経て「英霊の母」としての立場から解放されることで初めて、戦没者遺族としての言語に尽くし得ない断腸の思いが打ち明けられた場面であったといえる。そこには前節でみた「美しい人」の志乃と同様に戦没者を美化する要素は皆無であり、直感的で正直な悲しみが溢れている。[103]

結局おりきの籠絡に失敗した仙助と玉川は仲間割れを起こし、揉み合いながら誤って崖下へ転落してしまう。その姿こそ「ウヌが量見まちがつて人に喧嘩あしかけといて、とうどう崖からおつこちて、そこで又掴み合つている」日本人の「正のところ」だとおりきは言う。[104] それでも、仙助・玉川の姿にかつての戦争指導者達の面影を見た藤堂は、「負けた方が良かったと思います」と語り、おりきもまたそれに同意する。

……負けたくはなかつたけど、しかし、負けた方がよかつた。……それに気が附いただけでも、へえ、戦争のおかげだ。それに、お前さまも先程いわせつた、国のためなら笑つて死のうと思い込んだ心持が、なんで此の後も、そのままに消えてなくなるもんでねえ。……戦争から俺達あみんな、かけがえのねえ大事なもんを拾つて来ていやす。そいつを忘れちや、ならねえ。[105]

ここで注意しなければならないのは、おりきの語った「国のためなら笑つて死のうと思い込んだ心持」の解釈についてである。文面のみで理解しようとすれば、容易に「忠君愛国」、「国家への献身」などの言葉と結びつけることも可能であるが、既に示した内容からも、そのような理解が作品全体の趣旨にそぐわないことは明らかであろう。つまり、三好はこの戦後第一作「崖」を通じて、ソフィストへの警戒とともに、「再建の基盤」たる「素朴なるもの」、「平凡な人たち」の存在を、戦後社会にいち早く示そうとしたに違いない。それはまさに、戦争さえも亡ぼし得なかった「真の強健さ」であり、皆それぞれのキズを負いながらも戦時下を「死なんばかりに生きた」[106]姿そのものであったといえる。

しかしその「心持」が、いわゆる「忠君愛国」や「国家への献身」と一線を画した「再建の基盤」であるためには、同じく敗戦の経験を通して学び得た、「もう二度と戦争はこりごりだ」という反戦・平和の立場こそが不可欠であったことはいうまでもない。その現れが戦没者遺族としてのおりきの慟哭だったのであり、いわば戦没者遺族に代表させた「素朴なるもの」、「平凡な人たち」の存在と反戦・平和の立場は、「再建の基盤」として表裏一体の関係にあったということができる。

その表裏一体の関係が改めて強調されるのは、「崖」の更なる続編として書かれた戯曲「ぼたもち」（一九五二、一一、ＮＨＫラジオドラマとして放送）においてであった。「終戦後四、五年たってから、われわれ日本人全体が、ことに若い世代の人たちがぶち当っている重要な課題」について書かれたこの作品で、様々な葛藤の末にではあるが、警察予備隊入りを希望する孫・次郎に対して、おりきは以下のように答える。

だども、軍備はいけねえよ、もう兵隊こさえちゃ、ならねえ。

　これえだの戦争で、俺あ息子を四人兵隊に出して二人とられた。……んだが、息子二人とられて見ろ、楽じゃ無え。……その俺が言うんだ。言つてもよからず？……兵隊はもう、どんな兵隊も、こさえちや、ならねえ。[107]

「外国の軍隊が攻め込んできたらどうする」などの問いかけに対しても、「大事なこたあ、これが一番ホントだと見きわめ附いたら、ほかのグシャグシャした事、一切合切、スパッとかなぐり捨てて、そいつをやる事だ[108]」と頑として応じず、まさにおりきにとっての「一番ホント」の事とは、戦没者遺族としての経験から導き出された、反戦・平和の立場であったことが明らかにされるのである。

　そして、以上のような敗戦経験に支えられた反戦・平和の立場こそ、三好の信じた戦後日本社会の再建基盤であったにとどまらず、三好十郎の反戦・平和論そのものにおいて、欠くことのできない出発点であると同時に到達点となったといえる。

三．反戦と平和の乖離を明らかにした保革批判

「崖」、「美しい人」などの執筆を通じて、戦没者遺族に代表される「素朴なるもの」、「平凡な人たち」の敗戦経験に基づいた反戦・平和の立場こそ戦後日本社会の再建基盤であることを示した三好であったが、その一方で、確実に押し寄せる反動の浪ばかりでなく、目的やスローガンは違えども「根本的に日本をもう一度戦争の方へ近づける[109]」存在に対する警戒を怠ることはなかった。それは、本心では戦争に反対しながらも、兵士や戦没者、その家族を純化することで戦争協力へと踏み込んでしまった自身の経験から、同時代における反戦・平和の主義・主張に共通する決定的な欠落点を見過ごすことができなかったのである。

三好の警戒・批判の矛先は、まず同時代の文化状況・文学状況に向けられることになる。それは雑誌『群像』連載時に「ヘド的に」と題された通り、同時代の文壇諸氏に吐きかけられた三好の「ヘド」（反吐）そのものであった。つまり、本来「作家の自我の確立の仕事の中での一番大きな課題」であるはずの敗戦経験の主体化について、その大半が「頬かむりをして過ぎようとしている」状況こそ、戦後日本「再建」の現実だったのである。(110)それに対して三好は、「その「再建」されている姿そのものが、ここ当分三十年や五十年間における日本の再建が不可能である証明でないものは無い(111)」と断じる一方で、敗戦経験の主体化の欠落によってもたらされる、「われわれ自身を永久に腐敗させてしまう毒素としての――つまり、われわれの自己が自己に対して犯そうとしている「責任トウカイ(112)」」への危惧を隠そうとはしなかった。

その背景には、急速な米ソ冷戦構造の深刻化と日本国内における「逆コース」化への警戒があったことは明らかであり、三好は再び迫り来る戦争の危機に際して傍観者たることはできなかったのである。だからこそ、敗戦経験の十分な主体化を経ないまま、既存の平和運動やそれに同調する文学者・知識人に対して、以下のような疑問を投げかけざるを得なかった。

「戦争をやりましょう」と思ったりしている人がほとんど居ない時に「戦争はよしましょう」というスロオガンは、スロオガンとしての意味をなさないのではないでしょうか？すくなくとも、ホントのスロオガンは、この程度の所に止まっていてはいけないのではないでしょうか？(113)

そして困難であることを承知のうえで、「いよいよ戦争が起きそうになったら、又、戦争が起きてしまったら、自分はどうするか、自分の団体はどうするか」を敢えて公表・公約することが必要であると訴えたのである。それは、思想の左右によらず、「日本の社会に、事と次第によっては、だしぬけに社会全体を逆転させてしまうところの封建的保守的な要素や条件が、客観的に伏在している事[114]」を痛感する三好故の厳格さであり、二度と戦争への道を歩ませないための戒めの言葉でもあったに違いない。

さらに、朝鮮戦争の勃発に伴った「なし崩し」的な再軍備が現実のものとなり、講和条約と同時に日米安保条約が調印された直後の一九五一年一〇月、三好は『読売新聞』紙上において「愚者の楽園」と題する社会時評の連載を開始する[115]。先の文芸評論に対して、直接大衆に語りかける社会時評に、三好が「知識人と大衆の〝共通の広場〟を意図していた」ことは既に指摘される通りであったと考えられるが[116]、その「愚者の楽園」における議論の中心もまた、いかにして反戦・平和を堅持するかについての内容であったことはいうまでもない。なかでも、高揚する愛国心論議への違和感と、戦争指導者達の復権に対する疑義は、三好の反戦・平和論の核心に直結するものであったといえる。

占領下における愛国心論争については、再編されつつあった「戦没者」像との関係を含め、既に第三章で確認したとおりであるが、そのような状況の中で三好は、「愛国の声が国中に充満していた戦前と戦争中のことを思い出」し、「おびやかされるような気がして怖くなる[117]」。

さらに、主要政党は勿論、右翼も左翼も愛国を唱えるばかりか、「「愛国」の使用法が、あの頃よりも百倍も複雑怪奇」であり、三好自身は肩身がせまく、居場所が見つからない。そこで、「私という日本人が日本を愛するという事はどんなことだろう?」と考えた結果、それが「今朝のミソ汁がうまかった」という事に尽きると同時に、自身が「よっぽどの非国民らしい」ことに気がついたという[118]。そして、三好は一つの提案を行う。

ところが私と同じような人がほかにもたくさんいるらしい。そんな者だけで「非国民党」または「ミソシル国」を作ったらどうだろう。もちろんそこでは「愛国」という言葉は脅迫の道具で公安を害するのだから、使用を厳禁する。[119]

いかにも三好らしい皮肉に満ちた提案ではあるが、そこには見落とすことのできない重要な指摘が含まれていたといえる。それは、たとえいかなる主体によって唱えられようとも、愛国心は「脅迫の言葉」となり得るものであり、本質的に政治・権力と結びつくイデオロギー以外の何者でもないということであった。そして、あらゆる政治・権力によって引き起こされる戦争に反対し、反戦・平和の立場を保持するためには、愛国心そのものを拒否せざるを得ないことを、自身を「非国民」と規定することで明らかにしようとしたのではないだろうか。

また、旧軍人や追放解除の政治家・財界人が続々と復権し、再軍備を進める保守政党の躍進が顕著な中で、三好は何度も国民に対してその選択の真意を問うとともに、「戦争から与えられた苦しみに対する日本人の鈍感さ」[120]を嘆かずにはいられなかった。その一方で、戦時下の兵士や国民の姿を描いた映画作品や小説などにおいて、悲惨さや残酷さを誇張して描くこともまた、「愚劣なセンチメンタリズム」であるとして認めようとはしなかった。

戦争や旧軍隊は、ありのままに描いても否定できるだけでなく、ありのままに描いてこそ真に否定できるのである。[121]

このような三好の姿勢は、あらゆる虚偽を排して「あるがままの現実」と向き合おうとしたマルクス主義との訣別以後の姿勢の延長線上に位置づけられることは明らかであったが、何より戦時下の兵士や国民の悲惨さ、残酷さを誇張して描くことが、他方において敗戦後の変化を必要以上に美化し、無批判な現状追認を許してしまうことへの警戒があったことを忘れてはならない。

その安易な現状追認が許されない課題こそ、一九五二年四月二八日の講和条約発効による独立以後、愛国心とも比較にならないほど多用され、議論の対象となり続けた反戦・平和の問題であった。

そもそも独立直後に「戦没者」が公式に「平和の礎」として位置づけられて以降、吉田首相から「新国軍の土台たれ」と期待された保安隊も、「わが国の平和と秩序を維持し、人命及び財産を保護する」（保安庁法第四条）存在とされるなど、既に保守勢力の政権運営に欠くことの出来ない要素として平和が多用されるようになっていた。それに対して革新勢力は、体制批判的な平和運動を展開しながらも、「平和運動と革命運動の関連については、十分説得的な整理がなされていな[122]」い状況にあり、中でも様々な社会運動や知識人に大きな影響力を持った日本共産党はこの時期、中立主義を批判し「武装闘争」を展開している最中にあった。つまり、この時期はまさに、保革両者が互いに再軍備と平和憲法の関係、革命路線における戦争の位置づけについて棚上げにしたまま、互いの平和の正当性を奪い合うイデオロギー争奪戦の絶頂期にあったといえる。だからこそ、朝鮮戦争勃発直後にして既に、廣津和郎が以下のような危惧を表明したことも素直に理解できる。

二つの政治のいづれもが、「平和」を口にしてゐます。（略）この二つの陣営から互いに叫ぶ「平和」といふ言葉がわれわれの耳を如何に脅かすか。（略）「平和」と「平和」の絶叫が高調に達する時、われわれは「戦争」の足音の近づきを聞いて恐れをののくのです。[123]

そして三好は早くも一九四九年の時点から、マルクス主義者やその支持者の携わる平和運動に対して、「状勢が或る段階へ差しかゝった最も重要な瞬間に、肩を並べて進んでいた主導者又は同志（平和運動の）が出しぬけに「ある種の戦争」を肯定したり、場合によって運動全体をその戦争のどちら側かへ引っぱって行こうとしたり[124]」することの無いよう繰り返し言及していたのであった。

その三好が、マルクス主義者やその支持者達の唱える反戦・平和を徹底的に追及・対峙せんとした試みが、評論「清水幾太郎さんへの手紙」（『群像』、一九五三、三、以下「手紙」）だったのである。

その頃の清水幾太郎は、一九五三年五月に頂点に達する内灘基地反対闘争への精力的な取り組みなど、「勇敢な抵抗論者」や「進歩的な愛国者」として注目を浴びる存在であった。しかしその清水の主張が、本質的には「一時的戦術的」平和論でしかないのではないかということを三好は評論を通して世に問うたのである。そしてそれは、清水への質問の形をかりた、マルクス主義者やその支持者達への公開質問状であったともいえる[125]。

「手紙」において三好はまず、清水が朝鮮戦争勃発の原因を「アメリカおよび南鮮側の挑発や陰謀」であると断じた理由が不明瞭であると述べ、そのように清水が断じたのは、基本的・中心的な立場としてマルクス主義に依拠しているからではないかとの確認を求める。そして論点は核心に至り、清水を「勇敢でしつような」反戦論者・再軍備反対論者であることを認めながらも、三好自身との根本的な相違を明らかにする。それは、清水の反戦論・再軍備反対論が「反米論と表裏一体」でしかないという点など、清水が依拠するマルクス主義が「あらゆる戦争に反対しうるものではなく、（略）むしろ逆に、ある種の戦争には積極的に賛成する[126]」思想であるが故にもたらされる、いわば絶対的な隔絶であった。

三好は、「理論的にも実際的にも、マルクシズム＝共産主義と、絶対平和主義とはまったく相容れない[127]」と断言し、平和の問題についても以下のように述べた。

だからあるとき、あるばあいに、マルクシスト共産主義者が、どんなに熱心に誠実に平和のために動いたとしても、客観的情勢が彼にそのことを命じれば、びっくりするような早さと淡泊さで平和を捨てて戦争を取りあげるであろう。[128]

そして自身の経験則から、「戦略戦術による百八十度転換」＝「トンボ返り」を容易にやってのけるマルクス主義者を信頼することはできないとの態度を表明して論をとじる。

この「手紙」は論壇に大きな反響を喚起し、『日本読書新聞』には「波紋を投ずる公開状」と題する一文が掲載された。

この質問に清水がどう答えるかは注目の的だが、ことは三好対清水の間だけで治まるまい。（略）これを論じる人はあげ足とりや極めつけでなしに知識人共通の課題として、真剣に慎重に討論してほしいものだ。[129]

しかし『日本読書新聞』の期待とは裏腹に、「手紙」に関連して発表された論考の大半が、三好を「平和自体に対する極めて悪質な裏切り[130]」を行う「平和の敵」と位置づけ、一方的なイデオロギー的断罪に終始してしまったのである。三好を「平和の敵」と断じた大西巨人が、「平和と独立とを求める多数国民は、現下の再軍備・再軍国主義化反対と国の真の独立後のあり得べき自衛軍創設とを混同して、彼の挑戦に乗ることを決してしないであろう[131]」と、「ある種の」再軍備を認めたことは語るに落ちたといわざるを得ないが、戦後日本における絶対平和主義の代表的論者といえる久野収までもが、「絶対平和論の理想主義が現在において現実と政治の方向を志向し、…現実主義と手を握る可能性[132]」を強調し、マルクス主義者を「平和運動の有力な担い手」と位置づけて、三好の主張を暗に批判したことは、同時期の平和論の水準を知るうえで非常に示唆的である[133]。

その中にあって、三好の「若干の誤解」を認めながらも、「それを補うだけの鋭い直感があって、今日の平和論のインテリ的な弱点をついている」として徹底的な論争の必要性を説き、三好の「切実な体験からほとばしる共産主義批判」から目を逸らすべきではないと繰り返した竹内好の主張もまた尊重されることはなかった[134]。

そしてその間、清水幾太郎本人は一切の反応を示さず沈黙したままであった。清水が後年平和運動から離脱し、最終的に核武装を主張するまでに至ったことは周知の通りであるが、その清水本人が、「或る運動の内部にあって、しかも自分の経験に忠実であるというのは、かなり困難なことである。運動の目的の達成のためには、或る程度まで自分の経験に不忠実であること、つまり、無節操であることが要求される[135]」と運動離脱の理由を述べたことは、三好の経歴と比較してあまりにも皮肉な結末であったといえよう。

以上のように、国内の反動化と再軍備の進展の中において、反戦・平和の立場の堅持を積極的に主張し続けた三好であったが、その最大の障害こそ、保革両者問わず平和を唱えるものがそのまま戦争を容認しているという現実であった。しかも、高唱される平和はあらゆる文言を駆使して美化される一方で、反戦を貫くための具体的な方法論について示されることは皆無であり、まさに平和が反戦と切り離されることによって、空疎な題目と化しつつある状況であったことは間違いない。

そのような反戦と平和の乖離を進めた責任は、「平和と民主主義」を守るためと再軍備を正当化した保守勢力のみに帰せられるものではなく、「戦略戦術による百八十度転換」の可能性を隠蔽することで平和を有名無実化させ、果ては保守勢力と同じく「平和と民主主義」を金科玉条とした革新勢力の責任もまた小さくなかった。つまり、保革両陣営による平和の争奪戦の結果として、能動的な反戦の方法論―「いよいよ戦争が起きそうになったら、又、戦争が起きてしまったら、自分はどうするか、自分の団体はどうするか」についての議論が避けられたまま、受動的な平和の擁護論ばかりが進められ、実質的な「平和の空洞化」に及んだといわざるを得ないのである。

イエスと言ってもノウと言っても、どちら側かに組み込まれている。第三の場所は無い。殺すまいとする事が、殺さざるを得ない原因になる。平和に近づこうとすると戦争に近づいてしまう。生きようとすると、死なねばならん。(136)

「悲しいほど滑稽な」現代を描いた戯曲「冒した者」における右のような台詞は、まさに反戦と平和の乖離に対する三好の絶望的な叫びであった。

しかし、それでもなお、第三の立場―乖離を許さない反戦・平和の立場を保持するために三好が示した反戦・平和論こそ、国家との対峙を不可避とするものであったことは明らかにされなければならない。

四．「国家への献身」を拒否する反戦・平和論

実は「手紙」発表に先だって、三好は現代における抵抗の姿勢と方法を明らかにする評論「抵抗のよりどころ」を発表していた。そこで示された抵抗論は、敗戦経験によって獲得した反戦・平和の立場を、いかなる具体的実践方法

によって保持し続けるか、徹底した自己省察に基づいて明らかにしたものであり、その抵抗論無くして、三好の反戦・平和論の確立は不可能であったといっても過言ではない。

三好は、「あるがままの現実」としての現代を以下のようにとらえる。

いまの日本は戦争中ではなく、日本にくわえられている、または今後くわえられるであろう諸種の圧力は、直接の軍事力というよりも、もっと間接の政治・経済・思想・文化・生活様式などの、それ自体として暴力などとはいえない、広くゆるやかなもので、直接に目に見える困難や危険はないが、それだけに、ひじょうに強くかつ長い浸透性と腐食力を持ったものだ。[137]

それ故に、現代における抵抗はより困難で危険で、持久力を必要とするものであるはずにもかかわらず、そのような現実的に置かれている情況と切りはなされた形や場で論じられる抵抗論が多すぎると三好は批判する。清水幾太郎に代表されるジャーナリズムや大学に依存する学者や文筆家の抵抗論は、論者の全生活や全生命を底の方まで貫いていない限り、論そのものが無意味であると同時に無力である。

転じて自身の生活に目をやると、日々の生活に汲々としながらも、最期の最期まで劇作家であり続けることに「冷たい確信」すら持っている。そのような「眼前の自己の条件を一つのハッキリした限界情況として受けとったうえで」、具体的実践的な視点から導き出された抵抗論が三好十郎の抵抗論であった。

その上で、「自身の生活と仕事にいそしんでいる私の仕事そのものが、そっくりそのままで角度をかえてみれば抵抗の姿そのものであったというふうにありたい」と三好は述べる。[138] つまり、「目的と手段とをそれ自体のなかに同時に統一的に完結させている」ことこそが目指すべき抵抗の姿勢の要諦であり、その意味では、本来「統一的に完結」されるべき反戦・平和を乖離させ、平和を手段化させてしまった保革両者ともに三好が与し得なかったことは当然であったといわざるを得ない[139]。

さらに論は具体的な抵抗の内容にまで及び、それには広い意味の抵抗と狭い意味の抵抗があるとする。広い意味の抵抗とは、「日本人や日本国」を「ふつう以下に、自分たちよりもいちだん下等な人間として」扱おうとするようなアメリカ・ソ連の策動、それに「協力し手先となる日本人および日本国内勢力」に対する抵抗である[140]。そして、狭い意味の抵抗とは、内外の暴力や軍事力の発動に対する抵抗であり、その両者への抵抗はあらゆる手段をもって同時的に統一的に為されるべきものであるが、ただ一つ、「暴力による手段だけは、かたく除外される[141]」のであった。

ここに、非暴力・不服従の抵抗運動によってインドを独立に導いたガンディーとの共通性を見出すことは可能であるが、そのガンディーが貫いた非暴力による抵抗運動でさえ、そこから「無限の教訓と勇気づけ」を得るとしながらも、「ふつうの人間には実行不可能なことが多い」として、あくまで「私自身に実行可能な抵抗」に固執したのである[142]。その理由について三好は、ガンディーの抵抗論が「人格的に最高にちかい、そしてひじょうに強く完全な、宗教的信念に立脚した人間」をその実行者として予想している点を指摘した。そして、「これまでにあった優れた抵抗論」のほとんど全てが「かなり偉い強い人間—理想的人間」を目安に成立したものであったのに対し、自身が「たいへんな臆病者」であることを告白した三好は、その臆病な人間にも実行できる処方箋として暴力＝軍事力に対する以下の抵抗を提案するに至った。

私は今後、どこの国のだれが私に武器を持たせてくれても、ていねいにことわって、それを地べたに置くでしょう。武器というのはサーベルから原子兵器にいたるすべての人殺しの道具です。外国人がくれても日本人がくれても、地べたに置いて、使いません。(143)

以上のような、持続可能な足場と明解な実践方法に基づいた抵抗論こそが三好の反戦・平和論の核心であったといえるが、忘れてはならないのは、その抵抗論について三好が繰り返し「臆病者の抵抗論」であることを強調していた点にある。それでは何故、三好は「最悪のことを予想したうえでの、しかしながらごく微量の希望は捨てきれないまでの臆病者の抵抗論(144)」を必要としなければならなかったのであろうか。

三好は、戦時下における自らの経験として、現実からの本能的・衝動的点火によって、肉体がしばしば精神を裏切って行動してしまう「肉体のもろさ」を痛感していた。

戦前も戦争中も私の思想は戦争に賛成せず、私の理性は日本の敗北を見とおしていたのに、自分の目の前で無数の同胞が殺されていくのを見ているうちに、私の目はくらみ、負けてはたまらぬと思い、敵をにくいと思い、そして気がついたときには、片隅のところでではあるが、日本戦力の増強のためのボタンの一つを握って立っていたのです。(145)

そのような、まさに「私が私自身にくわえた恥」を繰り返すことのないよう、自身の精神と肉体の「調和統合においてゆるぎのないと思われる」抵抗論を必要としたのであるが、それでもなお、「将来私の肉体が、私の抵抗論を絶対にうらぎることはないとは私は言いきれない」との不安を隠そうとはしなかったのである。(146)そして、その不安は三好の信頼する「素朴なるもの」、「平凡な人たち」にとっても決して無関係な問題ではなかった。先にみた「美しい人」の主人公志乃の夫東作は、「素朴なるもの」、「平凡な人たち」の有する正直さ、真剣さがもつ危うさについて以下のように述べていた。

本来から言えば、そいつは良い性質なんだ。いやさ、日本人の持っている正義観と言うかな。しかし、そいつが、どう言うのかね、非常に浅いと言うか、淡いと言うか、思想の点でも喜怒哀楽の感情の点でもだな。一時、カーッとなっても、しばらくするとケロリと忘れっちまう。(147)

そのような危うさが、東西冷戦構造の激化に伴う戦争の危機が叫ばれる中で、再び「素朴なるもの」、「平凡な人たち」を戦争への道へと歩ませることを、三好は強く危惧したに違いない。だからこそ、「かなり偉い強い人間―理想的人間」を目安に成立した抵抗論ではなく、主体的な戦争協力という「肉体のもろさ」を経験した自分自身を含む、「臆病者の抵抗論」を提起したのではないだろうか。

そして、朝鮮戦争の勃発を契機として再燃した愛国心論争に対しては、交わされる議論の大半において戦争との直接的な結びつきへの言及が避けられる中で、臆病者の立場からその強制力への違和感を明らかにしていたことは前説でみたとおりである。さらに、愛国心こそが再び「日本をもう一度戦争の方へ近づける」強制力となり得ることを実感した三好は、エゴイズムの論理に立脚して愛国心との訣別を明らかにするに至るのである。(148)

愛国心の本質を、「われわれ民衆を好き勝手にくわえて振りまわすことの出来る「泣きどころ」」であると断言した三好は、右翼的・左翼的にかかわらず、高唱される愛国心を「形容ぬき」に考える必要があると訴える。

愛国心というものは一国民にとって自己愛なのだから、本来的にそしてどこまで行ってもエゴイスティックなものだ。（略）それを知っていれば、それを持ち出す時には、あらゆるエゴイスティックなものを持ち出す場合に人間がそうしなければならぬようにおそれつつしみながら持出せるはずだ。[149]

愛国心をも「エゴイスティックなもの」として位置づけた三好の論理は、愛国心の無批判な絶対化や他者からの強制を拒否するだけに止まらず、愛国心の前提となる国家の存在自体も、エゴイズムに立脚した分析の対象から自由たり得ないことを示していたといえる。さらに注目すべきは、三好にとってのエゴイズムは「おそれつつしみながら持出」すべきものであり、決して傲慢な自己正当化の論理ではなかったということである。だからこそ愛国心についても、「愛国心から発してする事が他国民に不安や迷惑を与え」ないことが重要であり、「ことさらに天皇や修身や国旗や君が代などを持出して何かのためにする愛国の論をなす者」との訣別を決心すべきであると主張したのであった。[150]

それは、戯曲「美しい人」において右翼思想家大隅嘉行が示したような、「国家のため」＝「国家への献身」という点において純化された「戦没者」像が容易に愛国心と結びつき、再び民衆の泣きどころとなり得る可能性も例外とはならなかったに違いない。なぜなら前節で確認したとおり、三好自身が自ら純化した兵士や戦没者、その家族の姿を無批判に肯定することによって、主体的な戦争協力を担うことになった「肉体のもろさ」を、身を以て経験していたからである。

そしてより厳密にいうならば、三好のエゴイズムへの立脚は反戦・平和を保持し続けるための「臆病者」の抵抗の姿ともいえ、それに反する一切を拒否することこそが、エゴイズムに立脚するということであったと考えられる。つまり、度重なる挫折と苦闘の末に獲得した反戦・平和の立場を唯一無二の「足場」として、戦争と結びつくあらゆる政治・権力に対してエゴイズムの立場から不断の抵抗を続けることが、三好の確立した反戦・平和論の到達点であったといえる。そして、そのような反戦・平和論に依拠することで、保守・革新といったような既存の政治的な枠組みを止揚した「第三の立場」からの抵抗の姿勢を貫くことが可能となったに違いない。

その一方で、この三好の示した反戦・平和論を実践するにあたって最も重要な点は、反戦・平和に反する一切の政治・権力を認めない姿勢が必然的に内在させる、究極的な二者択一の選択にあったといわざるを得ない。その選択こそ、反戦・平和の堅持か国家への抵抗かという選択であった。

そして、それは戦没者遺族を主人公とする「おりき」三部作の第三作目である「ぼたもち」の中で既に明らかにされていたのである。戦没者遺族の立場から、頑なに再軍備を認めようとしないおりきであったが、「よその軍隊が攻めこんできても抵抗しねえのか?」との質問に対しては、答えに窮する。

　さあなあ。そら、人間だから、わからねえ。そん時になって見ねば、うぬが眼の前で同じ日本人がドンドン殺されたりすれば、おおきに、こんで、出刃ぼうちょう持ってでも刃むかわずにやいられめえ。(151)

この瞬間、おりきは遺族としての反戦・平和の意志を守るべきか、それとも国家の危機に際して、「国家のため」に武器を取るべきかという二者択一を迫られていたといえる。しかし、それでは手遅れであると詰め寄る孫・次郎に対しておりきは、「まだしも人を殺すよか、人から殺される方がええぞ。殺される方が手おくれならば、殺す方は、もっと手おくれだらず?」と言いきり、「かんじんの事は、人を殺すのは悪いという事だ」という反戦・平和の立場をあくまで固持する決意を明らかにしたのであった。そこで示されたおりきの選択は、自身の反戦・平和の意志を貫くためには、戦没者遺族運動によって確立された「戦没者」像の核心部分ともいえる「国家のため」＝「国家への献身」の正当性さえも拒否する必要があることを明らかにするものであったといえる。

そして三好自身も、反戦・平和の孕む究極的な選択について十分自覚的だったからこそ、先にみた暴力＝軍事力への抵抗による処罰の可能性に怯えながらも、「武器を取って人を殺すほど怖くはないでしょうから」と「臆病者」の決意を明らかにしたに違いない。さらに、その抵抗論の末尾において、「自分の目の前で、なんの罪もない同胞がバタバタ殺されるのを見せられても、最後まで、私は武器を取らないでいられるだろうか」と「精神と肉体の分裂」の可能性について言及した三好の分析もまた、決して楽観的なものではなかったのである。

もし万一そうなったばあいは、（略）私という人間の成長の程度が、現在のところ残念ながらその程度で、また私と同じような人びとも私と同様まだ不完全で弱いと思い、その不完全と弱さのゆえをもって戦わざるをえない運命を、人間全体のために悲しみ、あきらめます。ほかに仕方がないから、あきらめるのです[152]。

それほどまでに悲壮な覚悟がなければ、反戦・平和が堅持し得ないことを三好は自覚していたのである。

以上のように、能動的な反戦の方法論―「いよいよ戦争が起きそうになったら、又、戦争が起きてしまったら、自分はどうするか、自分の団体はどうするか[153]」を追求・徹底するかぎり、国家の正当性の対象化、「国家のため」の行動の拒否にまで至ることは不可避であり、それを回避した点にこそ、保革両者ともに反戦・平和を乖離させることになった最大の要因があったといわざるを得ない。つまり、愛国心問題に代表される国家の問題こそ、反戦・平和の最大の「泣きどころ」だったのである。

そして、敗戦後の愛国心問題に直結する形で「戦没者」像が議論され、「国家のため」に生命を捧げた存在として「戦没者」像が確立されたことは既にみたとおりである。その「戦没者」像の確立に中心的な役割を果たした戦没者遺族運動であったが、そのような戦没者遺族の存在こそ、「肉体のもろさ」を有する「素朴なるもの」、「平凡な人たち」であることを、三好は劇作を通じて示し続けたといえる。

おわりに

三好十郎は一九五八年一二月一六日に五六歳の生涯を終える直前まで積極的な劇作活動を続けたという。それは、自身の生活と仕事に勤しむ姿そのものが抵抗の姿そのものであることを志した三好の貫いた、最後の矜恃であったと思われてならない。

三好が確立した反戦・平和論が、保革両勢力を共に批判の対象とするだけではなく、あらゆる政治・権力とも不断に対峙し続ける抵抗の論理であったことは既に見た通りであるが、それを保持し続けることは決して容易なことではなかったはずである。

一方で、政治から自由になる道は「根こそぎ政治的になる以外」にないことを説き、(154)知識人の絶対主義への脱出にこそ最大の警戒が必要であり、「認識し、受容れ、疑惑し、混乱し、格闘し、消化し、同化し、統一する」という回路を「無限に繰返す」ことが「知識人のよろこばしい本務とのろわしい運命」であると主張した三好は、(155)たとえ「臆病者」を自称しても、「素朴なるもの」、「平凡な人たち」への絶大な信頼に依拠していたとしても、類い希な自己批判力を有する一人の知識人であったことは明らかである。その意味で、三好の示した反戦・平和論は、労働者や農民の「日々の抵抗」と同列に位置づけられながらも、やはりその実践者には三好の如き高い追求力と徹底性が求められる知識人の反戦・平和論であったことは否定できない。

しかし一方で、三好が自身の劇作において反戦・平和論を展開する際、その多くの作品において戦場における兵士や戦没者、その家族の姿が描かれたことを忘れてはならない。それは、プロレタリア作家から戦争協力へと踏み込んでいく時代を経て、敗戦後に至るまで変化することはなかった。そこには、戦争によって最も直接的な被害・犠牲を被る兵士や戦没者、その家族の立場においてこそ、より具体的な反戦・平和の実践の可能性と共に、その障害さえも描き出せるという確信があったのではないだろうか。それが、反戦・平和を追求するためには避けて通ることのできない「あるがままの現実」であり、その過程で明らかになったのが反戦・平和の乖離状況と、それを克服するために不可欠となる国家との対峙の必要性であったといえる。

つまり、これから戦争なんかに引きずられないために、兄さんやそのほかの、戦争でいためつけられた人たちの事を、おれたちは、自分たちみんなの事がらとして考えて行かなきゃならないんだ![156]

これは前述した「をさの音」における戦傷兵の弟・末吉の言葉であるが、「国家のための受難者」や「国家のための貢献者」として位置づけられた「戦没者」像を対象化し、「戦争なんかに引きずられないため」には、「美しい人」の志乃や「ぼたもち」のおりきが示したように、戦没者遺族一人一人の「あるがままの現実」を拠り所とする必要があったのではないだろうか。

（1）三好十郎「ジアナリストへの手紙」、三好十郎著作刊行会編『三好十郎著作集』第三九巻、一〇三頁。初出、『群像』四巻九号、一九四九、九。三好十郎著作刊行会編『三好十郎著作集』は、一九六〇年から一九六六年にかけて全六三巻出版されており、未発表作品や映画シナリオ、ラジオドラマなど現存しない作品が数多く所収されているだけでなく、初出における誤字脱字の修正などが丁寧に施されているため、本書においては可能な限り初出を参照しながら、主たる引用文献として『三好十郎著作集』を使用したい。以下、引用の際には、『著作集』39、一〇三頁などと表記する。
（2）本章で使用する三好十郎作品中に登場する戦没者の表記については、三好個人の想定する戦争死者像であり、これまで述べてきた集合体イメージとしての「戦没者」と区別するため「　」を使用しない。
（3）永平和雄「三好十郎論―その「戦後」についてのノート―」、『テアトロ』通号二八七、一九六八、七、一〇二頁。
（4）田中單之『三好十郎論』（菁柿堂、一九九五）、一五四頁。
（5）宍戸恭一『三好十郎との対話』（深夜叢書社、一九八三）、一七四頁。
（6）片島紀男は、「ＹＭＣＡの機関紙「開拓者」（大正一三年四月号）に詩『窓（Fantasia）』を発表」したのが「三好十郎のいわゆる処女作である」としている（片島紀男『三好十郎傳　悲しい火だるま』（五月書房、二〇〇四）、五〇～五一頁）。
（7）三好十郎「歩いてきた道」、『著作集』51、八二頁。初出、『三好十郎作品集』月報（4）（河出書房、一九五二）。
（8）アナキズムへの接近やマルクス主義への移行の経緯は明らかではないが、田中は「（マルクス主義への）思想の移行は（一九二七年）三月か四月と思われる」（前掲『三好十郎論』、三四六頁）とし、片島も一九二七年移行説を採用している（前掲『三好十郎傳　悲しい火だるま』、六八頁）。
（9）三好十郎「山東へやった手紙」、『著作集』15、五二～五五頁。初出、『戦旗』四号、一九二八・八。
（10）同右。
（11）同右。
（12）同右。
（13）三好十郎「小伝」、『著作集』2、一頁。初出、『新興文学全集』第一〇巻日本編Ｘ（平凡社、一九二九）。
（14）この時点では「二七年テーゼ」まで存在していたと考えられるが、本論では日本共産党からの指導という意味も含めて、テーゼという言葉を使用したい。
(15) この「報国七生院」には「新検察官」とのサブタイトルが付けられている。ゴーゴリ作「検察官」が官吏社会の極端な腐敗を風刺的に描き出した作品であるのに対し、官吏の腐敗に加え、傷病兵＝廃兵に焦点を当てることで「戦争のメカニズム」解明を試みた三好の独自性に注目したい。
また、「平和人物大事典」刊行会編『平和人物大事典』(日本図書センター、二〇〇六)の「三好十郎」の項においては、「報国七生院」が戦時中の「戦争協力的な作品」とされているが、筆者は本文で示すとおり、廃兵達の無惨な姿を通して描かれた極めて反戦的な作品として評価すべきであると考える。
(16) 三好十郎「報国七生院」、『著作集』13、三〇頁。
(17) 同右、三三～三四頁。
(18) 同右、三四～三五頁。
(19) 同右、三二頁。
(20) 同右、三九頁。
(21) 前掲『三好十郎との対話』、六七頁。
(22) 佐々木孝丸「「いかりの十郎」第一印象」、劇団文化座編『三好十郎追悼特集『冒した者』』(劇団文化座、一九五九)、二九頁。
(23) 同右。
(24) 同右、三〇頁。
(25) 同右。
(26) 前掲「歩いてきた道」、八三頁。
(27) 同右。
(28) 同右。
(29) 三好十郎「斬られの仙太」、『著作集』7、一四〇頁。
(30) 久保田芳太郎「三好十郎論」、稲垣達郎監修『現代文学研究叢書Ⅰ　プロレタリア文学研究』(芳賀書店、一九六六)、六五頁。
(31)三好十郎「バルザックに就いての第一のノート」、『著作集』60、三三頁。初出、『文化』、一九三三、七、初出未見。
(32)同右、三四頁。
(33)同右。
(34)三好十郎「打砕かるる人」、『著作集』3、一八頁。初出、『文学界』、一九三三、一二、初出未見。
(35)同右、二五頁。
(36)三好を転向者として位置づけ、その転向の形態を分析の対象とした研究は数多くあるが（鶴見俊輔「虚無主義の形成」、思想の科学研究会編『共同研究　転向』上（平凡社、一九五九）、前掲『三好十郎論』など）、その中にあって、転向体験における「決定的な異質性」を峻別することができない既存の転向文学論を批判し、「革命理論とその対面する社会の実体とのギャップの自覚に裏打ちされた思想的な自己検討をつづけ」た三好に「転向の本質」を見ようとした宍戸恭一の分析は注目に値する（前掲『三好十郎との対話』、宍戸恭一『現代史の視点』（深夜叢書社、一九八二））。
しかし、そもそも「転向」という言葉自体から、「絶対的真理、あるべき姿、あるべき前衛」を前提とした、そこからの脱落といったニュアンスを拭いきれないため、本論では三好における一連の過程を「マルクス主義との訣別」として表すこととした。
(37)前掲『三好十郎論』、一三六頁。
(38)三好十郎「幽霊荘」、『著作集』26、八六頁。初出、『文学評論』、一九三五、九、初出未見。
(39)前掲『三好十郎との対話』、一〇一頁。
(40)大武正人「解説ということで」、『三好十郎の手帳』（金沢文庫、一九七四）、三九七頁。
(41)三好十郎「鏡」、『著作集』21、九六頁。初出、『新潮』、一九三九、九、初出未見。
(42)同右、一〇一頁。
(43)同右。
(44)「やがて遂に「素朴なるもの」の上に立った。目がさめたように私は私自身を再発見し、そして、その再発見した自分の醜さにも美しさにも共に恥じないで、これを正視するに至った」頃に、戯曲「幽霊荘」は書かれたという（前掲「幽霊荘」、一〇一頁)。
(45)前掲「鏡」、一〇一頁。
(46)三好十郎「生きてゐる狩野」、『著作集』26、四二頁。
(47)同右。
(48)前掲「鏡」、九九頁。
(49)三好十郎「戯曲集「崖」 あとがき」、『著作集』60、八〇頁。初出、『崖』(桜井書店、一九四六)。
(50)三好十郎「ノート2」、『著作集』61、八三頁。
(51)三好十郎「浮標 あとがき」、『著作集』60、九七頁。初出、三好十郎『三好十郎作品集』第一巻(河出書房、一九五二)。
(52)前掲『三好十郎との対話』、一二四頁。
(53)前掲「浮標 あとがき」、九七頁。
(54)三好十郎「浮標」、『著作集』25、二四~二五頁。初出、『浮標』(桜井書店、一九四〇)。
(55)同右、六〇頁。
(56)同右、八一頁。
(57)同右、一〇五頁。
(58)同右。
(59)戯曲「三日間」執筆前の構想の段階で、三好が友人の堺誠一郎に出した手紙の中において、「戦争と言うものが、歴史が人間に課した必然であるものならば、それをあるがままに受け入れていこうと言う考え方の点では、むしろ戦争肯定の調子が強い」と述べている(前掲「解説ということで」、四〇七~四〇八頁)。
(60)三好十郎「好日」、『著作集』2、五九頁。
(61)三好十郎「三日間」、『著作集』50、八四頁。
(62)「三好十郎についての断片」、『著作集』会報9。
(63)川俣晃自「解説」、前掲『三好十郎の仕事』第二巻、四七三頁。

(64) 前掲「解説ということで」、四〇八頁。
(65) 三好十郎「日記、一九四二年九月六日」(「戦争日記（二）」、『文芸』二巻一〇号、一九六三、一〇、一七一頁)。
(66) 三好十郎「戯曲「三日間」に添へる私信」、『著作集』29、六〇頁。
(67) 戯曲「好日」の三好十郎が「俺にゃ、自分の量見をひん曲げて、タイコモチの真似は出来ん！きわ物の時局便乗物は書けん！」と口走るなど（前掲「好日」、四八〜四九頁）、時局便乗作品を批判する台詞や記述を散見できることからも、三好は意識的に国策的であることを拒否していたと考えられる。
(68) 前掲「戯曲「三日間」に添へる私信」、六一頁。
(69) 三好十郎「戯曲集「夢たち」あとがき」、『著作集』60、七八頁。初出、『夢たち』(櫻井書店、一九四三)。
(70) 前掲「戯曲「三日間」に添へる私信」、六一頁。
(71) 同右。
(72) 同右。
(73) 三好十郎「丸山定夫への手紙の写し、一九四二年五月八日」(「戦争日記（一）」、『文芸』二巻九号、一九六三、九、一六〇頁)。
(74) 三好十郎「日記、一九四二年九月九日」(前掲「戦争日記（二）」、一七三頁)。
(75) 三好十郎「日記、一九四二年六月六日」(前掲「戦争日記（二）」、一六八〜一六九頁)。
(76) 三好十郎「日記、一九四二年九月二日」(前掲「戦争日記（二）」、一七二頁)。
(77) 三好十郎「一九四四年九月一八日」、『三好十郎日記』(五月書房、一九七四)。その一方で、「これらの事は公けには言へない。他人に向っては言へることでは無い」ため、「たゞ黙々と真実を見る」ことで「黙々と、ひそかなる己れのみの報国の誠を至す」ことを決意している。
(78) 三好十郎「峯の雪」、『著作集』1、三三一頁。
(79) 三好十郎「ソフィスト革新論者—二月二六日夜」、前掲『三好十郎日記』。
(80) 三好十郎「一九四五年二月二二日」、前掲『三好十郎日記』。
(81) 三好十郎「おりき」、『著作集』2、一〇四頁。初出、『日本演劇』二巻三号、一九四四、三。

(82)三好十郎「をさの音　あとがき」、前掲『三好十郎作品集』第一巻、一二三四頁。
(83)三好十郎「俺は愛する」、『著作集』32、一〇六頁。
(84)三好十郎「廃墟　あとがき」、『三好十郎作品集』第四巻（河出書房、一九五二）、二四九頁。
(85)同右。
(86)同右。
(87)同右。その追求の結果生み出された作品が、戯曲「廃墟」であったと記されている。
(88)三好十郎「美しい人」、『著作集』47、二一頁。
(89)『著作集』49、一一九頁。
(90)『著作集』49、六七頁。
(91)同右、六八頁。
(92)『著作集』47、七七頁。
(93)『著作集』48、二八頁。
(94)『著作集』49、七三頁。
(95)同右。
(96)『著作集』49、一〇八～一〇九頁。
(97)同右、七〇頁。
(98)三好十郎「崖　あとがき」、前掲『三好十郎作品集』第二巻、二三〇頁。そしてその人物に、幼少の三好を育んだ祖母副島トシの姿を「ダブらせて見ていたらしい」とも記していることは興味深い。
(99)三好十郎「崖」、前掲『三好十郎作品集』第二巻、九四～九五頁。
(100)同右、一二一頁。
(101)三好十郎「ソフィスト列伝」、『著作集』35、三頁。初出、『月刊読売』四巻三号、一九四六、三。
(102)前掲「崖」、一二二頁。
(103)二人きりの息子を出征させ、共に戦死の公報が届いたものの、次男がシベリアに抑留されているとのハガキを受け取って以来、ハガキの届いた毎月二六日に必ず役場へ息子を帰してくれるよう嘆願に訪れるようになった三好十郎「鈴が通る」（『人間』六巻六号、一九五一、六）の老農婦そめの姿からも、出征兵士の母親、そして戦没者遺族としての思いを読み取ることができる。
(104) 前掲「崖」、一二六頁。
(105) 前掲「崖」、一二六～一二七頁。
(106) 三好十郎「日本製ニヒリズム」、『著作集』39、二四頁。初出、『群像』四巻五号、一九四九、五。そのことは三好自身にとっても例外ではなく、「あの戦争は私にとつては、人間としても作家としても真に経験された事件であり、既に私の内容の一部をなしている実体であつた。私はそれを「生きた」といえる」と述べている（三好十郎「殺意　あとがき」、前掲『三好十郎作品集』第二巻、一三三頁）。
(107) 三好十郎「ぼたもち」、『著作集』28、一八頁。
(108) 同右。
(109) 前掲「美しい人」、『著作集』49、七三頁。
(110) 三好十郎「小説製造業者諸氏」、『著作集』39、一九頁。初出、『群像』四巻三号、一九四九、三。
(111) 前掲「日本製」ニヒリズム」、一二六頁。
(112) 前掲「小説製造業者諸氏」、一九頁。
(113) 前掲「ジアナリストへの手紙」、一〇二頁。
(114) 前掲「ことば」、一九頁。
(115) 「愚者の楽園」は、一九五一年一〇月一日から一九五三年一〇月一日まで二年間、週一回のペースで連載された。
(116) 前掲『三好十郎論』、二五〇頁。
(117) 三好十郎「愚者の楽園」、『読売新聞』一九五二、一一、五、六面。
(118) 同右。
(119) 同右。
(120) 同右、『読売新聞　夕刊』一九五二、一〇、四、二面。

(121)同右、『読売新聞』一九五三、二、二〇、六面。
(122)石田雄『日本の政治と言葉・下 「平和」と「国家」』(東京大学出版会、一九八九)、一〇〇頁。
(123)廣津和郎「多難なれども」、『群像』五巻八号、一九五〇、八、八六頁。
(124)前掲「ジアナリストへの手紙」、一〇五頁。
(125)三好は、清水と「よく似た態度をとったり、…よく似たことを言う学者や思想家がかなり多く」いることを指摘し、「なかでもあなたがもっともいちじるしい方のように見えましたので、あなたに宛てた」ことを明らかにしている(三好十郎「清水幾太郎さんへの手紙」、『著作集』55、四三頁、初出、『群像』八巻四号、一九五三、三)。
(126)同右、四〇頁。
(127)同右。
(128)同右。
(129)「点」、『日本読書新聞』一九五三、二、二三、四面。
(130)矢内原伊作「平和と抵抗」、『朝日新聞』一九五三、三、一五、六面。
(131)大西巨人「三好十郎の詐術」、『群像』八巻九号、一九五三、八、一四九頁。
(132)久野収「二つの平和主義」、『群像』八巻九号、一九五三、八、一四三頁。
(133)三好は、平和運動を強化するために必要なのは「名論ではなく信頼である」と説き、共産党との大同団結について、「共産主義者の中にいかに多くの絶対主義的ゴウマンさやセクト主義が存在しているか」を知る者にとっては「笑止な忠告と言わざるを得まい」と述べている(三好十郎「平和というバベルの塔」、『読売新聞』一九五四、一、三一、六面)。
(134)竹内好「知識人の政治参与」、『日本読書新聞』一九五三、四、一三、一面。同「平和への意志」、『群像』八巻一一号、一九五三、一〇。後に、安田武は「清水幾太郎論」(『展望』通号八一、一九六五、八)の中で三好の主張に触れ、竹内の評価こそ正しかったと述べている。また、日本共産党や新左翼諸党派あるいはグループの武装闘争＝暴力主義の突出と自己崩壊の悲惨な歴史的体験をふまえて、三好の〈抵抗＝非暴力〉論を評価した天野恵一は、竹内の評価を「この時代の三好の発言をめぐる論者の中で、おそらく最良のもの」としながらも、「当時の竹内より以上に三好の思想の「プラスの方を大きく」みるべきだったと考えている」としている(天野恵一「〈暴力〉と〈非暴力〉運動の中の、あるいは運動としての」（フォーラム90ｓ研究委員会編著『20世紀の政治思想と社会運動』（社会評論社、一九九八）所収）。
(135) 清水幾太郎「節操と無節操」、『諸君』一二巻一〇号、一九八〇、一〇、五〇頁。
(136) 三好十郎「冒した者」、『著作集』30、九三頁。初出、『群像』七巻八～九号、一九五二、八～九。
(137) 三好十郎「抵抗のよりどころ」、『著作集』51、九六頁。初出、『群像』七巻一一号、一九五二、一一。
(138) 同右、九三頁。
(139) 同右。
(140) 同右、一〇二～一〇四頁。
(141) 同右、一〇二頁。
(142) 同右、九八頁。
(143) 同右、一〇四頁。
(144) 同右、一〇〇頁。
(145) 同右、一〇〇～一〇一頁。
(146) 同右、一〇一頁。
(147) 同右、一一八頁。
(148) 三好十郎「民衆の「泣きどころ」」、『読売新聞』一九五五、一、六、六面。
(149) 同右。
(150) 同右。
(151) 前掲「ぼたもち」、一九頁。
(152) 前掲「抵抗のよりどころ」、一〇五頁。
(153) 前掲「ジアナリストへの手紙」、一〇三頁。
(154) 三好十郎「文学に於ける政治」、『著作集』51、二二頁。初出、『文芸』九巻一号、一九五二、一。
(155) 三好十郎「知識人のよろこばしい本務とのろわしい運命のこと」、『群像』一〇巻一号、一九五五、一。
(156) 三好十郎「をさの音」、前掲『三好十郎作品集』第一巻、一〇五頁。

終章

第一節　新たな戦没者遺族運動の始動

一九五七年から一九五九年にかけての遺族運動は「多事多端を極めた期間」となり[1]、それらの懸案について一定の方向性が見出された後、「今後の具体的な展望を切り拓」くために一九五九年六月「機構等刷新特別委員会」が設置された。その委員会で早急に検討されるべき課題の一つが「遺族青少年の育成指導に関する事業」であったことは既に述べたとおりであるが、なかでも「今後の当会にとり最も強力にその解決をはかるべき課題[2]」として答申されたのが、靖国神社国家護持の問題であった。

その方針のもと、再三にわたって日本遺族会内に靖国神社国家護持に関する調査機関を設けて検討を重ねた結果、現憲法下での国家護持は可能であることを主旨とする「靖国神社法要綱（案）」を一九六五年に決定したのであった。それを受けた与党自民党は法案の検討を本格化させるが、憲法二〇条・八九条をめぐる合憲・違憲問題について議論が紛糾し、繰り返し修正案が出された末に一九六九年六月三〇日「靖国神社法案」が国会に提出されたのである[3]。

そして、「靖国神社法案」提出を前にした五月一六日、日本遺族会が中心となって「靖国神社国家護持貫徹国民大会」が日比谷公会堂で開催され、一三〇〇人の参加者を集めたのである。一方で、法案の提出に前後して反対派の運動も盛り上がりをみせ、七月二〇日に同じく日比谷公会堂で開かれた「靖国法案阻止・中央集会」には三〇〇〇名が参加し、その後の示威行進では二名の逮捕者を出すほどであった。(4)

そのような中で、新たな遺族運動体として「キリスト者遺族の会」が結成されたのである。その組織結成が、靖国神社国家護持を強力に推進する日本遺族会に対して、反対の立場にある遺族の存在を明確にすることを目的とするものであったことは、結成の任にあたった吉馴明子の発言からも明らかである。

靖国神社法案が、だいぶ問題になりましてから、私は、いちおう反対だということを声明していました。けれど、日本遺族会が賛成しているという名目が出てくるのが、すごくシャクなので、遺族の中でも反対しているということをハッキリさせなければいけないんじゃないかと、教会の祈祷会のあとで話したんです。そこで、そうだ！ぜひやろう、ということになったわけです。(5)

その二月一九日におこなわれた日本キリスト東京告白教会での祈祷会の後、「趣意書」が各方面に配布され、早くも四月一八日には正式な発会に至ったのである。それは当初、「会員一四名、献身的な牧師を含めて会友一七名」からなる、まさに「超ミニ団体」での出発であったが、その結成が全国紙で報じられるなど、「靖国闘争の中での一つのニュース性を帯びた事件であった」ことは間違いない。(6)

そして、その会の目的は明確であり、「靖国神社国営化反対の運動」が規約にもはっきりと打ち出されている。しかし、メンバーがキリスト者遺族であったことから、時として「一つの宗派、団体という形をとると、その教義やイデオロギーに支配され、人間らしい感情が見失われがちである」(7)といった批判を受けることが少なくなかった。

そのような批判に対して発起人の一人である西川重則は、組織結成の端緒として「遺族の在り方について、百八十度の転換をなすべき必然性に気づくに至った」ことをあげながら、以下のように述べている。

一言で尽くせば、被害者意識から加害者意識への転換が、私たちの在り方を決定したのである。この偽りない悔改めの思いが、同じ遺族でありながら、日本遺族会の立場とは根底から対立するに至った第一の理由である。この時から、遺族の在り方をめぐって真向から対決すべき二つの遺族会が生まれたのである。(8)

つまり、没個性化された「英霊」としての「戦没者」が、それぞれ「殺し・殺される」兵士であったことが自覚されたとき、戦没者遺族としての運動もまた画一化された英霊顕彰運動からの脱却を余儀なくされたのである。そこでは、当然のことながら加害者としての「戦没者」の存在が「深い悲しみと悔恨の心をもって」確認されると共に、その加害責任をもたらした天皇の戦争責任を追及する姿勢が示されている。

わたくしたちは、過去の戦争が天皇の名によって宣戦され、愛する者は天皇の名のもとに殺されたことを忘れず、その責任を追及する者として、この天皇が公式に戦没者の「慰霊」式典に参拝・参列することを拒否します。(9)

このことは、先に述べた全国組織結成以来の遺族運動と天皇との密接な関係性を主体的に拒否する決意を明らかにしたと同時に、同時期の戦後象徴天皇制への国民的支持と結びつけた靖国擁護論に対しても、独自の戦没者遺族としての立場を表明するものであったといえる。(10)

さらに、反戦と切り離され、英霊精神と結びつけられた平和について、「もちろん日本遺族会が平和を願っていることを否定はしない」としながらも、「しかし、平和は願っていても実現し得ない。平和は造り出されるものである」としたキリスト者遺族の会の主張は[11]、以下の日本遺族会の主張とは似て非なるものであった。

日本国民が、口先だけで「平和」を願っているとは思わない。（中略）平和とは献身と犠牲を要求する事業である。平和に徹し、真剣に平和のさきがけとなろうとする日本国民の、「みたま」に対する誓いのあらわれとして靖国神社国家護持問題の今日的意義があるといわねばならない[12]。

両者同様に平和のための行動を促しながらも、平和を実現する不可欠の要素として「みたま」＝「戦没者」が体現した「献身と犠牲」を求める日本遺族会に対して、その「献身と犠牲」そのものを拒否することによって平和を造り出そうとするキリスト者遺族の会の決意こそ、同じく戦没者遺族としての運動でありながら、両者を隔てた最大の争点であったといえる。

しかし、一見両者の断絶は決定的でありながら、一致できる点は存在するとキリスト者遺族の会初代実行委員長の小川武満は述べている。それは「靖国神社に参拝し、その国家護持を願っている遺族」を支える、「再び遺族の悲しみを味わわしてはならないという平和に対する切なる祈り」であり、一方で、「戦没者の死を、天皇のため、国のための名誉の戦死として、これを肯定し、誇りとする遺族の心情」にこそ、「戦争肯定の方向に遺族を導く危険」が存在しているというのである[13]。

確かに、遺族としての戦争忌避・反戦意識と国家のために生命を捧げた行為を絶対視する姿勢の間には少なからぬ葛藤が存在し、ときには戦争責任追及の試みを封じるものでさえあったということは第四章で既にみたとおりである。その意味では、たとえそれが受難であっても貢献であっても、「天皇のため、国のため」を無条件に受容するか否かが、「戦没者」像をめぐる戦没者遺族運動の分岐点であったといえるのではなかろうか。

そして、「キリスト者遺族の会」機関紙に掲載された以下の文章は、キリスト者遺族の会による運動形成初期における国家の位置づけについて示唆的であるばかりでなく、反戦・平和を戦争体験から得た唯一無二の核として、愛国心をも対象化するに至った三好十郎の姿勢が、決して一知識人の営為にとどまるものではなかったことを示すものであったといえる。

キリスト者遺族の会につらなるキリスト者遺族は、国家そのものに批判的に連帯し、そこで、国家からの自由によって、真の国家形成に向かって、新しい道を切り開いて行くことができるであろう(14)。

そこでは、「真の国家形成」を志向する限界は存在しながらも、新たな遺族運動の目指すべき課題として国家との批判的な対峙の必要性が明記され、それによって得られる「国家からの自由」によって既存の遺族運動の方向性を克服しようとする決意が示されたのである。それはつまり、三好がその作品において戦没者遺族に期待したとおり、新たに形成された遺族運動において、国家との対峙の必要性が明確に自覚されはじめたことを示すものであったということができる。

第二節　戦没者遺族運動と三好十郎の反戦・平和論

戦後日本における反戦・平和の乖離によって成立した「戦没者」像に対して、その乖離を鋭く見抜き独自の反戦・平和論を展開した知識人・三好十郎の存在は、いわゆる大衆運動としての戦没者遺族運動にとっていかなる意味を持ち得たのであろうか。「素朴なるもの」、「平凡な人たち」としての戦没者遺族の存在に期待を示しながらも、一知識人としての自身の主張と戦没者遺族を含めた大衆との隔絶を前に、その克服の可能性について語った三好の言葉は明解であった。

真の知識人について三好は、全体のためにする意識をもって「認識し、受容れ、疑惑し、混乱し、格闘し、消化し、同化し、統一する」という果てなき永久運動[15]をおこなう知識人も、ただ自己に奉仕するだけの目的で永久運動を繰り返す知識人も、結果としてその両方共が全体のために永久運動をおこなったと考える。

> 最も極端にエゴイスティックなエゴイズム哲学者でさえもが、その根幹に於てエゴイズムとは正反対の動機から哲学を掘り起して来ている。自己の属している全体を常に忘れ得ない性質がインテリゲンチャの大前提だ。と言うよりも、全体を全く度外視しては何事もなし得ないのがインテリゲンチャだと言うのが当っていよう。[16]

つまり、意識するしないに関わらず、必然的に自己の属する社会全体に根ざした永久運動を続ける一方で、社会や他人のために無理に自分の欲望を抑制するのではなく、自身の中身を豊かにしていくことが、結果として社会や他人への奉仕へと結びついていく姿こそ、真の知識人の姿であると三好は考えたのであった[17]。

しかし、社会や他人への奉仕は、決して社会や他人への無批判な埋没、受容であってはならない。特に三好においては、マルクス主義との訣別後、戦場における兵士の姿、戦没者の姿に「自我の発現」と「真の強健さ」を見出し、その礼賛と信頼の末に、なし崩し的な戦争協力がもたらされたという過去があったことは既に確認したとおりである。それもまた、社会や他人への奉仕を夢みた弱くて脆い知識人＝「腰ぬけインテリ」[18]の、自己満足と傲慢さの裏側にある一般大衆に対する劣等意識の産物であったことは明らかであった。

それ故に、敗戦後に再生を果たしつつあった三好が、同時代を生きる一般大衆を語る言葉に一切の手加減は無かった。例えば、「正月に宮城に集まるおびただしい数の市民」のみならず、「念仏のように解放を叫んできた共産主義者」の中にも、「権威あるものからの統制や支配」を望む傾向があることを直視し、絶対主義的支配者を生み出す原因の半ばが「彼から支配されることを欲した大衆」にもあることを繰り返し述べていた[19]。そして、その大衆のセンスは長い時代を通じて概ね誤らないことを認めたうえで、その根拠を以下のように分析したのである。

大衆は昔も今もそしてたぶん将来も共に衆愚にすぎない。ただ大衆は生きつづける。（中略）大衆のセンスが誤らないのは大衆がいつまでも生き残っていくという事実が生む当然のメリットの一つにすぎない。逆にいうと、長い時代を生きつづけさせて始めて「英知」のようなものを発揮するのが大衆だ[20]。

一方で、流動する世論に一喜一憂し、世論こそが英知であり正義であると考えるのは人道主義的な感傷に過ぎないと断言したのは、その感傷によって戦時下における腰ぬけの屈辱と自虐を経験した、三好自身の生々しい告白であったことは明らかである。

そして、あえて「衆愚」という挑発的な言葉を使用したのも、世論・大衆への無批判な従属もまた知識人が陥る傲慢さと自己満足の裏返しでしかなく、いわば「民衆を愛すると叫ぶ者は、もっとも民衆を軽蔑する者[21]」であるという確信がそうさせたのではないだろうか。だからこそ、「衆愚は「愚」なりに生きのびていくための道を自分たち自身で見つけださなければならない[22]」と、政治家や多弁饒舌な「腰ぬけインテリ」によって引き廻されることのない、自立した大衆を求めたに違いない。そのような自立した大衆こそ、既にみた「美しい人」や「ぼたもち」で描き出されたような、美化された「戦没者」像を拒否し、「国家への献身」をも拒否し得るような戦没者遺族の姿であったといえる。

それでは、自立して生き続ける一般大衆に対して、果てなき永久運動を本務とする真の知識人が果たすべき役割は残されているのであろうか。その役割こそ、あらゆる性急な判断の回避、つまり「判断保留」であるとして、三好は知識人と大衆の関係性についての一つの到達点を提示したのであった。

判断保留が何故知識人の「最も貴い機能」とされるべきなのかを語る前提として、三好は本来的な判断の困難さと現代社会特有の困難さの二重性を明らかにする[23]。何が真実であるか、何が白であり黒であるかの解剖が本来的に困難であることはいうまでもないが、現代社会においてはそれに加え、マスコミによる影響が益々判断の困難性を増幅させている。観念的にはマスコミの怖さを十分に理解していながら、容易にその催眠術の虜となってしまう現実は、全ての報道が内包している歪みと真実を、あらゆる角度・立場から公平冷静に分析することの難しさを示して余りある。例えば、自由主義系の報道に対しては頭から疑ってかかる一方で共産主義系の報道は全てを鵜呑みにする姿勢、その正反対の姿勢などは、重層的なマスコミ支配の好例であると三好は考える。そして、現代社会に生きるかぎり、そのマスコミ支配からは絶対に逃れることはできないのである。

以上のような判断にともなう二重の困難を確認したうえで、戦後十年間における内外の事件や情勢（朝鮮戦争や三鷹・松川事件、平和問題をめぐる両陣営の対立関係など）に対する知識人の判断や対応を見直した際、浮き彫りになるのは代表的知識人の下した判断の「すばやさ」であった。それらのすばやい判断の特色について、三好は以下のように述べる。

そのすばやさには根拠が薄弱であったばかりで無く、どんな判断をくだしても自身が身を以て責任をとる必要が無い、又は自身がそのことからどんな危険をも受けるおそれが無い場合や無い程度に於てすばやかったと言う特色があった。[24]

そのような特色に加え、風に吹かれた草木がその時々の風の方向へ一斉になびくように「一辺倒」したすばやさであったと、その全体像を概括して見せたのである。その一方で、「私にはよくわからない」、「材料が不足しているから自分には判断をくだす力がない」といった知識人が少なかった点にふれ、文字通りわからなかったり判断力が無いことは情けないことではあるが、不十分な根拠で判断を下す者よりは数倍ましと評価する。[25]

概してインテリの場合には、性急に真相がわかったものとして判断を下す者よりも、それをわからないとして判断をためらっている者の方が、客観的には正確な判断に近づいている。又は少くともやり方次第では近づき得るという関係がある事を見忘れてはならぬ。[26]

そして、根拠薄弱のままにすばやい判断を下す知識人の行為を「社会的に有害な毒を振りまく」行為と断言したのは、生き続ける大衆に対する知識人の優位性を、明確に否定するものであったに違いない。

さらに問われるべきは三好自身の判断保留の実践方法についてであるが、その際の参考となるのが、政治と芸術の関係について述べた次のような見解である。三好によると、「芸術は政治より波長が長い」ため、「期間を短く区切って考へると、時に依って芸術と政治的必要とは一致しない」という。[27] この主張は、戦時下における政治的要求への迎合を批判するための論旨であったが、時代の動きや政治の流れへの表面的な即応を拒否しようとする姿勢は、敗戦後に至るまで変わることはなかった。そして、あくまで芸術の波長や美の条件に忠実であろうとすればするほど、判断を限界まで引き延ばそうとする結果となり、その判断保留こそが芸術を生みだす仕事と同義であると三好は考えたのである。

芸術の仕事、又芸術作品が、我々人間すべて乃至は社会にとって、非常に有益であると言うことは判断保留と言う意味に於てほかなりません。[28]

つまり、劇作家である三好十郎にとっては、劇作という自身の仕事に勤しむ姿そのものが判断保留の実践となり、劇作の発表を通じてはじめて、知識人としての永久運動の成果を社会や時代の人々全体に還元することが可能となったといえる。それ故に三好は、劇作の仕事そのものが「そっくりそのままで角度をかえてみれば抵抗の姿そのものであったというふうにありたい」とその可能性を明らかにし、最期の最期まで劇作家であり続けることに「冷たい確信」すら持つことができたのではないだろうか。[29]

そして、芸術の波長が必要とするような判断保留が長い時代を生き続ける大衆にこそ有益に働き得ると考えるならば、真の知識人による判断保留は社会や時代の人々への貴重な貢献であるといえ、自身の反戦・平和論もまた大衆に対して性急に強要されてはならないことを、三好は自覚していたのではないだろうか。

第三節　「戦没者」像に内在した「虚妄」

敗戦後の占領政策が開始された直後、三好十郎は「占領軍の日本支配」について以下のように述べていた。

アメリカは勝者であり日本は敗者である。そして勝者と敗者の間には、命令と服従が存在するのみである。（中略）敗戦国に自由は存在しない。現在、われわれに与へられてゐる、又今後与へられるであらう自由は、すべて虚妄の自由である。又は錯覚による自由である。従ってそれは自由では無い。[30]

そして、「日本の支配者層、文化人、進歩的分子の大部」が、その「虚妄の自由・錯覚の自由」の上に立って踊ろうとしている状況に「日本の低劣さ」を見ながらも、「武器に依る抵抗」は「為さぬ方がわれわれの幸福である」と断言した。[31]

その三好と同様に、「戦後民主主義」「占領民主主義」を虚妄として喝破し、「日本の「進歩的」な戦後思想ならびに「保守的」な戦後政治の双方が、ともに宿している虚妄を衝[32]」いた大熊信行の分析・批判は、第三章で明らかにした「愛国心論争」にとどまらなかったのである。

大熊は、自身の戦争協力の経験から、国家主権の核心を「武力を独占し、外にむかって戦争を遂行する権利であり、内にむかって国民ひとり残らずに忠誠服従義務を強制する権利[33]」にあると結論づけた。その上で、軍備を廃止し、交戦権を放棄した戦後の平和憲法下においては、忠誠服従義務の頂点を形づくる徴兵制度も存在しないため、国民は「国家の存在と自己の存在との緊張関係についての意識[34]」を喪失してしまったとする。その結果、「戦後の日本人の「平和思想」を、いわば思想性を欠いた、無性格なもの[35]」にとどめてしまい、愛国心論争もまた論争的発展が望めない状態となってしまった。それに対して大熊は、一つの解決策を提示している。

愛国心の問題が幸いに「お国自慢」の域にとどまっているのならば、厳粛または苛烈な実践の論理などという問題は、すぐさまでてこない。愛国心の論議が実践の論理をふくみあげた瞬間こそ、忠誠問題がその核となる瞬間である[36]。

確かに、先にみた「英霊精神に関する報告書」でも、愛国心は「世界の平和につながるように拡充して実践されなければならない[37]」とされながらも、「いよいよ戦争が起きそうになったら、又、戦争が起きてしまったら、自分はどうするか、自分の団体はどうするか[38]」まで踏み込んだ実践論は明記されていない。その一方で「戦没者の死の意義」が強調され、それを「現代に調和させて新しい秩序を作り出すこと」が目標とされるとき、忠誠服従義務の継承は明らかであった[39]。

つまり、反戦・平和の具体的な「実践の論理をふくみあげ」ない平和憲法の尊重や、忠誠服従義務の対象化を経ない「戦没者」像と平和の接合こそ、戦後日本における反戦と平和の乖離、そして反戦思想の空洞化をもたらした最大の要因であったと考えられるのである。

そして、大熊は「骨なし平和主義」が蔓延する戦後日本社会において、真の平和主義者たるべく以下のような条件を提示したのであった。

平和主義者とは、国家のために死ぬ道をこばみ、国家によって殺される道をえらぶ人間のことである。この一つの定義を、にわかに変更することはゆるされない。(40)

この姿は、「まだしも人を殺すよか、人から殺される方がええぞ」として頑なに再軍備を拒み続けた三好作品の老農婦おりきの姿に通じるものであったが、それを一人の戦没者遺族であるおりきに主張させた三好の判断は、反戦・平和の主体が模索されるなかで見過ごされるべきではなかったように思われる。それに対して、「国家、民族のため身命を捧げた」「戦没者」像はまさに対照的といえるものであったが、その「国家のため」について大熊は、さらに踏み込んだ見解を示している。

〝くににつくす〟ことの意味内容の再検討と、その可否を明らかにすることが必要である。また、国民の忠誠の情緒と国家の権力意志とが内包している非合理な暗い要素を、どこまで理性的に処理しうるかを問うことが必要である。(41)

ここにおいて、戦後日本において広く共有された「戦没者」像にとっても、克服されなければならない課題の核心が明らかにされたといえる。つまり敗戦後、意識的に「忠君」と「愛国」が分断されることで「愛国」の正当性は確保され、それによって平和憲法下における「くににつくす」方法は様々な議論の対象となったが、一方で「くににつくす」行為自体の絶対性は揺らぐことはなかった。その結果、戦没者の死が「受難」であっても「貢献」であっても、戦没者の「くににつく」した側面が評価の基軸とされるかぎり「戦没者」像もまた不可侵の存在となっていったため、反戦・平和を強く望みながらも、「くににつくす」行為自体の絶対性が問われない限り、戦没者遺族の葛藤は避けられなかった。

また、平和憲法成立のための不可分条件となった象徴天皇制への移行によって、戦後平和の象徴的存在としての役割をも担った昭和天皇の存在は、引き続き「国民の忠誠の情緒」を統合する機能を果たすとともに、平和への希求精神が強調されることで「国家の権力意志」の表出を緩和する役割を果たしたことも、既にみた靖国神社と昭和天皇、遺族運動と昭和天皇の関係性からも十分理解できる。

以上のことからも、戦後日本における反戦・平和の乖離、平和憲法の空洞化を自覚的に認識するためには、〝くににつくす〟ことの対象化、国家そのものの対象化が必要となることは明らかであろう。そして、新しい愛国心を「戦没者」像のなかに見出した遺族運動に対して、絶対的な反戦・平和を貫くために大熊が達した愛国心の姿が、その対極に位置するものであったことはもはや必然であったといわざるを得ない。

盲目的な国家意志が、戦争に突入しかねないとみたとき、これに抵抗して参戦を拒否するという行動は、かりに一見して違法であるとしても、個人としての人間が、いわゆる抵抗権の根拠に立って、国家原理の発動を阻止する行動だとみなければならぬ。……およそ戦争とむすびつかない、新しい愛国心の発動といえば、それはこの場合にもみられるように、多くは国家主権にたいする抵抗の姿をとらざるをえないのではあるまいか。これがわたしの愛国心に関する省察の一つの到達点である。[42]

「国家主権にたいする抵抗の姿」に新しい愛国心の核心をみた大熊の主張は、自身の反戦・平和を貫くため、「どこの国のだれが私に武器を持たせてくれても、ていねいにことわって、それを地べたに置く[43]」とする抵抗の姿勢を明らかにし、「ことさらに天皇や修身や国旗や君が代などを持出して何かのためにする愛国の論をなす者[44]」への警戒を促した三好十郎にも共有され得る内容であったに違いない。

しかし、共にガンディーの非暴力による暴力への抵抗を評価しながらも、現実政治への抵抗のあり方については、「現実政治からの離脱による現実政治への抵抗」を主張した大熊に対して、[45]三好は「政治」から自由になる道は「根こそぎ政治的になる以外」にないとした。[46]それは一見対照的ともいえる主張ではあったが、「本来あるべき〈遺族の思想〉」の一つとして「体制依存からの自由の思想」を提起したキリスト者遺族の会・西川重則の問題意識を知るとき、[47]「根こそぎ政治的になる」功罪も「現実政治からの離脱」の危険性も決して二者択一のものではなく、個人においても運動体においても極めて重要な課題であったことが理解でき、より一層の検討が必要であるといえる。

第四節　成果と課題

以上、本書では戦没者遺族運動における「戦没者」の再評価過程に注目することにより、敗戦後の日本社会が平和憲法を基調として共有した反戦・平和の実相について解明を試みてきた。

序章において示したとおり、一九六三年の「全国戦没者追悼式」に際して既に、「戦没者を「平和国家の人柱」として国が改めて追悼することは遅きに失した[48]」として、「戦没者」の存在が「平和国家」と結びつけて語られているにもかかわらず、「戦没者」のいかなる要素が追悼されなければならず、いかなる要素が感謝[49]されなければならないのかについて、これまで具体的に明らかにされることはなかったのである[50]。

その「戦没者」の評価について、敗戦によって失われた物質的・精神的処遇改善を求めてその形成期から積極的な発信を続けたのが戦没者遺族運動であった。敗戦によって勝利を絶対条件とする「戦没者の再生産構造」が崩壊し、「戦没者」＝「英霊」としての位置づけを失った戦没者遺族は、軍国主義の温床として打ち切られることになった遺族補償の復活を求めて、占領軍に対して自らの運動の正当性を示さなければならなかった。そこでは何より、「戦没者」やその遺族が軍国主義とは無縁であることが繰り返し強調されたが、それに加え、敗戦後においても戦没者遺族に対する国家補償が為されるべき根拠として、日本国家の連続性が確認される必要があったといえる。

そのような状況を背景として、第一章では戦没者遺族の組織化において先駆的役割をはたした戦争犠牲者遺族同盟（以下、遺族同盟）に注目して分析を試みた。敗戦の混乱の中からの始動を余儀なくされた遺族同盟は、主に戦争未亡人を中心として組織化が進められた。その組織名においても戦争犠牲者が明示されたとおり、遺族同盟は戦没者遺族＝犠牲者としての自覚を重視し、犠牲者＝受難者と殉道者＝貢献者の相違を明確に示すことによって、殉死報国を否定し、戦争憎悪、戦争反対の運動方針を打ち出したのである。つまり、遺族同盟は占領下における戦没者遺族の組織化を可能とするために、「戦没者」が戦争による犠牲者であることを明確に打ち出し、さらには戦争による犠牲の意味には二種類存在し、受難者としての評価と貢献者としての評価は峻別されるべきことまで言及されていたのである。それは軍国主義の復活を警戒する占領軍への配慮であったことは明らかであるが、敗戦により「英霊」としての位置づけを失った「戦没者」の存在が、犠牲者としての側面に焦点が当てられることにより、新たな評価軸が与えられたことを意味していたのである。

しかし、戦争未亡人を中心として組織された遺族同盟は、生活擁護闘争を運動の主軸として掲げ、同時期に高揚した革新勢力による民主統一戦線への関心を示したため、組織内部の批判が高まりをみせるようになる。そして、遺族同盟第二回地方代表者会議において日本共産党員による「天皇制廃止」のアジ演説を契機として分裂状態に陥り、遺族同盟が主導する全国組織化は頓挫することになった。そこに、遺族同盟の左傾化傾向に対する反発があったことは間違いないが、それに加え、「夫や父や兄弟や倅が犬死にとなつてしまつて精神的矜持が崩れ落ちた[51]」といったような、「戦没者」の位置づけを犠牲者＝受難者の側面に限定させようとした遺族同盟の方向性が受け容れられなかったことが底流として存在していたことを見落としてはならない。

その一方で、遺族同盟における分裂騒動後、新たな全国組織化に向けた動きの求心力となったのが天皇の存在であった。敗戦後も存続を認められた天皇の存在によって、日本国家の連続性が証明され、その連続性を根拠として戦没者遺族運動は国家補償を求める正当性を主張することが可能となったといえる。さらに、天皇の存在によって日本国家の連続性が守り得たということが「戦没者」の功績として位置づけられることにより、「戦没者」に対して国家の連続性を守った貢献者としての再評価を可能にする道が開かれたということができる。

第二章においては、全国組織として成立した日本遺族厚生連盟（以下、厚生連盟）が直面した、占領軍からの厳しい警戒・監視の下での活動内容の変化を明らかにした。全国組織結成当初、「誉レノ遺族トシテノ矜持[52]」を重視し、戦没者遺族としての特別な援護を求めた厚生連盟であったが、組織としての財団法人申請が却下され挫折を余儀なくされる。その結果、占領下における遺族運動はＧＨＱ指令に反しない範囲で行う必要性を痛感し、以後はその方針を大きく転換することになる。具体的には、戦没者遺族の特殊性について犠牲者＝受難者としての側面が特化して主張され、「戦没者」の位置づけもまた「多く国家の強制による公務[53]」であったことが強調され、共に犠牲者＝受難者としての立場から国家補償を求める論理が展開される。それは、先の遺族同盟によって示された「戦没者」像と共通するものではあったが、新たに示された「戦没者」が「新しい平和日本の礎」となったとする位置づけは、日本国家の連続性を前提とした単なる犠牲者＝受難者としての評価を克服する可能性を示すものであった。

そのような遺族運動による「戦没者」像の模索は決して孤立したものであったわけではなく、敗戦後廃止の危機に直面した靖国神社からも、同様に犠牲者＝受難者としての「戦没者」像、そして新しい平和国家との関係性が示されたのであった。そこでもまた、「戦没者」の受難者としての側面だけではなく、貢献者としての評価の可能性が明示されており、そこに敗戦を経た占領下において保守勢力が守ろうとした「戦没者」像を読み取ることができる。

そして、占領下における「戦没者」像の模索が講和・独立直前の愛国心論争と結びつき、再び求められる愛国心の象徴的存在として「戦没者」が位置づけられる過程を第三章において明らかにした。占領下における愛国心論争では、保革両陣営の代弁者がそれぞれの論理で定義した愛国心の正当性をめぐって論争を繰り広げたが、愛国心そのものの存在を問う主張は皆無であった。そのような中で、「戦没者」の示した愛国心こそ、独立後の日本に不可欠となる愛国心であったとの主張が展開されるのである。そして、独立直後の「全国戦没者追悼式」において、首相をはじめとする政府関係者から「戦没者」が公式に「平和の礎」として位置づけられ、はじめて戦後日本の平和をもたらした貢献者としての評価が可能となったのである。その一方で、敗戦後「戦没者」を想い平和を願い続けた天皇の姿が、占領下における戦没者遺族の労苦と結びつけられることによって、相互補完的に占領政策による受難者としての立場が再確認され、誰よりも平和を願い日本再建を願う存在として位置づけられるようになったと考えられる。

「平和の礎」として確立された「戦没者」像は、独立後に建設の決まった「無名戦没者の墓」（以下、「墓」）をめぐる議論を通じて、より具体的な評価軸が示されるようになる。それは「墓」に納められるべき「戦没者」の範囲について交わされた議論から明らかになるが、第四章における分析によって、その議論が保革両陣営の対立構図を超え、「戦没者」の「国家への献身」について肯定的評価が共有される経緯が明らかとなった。そこでは、戦争に対する評価を回避することで保革両者の「戦没者」像共有が可能となったが、それは占領下において靖国神社によって示された「戦没者」像においても同様の手法が用いられていたのである。そして最終的には、戦争における死者は等しく「国家への献身」として評価することができるとの主張まで現れることで、もはや「戦没者」は犠牲者＝受難者としての存在から、「国家への献身」こそが評価の対象となる貢献者としての存在へと、その位置づけを変化させていったといえる。さらに、一九五六年に提出された自民、社会両党それぞれの靖国神社法案においても、「戦没者」の「国家への献身」が自明の前提となり、それに対する「国民の感謝と尊敬の念」を求める論理は共通していたのである[54]。つまり、戦没者遺族運動によって主導された「戦没者」像の再評価は、広く国会の場においても、保革両者の対立を超えて受難者としての側面より貢献者としての側面が強調されるようになっていったということができる。

しかし、受難者から貢献者へと「戦没者」像が変化していく中で、遺族運動内では「戦没者」の「国家への献身」こそ時代を超えて継承されるべきものであるとされ、具体的には「戦没者」の犠牲的精神や英霊精神が示されるようになる。そのような「戦没者」像に対して、戦没者遺児から単なる戦前回帰ではないかとの批判が示される。その結果、遺族運動の次世代を担う戦没遺児研修会における議論を経て、「英霊精神に関する報告書」（以下、「報告書」）がまとめられる。その「報告書」で示された「戦没者」像こそ、遺族運動によって再評価の進められた「戦没者」像の到達点であったといえるが、そこでは「戦没者」の存在が戦争の評価と切り離されることによって、国家の「難局に当り、尊い身命を犠牲にした[55]」存在として純化して位置づけられる。そして、そのような「戦没者」の精神＝英霊精神は「自然発生的な素朴な感情[56]」として普遍化され、戦後日本の享受する「平和と民主主義」を守るためにも「戦没者」精神の継承が必要であるとの結論が示されたのである。ここに至り、「戦没者」は国家の危機に際して生命をかけて献身した貢献者として純化され、その精神は時代を超えて継承されるべきものであり、「平和と民主主義」を基調とする平和憲法体制下においても矛盾するものではないことが、遺族運動によって明らかにされたといえる。

しかし、「報告書」において「戦没者」の存在が貢献者として純化されたとはいえ、受難者としての側面が消えたわけではなかったことはいうまでもない。そのような、貢献者と受難者それぞれの評価の狭間で常に揺れ動く存在こそ戦没者遺族であり、そのことが序章冒頭でみた遺族運動に対する二律背反的評価を可能とし、現在に至る「戦没者」認識のダブル・スタンダードの存在を許しているといえる。また、「戦没者」の「国家への献身」が「平和と民主主義」と矛盾するものではなかったことが明らかにされた一方で、「報告書」の中では同じく平和憲法の掲げる反戦、戦争放棄の論理との整合性が明らかにされることはなかったのである。

第五章においては、戦前・戦中から戦後に至るまで、一貫して兵士・戦没者・遺族に注目することで独自の反戦・平和論を確立した劇作家・三好十郎の分析を通じて、遺族運動によって示された「戦没者」像が内包した課題を明らかにした。

プロレタリア作家として出発した三好は、当初、殺し・殺される存在としての兵士を発見し、戦没者やその遺族が「国民では無かった」ことを明らかにして戦争批判を展開した。しかし、マルクス主義との訣別の果てに「あるがままの現実」として戦争を受容するに至った三好は、兵士や戦没者、その遺族による自己犠牲の姿に全幅の信頼を寄せることで、主体的な戦争協力へと踏み込むことになった。しかし劇作を通じて描かれた兵士や戦没者、遺族の姿は、その自己犠牲的側面ばかりが強調される純化された理想像に過ぎず、そのことへの反省が敗戦後の反戦・平和論の確立へと結びつくことになったのである。

敗戦後の三好は、兵士や戦没者、遺族を純化して描くことによって自らが戦争協力へと至った過程を明らかにすることによって、再び戦争協力に陥ることのない拠り所を、戦没者遺族の存在を通じて示そうとした。そこでは、戦争の勝敗とは別に戦没者の受難、貢献を純化して評価しようとする主張に対して、「何故生きて私たちの許へ帰って来て下さらなかった[57]」との遺族の叫びを対置することによって、純化された「戦没者」像の限界を明らかにした。さらに、徹底した反戦、戦争放棄を貫くためには「国を守るため」の戦争をも否定せざるを得ず、そのためには「戦没者」像の中核である「国家の献身」、「国のため」をも拒否しなければならないことを劇作を通じて明らかにしたのであった。

そして、そのような「戦没者」像の内包した決定的な矛盾、「平和の礎」として位置づけられながら反戦、戦争放棄を徹底し得ない矛盾が、共に平和への願いを高唱しながら、決して「国家への献身」、「国のため」を否定することのない保革両陣営の政治的立場に支えられるものであったことを鋭く追及したのであった。そこに、戦争放棄が明記された平和憲法体制下において、平和を守るために再軍備が進められ、平和国家を守るための愛国心の必要性が説かれるなど、反戦と平和の乖離、平和憲法の空洞化を進める決定的な要因があったといえる。

つまり、敗戦後に形成された戦没者遺族運動による「戦没者」再評価の試みは、「戦没者」像における受難者としての側面と貢献者としての側面を段階的に使い分けることによって、運動の推進力として「戦没者」を戦後日本社会に順応させ、戦後日本の「期待される人間像」として位置づける試みであったということができる。そのため、当然のことながら「戦没者」像における二つの側面は決して二者択一のものではなかったが、受難者としての側面よりも、貢献者としての側面をいかにして戦後日本における反戦・平和の論理と矛盾しない形で示し得るかが最大の課題となっていった。それはまさに、敗戦によって崩壊した「戦没者の再生産構造」において、失われた「勝利」の要素が「平和と民主主義」に置き換わることによって、新たな「国家への献身」の再生産構造へと再生を遂げる過程でもあったといえる。その意味では、「国家への献身」さえ拒否の対象となりかねない反戦の論理が、「戦没者」像の再評価過程において平和の論理と切り離された事実は、戦後日本における反戦・平和の課題を明確に示したといえる。

そして、その過程で示された「戦没者」像は、常に同時代の革新勢力の反戦・平和論を許容するものであったことは本論を通じて明らかにしてきた通りであるが、その「戦没者」像の再評価過程そのものが戦後保守勢力の反戦・平和論の形成過程であったことは改めて確認されなければならない。つまり、革新勢力の反戦・平和論に対抗する形で、保守勢力もまた自らの反戦・平和の正当性を繰り返し主張したにもかかわらず、その具体的な論理構造はこれまで十分に明らかにされてこなかった。その詳細が「戦没者」像の再評価を通じて具体化され明確化されていったことは、戦没者遺族運動において示された「戦没者」像からだけではなく、占領下における靖国神社平和論や「墓」建設をめぐる保守系議員の主張からも明らかになったといえる。それらは決して統一された主張であった訳ではないが、それぞれの論旨が「戦没者」像の到達点ともいえる「英霊精神に関する報告書」において統合的に反映されたことからも、戦後保守分析における本稿の成果は明らかである。

以上のような成果を確認した上で、本書における分析を通じて得られた課題と展望を最後に示しておきたい。

戦没者遺族運動において再評価された「戦没者」像は、その後一九六〇年代の靖国神社国家護持運動などを通じて積極的に発信されていくことになる。その際に、中央組織である日本遺族会と各地方組織がそれぞれに果たした相互補完的関係は、組織内における「戦没者」像の共有過程、そして組織外部への発信経路を明確に示すものであった。

なかでも、一九五〇年の第二回参議院議員選挙以降、強力な保守系候補者の支持母体となり、多くの国会議員や地方議員を輩出した遺族運動において、国会議員と地方議員の連携、そして各地方議会における様々な働きかけが、遺族運動の組織的活動にとどまらない「戦没者」像の発信・共有に大きな役割を果たした点についてはあらためて注目される必要がある。

その一方で、靖国神社国家護持運動が全国的に展開される中で、それに反対する動きが「キリスト者遺族の会」として遺族運動内部から形成されたことは既にみたとおりである。それは、戦没者遺族として国家との対峙を明確に意識する運動となっていったと同時に、「国家への献身」の絶対性を克服する新たな「戦没者」像の模索へとつながる可能性を内包する試みであったことは確認されなければならない。

そして、その「国家への献身」との対峙こそが揺るぎない反戦・平和の実践における核心であることを示した三好十郎や、国家への抵抗こそが真の愛国心の姿であると断言した大熊信行の分析は、「国家への献身」を対象化するために多くの示唆を与えてくれるものであった。

しかし、家族と国家をそれぞれ生と死の象徴として位置づけ、人間生命の再生産を機能とする家族に国家の対極をなす価値を発見した大熊は、その家族の集合体としての民族＝「単一民族」としての日本民族に国家解体後の結束を期待するに至り、自家撞着に陥ったといわざるを得ない[58]。それに対して、あくまで臆病者のエゴイズムに依拠しようとした三好の反戦・平和論は、その実践面における知識人と大衆の断絶という課題を残しながらも[59]、「国家への献身」の対象化に向けた展望を示すものであったといえる。

（1）前掲『英霊とともに三十年』、四三頁。なお、その期間の懸案事項として、文官並みの扶助料実現、九段会館の無償貸付への対応とともに、遺族青少年対策があげられている。
(2)『通信』二二五号、一九六九、一〇、三一。
(3)靖国神社法案提出までの詳細な経緯については、前掲『英霊とともに三十年』、前掲『靖国神社問題資料集』、戸村政博『靖国闘争』(新教出版社、一九七〇)などを参照されたい。
(4)前掲『靖国闘争』、四一頁。
(5)「座談会〝キリスト者遺族の会〟の結成を終えて」、『百万人の福音』、一九六九、八、二七~二八頁。
(6)西川重則「キリスト者遺族の会―靖国闘争の総括と展望」、前掲『靖国法案の五年』、二四四頁。また、キリスト者遺族の会の結成は、同年四月一九日付『毎日新聞』にて報じられた。
(7)『通信』二二八号、一九六九、三、一。
(8)西川重則「なぜわれわれは靖国法案に反対するか」、『月刊社会党』通号一七〇、一九七一、四、一一八頁。
(9)「戦没者遺族宣言」(一九七五、八、一五)、キリスト者遺族の会『天皇と靖国神社』(キリスト者遺族の会、一九七六)、六頁。
(10)一九七二年の「靖国神社法成立促進国民大会」において中曽根康弘自民党総務会長は、「天皇が、自民党だけの天皇ではなく、社会党、民社党、公明党、全国民の天皇であられるように、英霊も、社会、民社、公明各党の崇敬する英霊にもしておかなければなりません。それは英霊が又真に望んでおられることであろうと思います。全国民の英霊であり、全国民の讃仰する靖国神社であるべきであります」と述べていた(西川重則「中曽根構想と問題点」、前掲『靖国法案の五年』、三二九頁)。また、一九七五年の調査では、天皇の靖国公式参拝について八〇%が「問題ない」と回答している。
(11)西川重則「キリスト者遺族の会「戦没者遺族宣言」解説」、キリスト者遺族の会編『続「石は叫ぶ」』(キリスト者遺族の会、一九七九)、六一頁。
(12)『通信』一八三号、一九六六、四、一。
(13)小川武満「遺族として思うこと」、わだつみ会編『天皇制を問いつづける』(筑摩書房、一九七八)、二一七~二一八頁。
(14)森平太「キリスト者遺族の会からの問い」、『キリスト者遺族の会通信』第六号、一九七〇、六、三〇。
(15)前掲「知識人のよろこばしい本務とのろわしい運命のこと」。

(16) 同右、一〇三頁。
(17) 若者に向けた言葉のなかで三好は「自分に正直であることが第一」とし、「大事なことは、自分というものの中身をセッセと豊かにして他人への思いやりを次第に広げていくことにつとめて、ひとりでに広い社会や他人に奉仕することが、すなわち自分自身の欲望になるようになることだろう」と述べていた(三好十郎「弟妹たちへの忠告」、『著作集』57)。
(18) 三好十郎「腰ぬけのインテリ」、『著作集』57、七頁。初出、『改造』三五巻二号、一九五四、二。
(19) 三好十郎「自由と解放の敵」、『読売新聞』一九五六、一二、一〇、三面。
(20) 三好十郎「生きのびるための世論」、『読売新聞』一九五四、一二、一八、八面。
(21) 渡辺雅司『美学の破壊―ピーサレフとニヒリズム―』(白馬書房、一九八〇)、一三二頁。ニヒリストに分類されるロシアの思想家ピーサレフについて、利他主義を否定し、エゴイズムを基軸とした革命論の展開に注目した論旨は非常に興味深い。
(22) 前掲「生きのびるための世論」、九七頁。
(23) 三好十郎「判断保留のこと」、『著作集』59、初出、『群像』一〇巻三号、一九五五、三。
(24) 同右、九頁。
(25) 同右、九~一〇頁。
(26) 同右、一〇頁。
(27) 三好十郎「時感二つ」、『著作集』29、初出、『日本映画』六巻四号、一九四一、四。
(28) 三好十郎「二十五時の問題について」、『著作集』10、口述筆記、未発表。
(29) 前掲「抵抗のよりどころ」。
(30) 三好十郎「日記、一九四五年十一月八日」(「戦争日記(完)」、『文芸』二巻一一号、一九六三、一一、二三六頁)。
(31) 同右、二三七~二三八頁。
(32) 大熊信行『日本の虚妄―戦後民主主義批判』(潮出版社、一九七〇)、v頁。
(33) 大熊信行「国家対人間の基本問題」、『人文研究』一一号、一九五八、二、八~九頁。
(34) 大熊信行「平和主義者と国家」、『中央公論』七七巻一〇号、一九六二、九、九〇~九一頁。

(35)大熊信行「国家・戦争そして人間」、『中央公論』七八巻二号、一九六三、二、三五頁。
(36)大熊信行「愛国心―展望と問題点―」『文部時報』通号一〇二三、一九六二、一一、五頁。
(37)前掲「英霊精神に関する報告書」。
(38)前掲「ジアナリストへの手紙」、一〇三頁。初出、『群像』四巻九号、一九四九、九。
(39)前掲「英霊精神に関する報告書」。
(40)前掲「平和主義者と国家」、一〇一頁。
(41)前掲「愛国心―展望と問題点―」、八頁。
(42)大熊信行「愛国心の歴史と本質」、『時』一九六七、二、一四八頁。
(43)前掲「抵抗のよりどころ」、一〇四頁。
(44)前掲「民衆の「泣きどころ」」。
(45)前掲「国家対人間の基本問題」、七頁。大熊はさらに他稿において、「抵抗は権力の奪取を目的」とせず、「非政治的な祖国の観念と超国家的な忠誠目標」の結合が必要であるとした（大熊信行「祖国喪失の日本的状況」、『現代の眼』三巻七号、一九六二、七）。その結果、政治的な国家（国民）と非政治的な祖国を分化するための対抗論理として民族論が示されたが、国家を構成している国民をそのまま民族として絶対化し、日本を「単一民族国家」としたところに、現実政治への埋没がうかがわれる。
(46)三好十郎「文学に於ける政治」、『著作集』51、二二頁。
(47)前掲「遺族の思想」。西川重則は他に、「本来あるべき〈遺族の思想〉」として①平和を作り出す思想、②不義をにくむ思想、③歴史に責任を負う思想の計四点を倫理的課題として提示している。
(48)『朝日新聞　夕刊』一九六三、八、一五、一面。
(49)一九七二年の全国戦没者追悼式において田中角栄首相は、「祖国のために一身をささげられた同胞の愛国の至情こそは、永く後生につたえられ、国を挙げて感謝のまことをささげなければなりません」として、「戦没者」が感謝の対象であることを明言してる（内閣総理大臣官房監修『田中総理大臣演説集』（日本広報協会、一九七五）、一六〜一七頁）。それ以前にも、佐藤栄作首相時代において一九七〇年に一度、感謝の言葉が使用されている。

(50) 一九六三年の全国戦没者追悼式直後には、戦死者の顕彰ばかりがおこなわれる一方で、戦争に対する反省の弁が欠落している点について批判する投書が『朝日新聞』に掲載された。
不思議に思ったのは戦没者に対してめい福を祈るとか、敬弔のまことをささげるというような言葉だけで、追悼する側の反省が述べられなかったことです。特にも驚いたのは遺族代表の言葉で、『国をあげてみなさまに感謝…』と述べていました。何か英雄のように錯覚しているようです。遺族の方には残酷な言い方ですが、結果的に、むだ死に過ぎなかったからこそ、犠牲者を深く追悼しなければならないのだと思います。(『朝日新聞』一九六三、八、二〇、五面)
(51) 前掲「戦争犠牲者運動の黎明期」。
(52) 前掲「福岡県及ビ福岡市遺族状況ノ概貌」。
(53) 前掲「全遺族たちの歴史的な日 連盟一年半の苦節成る」。
(54) 前掲『靖国神社問題資料集』、一二〇頁。
(55) 前掲「英霊精神に関する報告書」。
(56) 同右。
(57) 「(姓不詳 賽銭箱より) 由美子」(一九六一年一一月一五日)、前掲『あゝ靖国神社』、九九頁。
(58) 大熊信行『家庭論』(新樹社、一九六三)。
(59) 三好は、知識人と大衆の生き方の違いについて、「大衆が直接にそして具体的に自身のために生きるのにくらべるとインテリは観念的にそして一般のために生きる」と分析し、両者の断絶を克服するためには「インテリが観念的に一般のために生きるのをやめてみる」必要があると述べていた(三好十郎「ジンナイさん」、『著作集』59、七五頁。初出、『読売新聞』一九五八、七、一五、八面)。

第一に私どもを取りかこんでいる大小さまざまのオウトマティズムを科学的に査察し調査する機関が必要です。それは国内的にも国際的にもすべての政治権力からできるだけ遠く離れてあるのがよい。次に人間性についての広はんな病理学管理がどうしても必要でしょう。そしてそれは特に政治や科学や組織や権力などの要所々々の部署にある人々、つまり重要なボタンやスイッチのそばに坐っている人々を絶えず重要視しなければなりますまい。

絶筆遺稿となった「悪人を求む」(『読売新聞』一九五八年一二月一九日)において、三好十郎は人類滅亡をもたらす核戦争を回避するために不可欠となる二つの条件を示してこの世を去った。人類が核の領域を冒すことによって直面することになった人類滅亡の危機について、まさに最期のボタンが押されるその瞬間にまで思いをはせながら綴られたその警鐘は、決して過去の言葉としてはならないように思われる。

まず、人類最終戦争を回避するために用心すべき問題の一つとして、三好は「大小さまざまのオウトマティズム」の弊害に注目する。三好が例示したオウトマティズムによって引き起こされる災害の特徴は、事件のどこを捜しても犯意や害意を持った人がいないということである。確かに三好の示した、ギュウギュウ詰めの満員電車の中、他人を押そうと思う人は誰もいないにもかかわらず、次々と隣から押された末に端の人が怪我や命を落としてしまう例は象徴的であり、まさにその災害を悪とするならば、「それを行った悪人がいない」のである。さらに重大な問題は、その災害に関わった全員に悪意が無かった故に、その災害の結果について直接的な責任を感じる者が誰一人として存在しない点に三好は強く恐怖するのである。

振り返って我々の生きる現代社会においては、三好が生きた一九五〇年代以上にオウトマティズムが「無数にもつれ合って唸りを立てている」ため、日々の日常生活においてオウトマティズムによる災害に巻き込まれる危険性は一段と拡大していることは間違いない。しかしそれ以上に警戒すべきは、合理化や効率化を大義名分として社会の至るところで強力に推し進められるオウトマティズム化政策の現状ではないだろうか。なかでも、住民基本台帳ネットワークシステム（住基ネット）からマイナンバーへの拡大に象徴される行政システムのオウトマティズム化もさることながら、本来であれば幅広い国民の合意を必要とし、慎重な政治決断が求められる政策案件について、オウトマティズム化するための法制度が整えられることによって、なし崩し的にオウトマティズムによる災害の危険が拡大している現実から目を背けてはならない。そして、三好の言葉を借りるまでもなく「災害の中の災害は戦争」なのである。

国際情勢の変化に対応する新たな安全保障法制の整備を進めた現内閣の試みは、戦後日本がギリギリのところで踏みとどまってきた専守防衛のラインを制度的に踏み越えるに至ったといえる。多くの批判を受けながらも強硬に法整備を推し進めようとした原動力には、「切れ目のない、隙間のない、穴のない」安保法制の整備が必要との思いがあったという。つまり、これまでは対応すべき様々な事態が起こるたびに国会論戦で時間を費やし、多くの制限を課せられたうえでの場当たり的な時限立法で対応せざるを得なかったため、いかなる事態にも迅速かつ広範囲に、そして恒常的に対応したいという思惑があったことは間違いない。

しかしそのような思惑以上に確認されるべきは、今後実現した法制度に則って迅速かつ広範囲に、そして恒常的に対応が繰り返されるなかで、海外派兵もまたオウトマティズム化される危険性があるという点ではないだろうか。つまり、戦争放棄の憲法原則を曖昧にしたままでの安全保障法制の整備によって、新たな法制度に基づいた「切れ目のない、隙間のない、穴のない」海外派兵が可能となったということなのである。それは、海外派兵のオウトマティズム化以外の何ものでもなく、たとえ現総理や現閣僚が「戦争に巻き込まれることはない」と繰り返したところで、オウトマティズム化された海外派兵は次の政権、その次の政権においても切れ目なく繰り返され、そのいずれかで戦争に巻き込まれたとしても、そして兵士や国民に被害が及んだとしても、おそらく現総理や現閣僚の責任が問われることはない。それは三好が指摘したとおり、オウトマティズムによる災害の結果について直接的な責任を感じる者が誰一人として存在しない状況そのものであり、それが海外派兵のオウトマティズム化の行き着く末路であるならば、決して座視することの許されない現実に我々は直面しているのではないだろうか。

そして、三好が人類最終戦争を回避するために用心すべき課題の二つ目としてあげたのが、敗戦後「どうしても犯罪者らしく見えない兇悪な犯罪者の数がむやみとふえた」点である。アルベール・カミュ作『異邦人』に登場する主人公ムルソウの姿に重ねあわされるその種の犯罪者たちは、十分な意思も犯罪の動機もなく「思いがけぬ時にびっくりするような兇行を演」じる一方で、実直で極端におとなしく、他に対して悪意を持ち得ない性質の持ち主ばかりであると三好は分析する。その意味では、もはや「善意の人」としか評することのできない人間によって引き起こされる無残な傷害や殺人事件からは、その犯罪の質と重さにふさわしい「悪人や悪意を求めてどこを捜しても見つからぬ」ことに三好は困惑する。

そのような「悪人を求めても得られない」現象と先のオウトマティズムの問題が錯綜し、不幸にも重なり合うことによって引き起こされる災害＝核戦争を回避する方法として示されたのが、じつは冒頭で示した言葉だったのである。しかし、三好は二つの用心すべき課題をそれぞれ独立した課題として分析の対象としたが、じつは両者は決して切り離すことのできない関係にあり、広く社会におけるオウトマティズムの浸透こそが「悪人を求めても得られない」状況を再生産し続けているのではないかと思われてならない。

つまり、先の安保法制の整備について考えるならば、法整備によって海外派兵がオウトマティズム化されると、そのオウトマティズム化された法制度に従って兵士は海外に派遣され、法制度に従って戦争を始める。派遣する人間もされる人間も、あくまで整備された制度に則り行動するのであり、そこには当然ながら悪の意識や動機は存在しない。悪の意識や動機が存在しないどころか、国家によって定められた法規定に従うことは国民の義務であり、その義務を粛々と遂行することが正しいことであり正義であるとの認識の方が広く共有されているのではないだろうか。その結果として、兵士が殺し・殺される存在となり、再び戦争の惨禍がもたらされることになったとしても、オウトマティズム化された日常に身をゆだね、システム化された正義に従属することを是とするかぎり、その結果に見合った悪の意識や動機を見出すことは不可能に違いない。そして、そのオウトマティズム化された正義を信じ粛々と実行するものこそ、ごくありふれた無数の「善意の人」であることを鋭く見据えながら、三好は旅立ったのである。

三好はその「善意の人」が引き起こす唐突な「無邪気な兇行」を警戒し、さらにはオウトマティズムと結びつくことによる災害の深刻化に言及したが、じつは自身の正義や価値観を信じて疑わない「善意の人」だからこそ、その正義や価値観を頑なに貫いた結果として、時に「無邪気な兇行」が実行されるのである。そして、そのような「善意の人」に、無批判に国家を絶対化し、「国家への献身」こそが正義と信じて疑わない人々もまた含まれるであろうことはもはや繰り返すまでもない。

その意味でも、求められるべきは、既存の正義や価値観に安易に迎合するのではなく、常に批判的に検証し得る冷ややかな視線を保持した「悪人」であることは、現代においてもいささかの変りもない。ただ、既存の正義を撃つ悪もまた絶対的な正義たりえないことに、我々は絶えず自覚的でなければなるまい。それが、現代において「悪人を求む」ための心構えといえるのではないだろうか。

本書は、二〇一五年度に筑波大学に提出した博士学位請求論文「戦没者遺族運動にみる戦後平和論の転回―「戦没者」の再評価と反戦・平和の解体―」をもとに、若干の加筆修正をおこない、再構成のうえ刊行したものである。各章の初出は以下のとおりであるが、全体の論旨に合わせ大幅に加筆修正したほか、学位請求論文執筆時や本書刊行に向けて、新たに書き下ろした節も含まれる。

序章　書き下ろし
第一章「戦没者遺族運動の形成と戦後国家への再統合―戦争犠牲者遺族同盟分裂をめぐって―」(『年報日本史叢』二〇〇二、二〇〇二年)
第二章　第一節「戦後国家との関係確立を求めた戦没者遺族運動―占領下の展開と「愛国心」問題―」の一部(『年報日本史叢』二〇〇三、二〇〇三年)
第二節、第三節「戦没者遺族運動を支えた反戦・平和論―犠牲者意識と反戦・平和―」の一部(『日本史学集録』第三一号、二〇〇八年)
第三章　第一節「戦後国家との関係確立を求めた戦没者遺族運動―占領下の展開と「愛国心」問題―」の一部(『年報日本史叢』二〇〇三、二〇〇三年)
第二節「戦没者遺族運動を支えた反戦・平和論―犠牲者意識と反戦・平和―」の一部(『日本史学集録』

第三一号、二〇〇八年)
第三節　書き下ろし
第四章　書き下ろし
第五章
第一節　「三好十郎の反戦・平和―プロレタリア作家時代」(『三好十郎研究』一、二〇〇七年)
第二節　「三好十郎　揺らぐ反戦・平和―マルクス主義との訣別以後」(『三好十郎研究』二、二〇〇八年)
第三節　「三好十郎　乖離する反戦・平和への警鐘―敗戦経験との対峙を経て」(『三好十郎研究』三、二〇〇九年)
終章
第一節　書き下ろし
第二節　「三好十郎　知識人の自立へ向けて―本務としての「判断保留」」(『三好十郎研究』五、二〇一二年)
第三節　「現代と思想家　大熊信行　国家への訣別宣言―「愛国心」の戦争責任を問う」(『季刊　現代の理論』二六、二〇一一年)
第四節　書き下ろし

本研究に本格的に取り組むようになった大学院進学後、博士論文の提出に至るまで様々な壁に直面しながらも、およそ一五年もの間研究を続けてきたことになる。費やした年月を考えるならばあまりにも小さな成果といわざるを得ないが、本書の刊行にまで辿り着くことができたのは、多くの方々からのご指導とご支援をいただけたからこそであったことは間違いない。

まずは、漠然とした日本近・現代史への関心を持つばかりであった私を、研究者の道に導いて下さった千本秀樹先生に感謝申し上げたい。卒業論文のご指導をいただく段階から、史料との真摯な向き合い方、「あたりまえを疑うこと」の大切さを丁寧に教えていただき、大学院入学後も未熟な私を公私にわたって叱咤激励し続けて下さったことは今日に至るまで私の大きな支えとなっている。先生からいただいた学恩は限りないが、なかでも大学院ゼミにおいて劇作家三好十郎との出会いの機会を与えていただいたことは、戦没者遺族運動についての社会運動史的分析に行き詰まりつつあった私にとって新たな分析視角を与えられた画期的な機会となったことを、語り尽くせぬ感謝の気持ちと共にここに明記しておきたい。三好十郎は目指すべき抵抗のあり方として、「自身の生活と仕事にいそしんでいる私の仕事そのものが、そっくりそのままで角度をかえてみれば抵抗の姿そのものであったというふうにありたい」(「抵抗のよりどころ」)という言葉を遺しているが、その言葉に反しない先生の生き様には及ぶべくもないが、その姿勢を目標として今後も生活と研究に精一杯勤しんでいく決意である。

また、大学院時代に厳しくも確かな言葉でご指導下さった池田元先生にも感謝申し上げたい。思想史研究に関して素人同然であった私にとって、大学院における池田ゼミでの経験は、常に緊張感ある議論を通じてその方法論を身につける絶好の機会となっただけではなく、思想を内在的に捉えることの大切さと難しさを痛感させられる貴重な機会であり続けた。ゼミや研究会の後に、コーヒーをいただきながらご一緒できる時間は格別であった。退職後も折にふれ気にかけて下さるお心遣いに感謝申し上げるとともに、これからも「ラディカル(根源的)に生きよ」という先生の言葉を深く胸に刻みながら、直面する課題に対峙していきたい。

前述したように、本書は筑波大学に提出した博士学位請求論文に基づくものであるが、審査にあたっては、主査の千本秀樹先生をはじめ、伊藤純郎先生、中野目徹先生、森直人先生から大変有益なコメントをいただいた。公開審査の際にいただいた遺族運動における中心的担い手への注目や財政分析については本書においても残された課題となってしまったが、それらを含め、同じくご指摘いただいた戦中・戦後日本の連続と断絶についての運動史的分析に、今後も継続的に取り組み更なる深化を目指したい。先生方からは多くのご示唆をいただき、心よりお礼申し上げたい。

そして、国立公文書館アジア歴史資料センターの波多野澄雄センター長をはじめ職員の皆さまには大変お世話になっている。この場を借りてお礼申し上げたい。

そのほか、大学院生として在学し、その後準研究員としてお世話になった筑波大学人文社会科学研究科歴史・人類学専攻の諸先生方や日本語・日本文化学類の先生方にも厚くお礼申し上げたい。また現在、筑波大学総合言語科学ラボラトリーにも研究員として所属させていただき、歴史学分野にとどまらない共同研究への参加の機会をいただいている。そのような共同研究の場を通じて、他分野の先生方から多くの有益な知見を与えられていることに感謝とともにお礼申し上げたい。

本書に収められている論考の執筆過程においては、多くの方々からご協力やご助言をいただいた。なかでも、平和遺族会全国連絡会の井上健様には、平和遺族会設立の経緯など詳しくお話を聞かせていただくとともに、長年大切に保管してこられた戦没者遺族運動に関わる大切な史料や蔵書を拝見させていただいた。その際にお聞きした「遺族運動を続けていくなかで自覚するようになった国家との対峙の必要性」についてのお話こそが、本書の各論考をまとめるにあたって大きな支えとなり続けた。また、三好十郎研究の大先輩である田中単之氏からも絶えず温かい励ましの言葉と助言をいただくことができた。田中氏の三好十郎論は、本書執筆の過程でも常に多くの示唆を与えられるものであっただけではなく、三好十郎研究会を組織いただき、論文発表の機会も与えていただいたことには心より感謝申し上げたい。さらに、聞き取り調査や史料収集の際には、富山県遺族会の皆さまや佐賀県立図書館の史料所蔵機関のご協力をいただくことができた。ここに厚くお礼申し上げたい。

本書の刊行にあたっては、東京外国語大学の友常勉先生のご配慮をいただき、御茶の水書房に出版をお引き受けいただいた。出版事情の厳しい中にもかかわらず、橋本盛作社長をはじめ、皆さまにひとかたならぬお世話とご苦労をいただいた。深く感謝申し上げたい。

最後に、私事ではあるが、家族への感謝をここに記しておきたい。大学進学以来、研究者を目指したいというわがままに対して、物心両面にわたって惜しみない支援を続けてくれた両親に心から感謝したい。また、研究者として歩み続けようとする私をいつも見守り、支えてくれる妻と娘、そして福岡の家族にも心から感謝の意を表したい。

今井　勇

参考文献（著者名順）

①機関紙誌

・キリスト者遺族の会『キリスト者遺族の会　通信』
・滋賀県遺族互助会『遺族の友』
・全国戦争犠牲者援護会『援護』
・全面講和愛国運動協議会『講和新聞』
・戦争犠牲者遺族同盟『戦争犠牲者』
・日本遺族会『日本遺族通信』
・日本遺族厚生連盟『日本遺族厚生連盟会報』
・日本共産党『赤旗』
・日本社会党『月刊社会党』
・平和遺族会全国連絡会『平和遺族会だより』
・福井県遺族会『福井県遺族の友』
・福岡県遺族会『福岡県遺族会だより』
・靖国神社『靖国』
・山口県遺族連盟会『山口県遺族連盟会報』

②遺族運動関係文献

・石川県軍恩連盟事務局長編『石川県軍恩連盟三〇年史』（石川県軍恩連盟、一九八三）
・海老原義彦『百万人の復権大行進―軍恩運動の歴史―』（ぎょうせい、二〇〇九）
・神奈川県遺族会編『神奈川県遺族会二十五年史』（神奈川県遺族会、一九七五）
・キリスト者遺族の会『天皇と靖国神社』（キリスト者遺族の会、一九七六）
・キリスト者遺族の会編『続「石は叫ぶ」』（キリスト者遺族の会、一九七九）
・財団法人福井県遺族連合会編『四十年のあゆみ』（財団法人福井県遺族連合会、一九八八）
・財団法人福岡県遺族連合会編『三十五年のあゆみ』（福岡県遺族連合会、一九八三）
・財団法人山口県遺族連盟編『五十年誌』（山口県遺族連盟、一九九七）
・埼玉県遺族連合会編『埼玉県遺族連合会史』（埼玉県遺族連合会、一九八六）
・自衛隊十年史編集委員会『自衛隊十年史』（防衛庁陸上幕僚監部、一九六一）
・戦没者遺児の青春編集委員会編『戦没者遺児の青春』（滋賀県遺族会青壮年部、一九八五）
・全国戦友会連合会『戦友連十年のあゆみ』（全国戦友会連合会、一九七九）
・同胞援護会会史編纂委員会編『恩賜財団同胞援護会会史』（同胞援護会会史編纂委員会、一九六〇）
・富山県遺族会編『念力徹岩　富山県遺族会四十周年記念誌』（富山県遺族会、一九八六）
・日本遺族会編『日本遺族会十五年史』（日本遺族会、一九六二）
・日本遺族会編『いしずえ　戦没者遺族の体験記録』（日本遺族会、一九六三）
・日本遺族会編『英霊とともに三十年―靖国神社国家護持運動のあゆみ』（日本遺族会、一九七六）
・日本遺族会編『日本遺族会の四十年』（日本遺族会、一九八七）

・斐川町遺族会青年部編『平和の礎』（島根県簸川郡斐川町遺族会、一九八二）
・福岡県遺族連合会五十年誌編集委員会編『福岡県戦没者遺族の五十年』（福岡県遺族連合会、一九九五）
・北海道傷痍軍人会札幌支部四十年史編纂委員会編『傷痍軍人会札幌支部四十年史』（傷痍軍人会札幌支部、一九九三）
・山形県遺族会『山形県遺族会三十年史』（山形県遺族会、一九七八）
・山形県遺族会『山形県遺族会五十年史』（山形県遺族会、一九九五）

③三好十郎著作関係文献

・大武正人編『三好十郎の手帳』（金沢文庫、一九七四）
・八田元夫編『三好十郎覚え書』（未来社、一九六九）
・三好十郎『三好十郎著作集』全六十三巻（三好十郎著作刊行会、一九六〇～六六）
・三好十郎『三好十郎の仕事』全三巻・別巻（学藝書林、一九六八）
・三好十郎『三好十郎の手帳』（金沢文庫、一九七四）

④論文、書籍

・赤澤史朗「社会の変化と戦後思想の出発」、歴史学研究会編『日本同時代史　敗戦と占領』（青木書店、一九九〇）
・赤澤史朗「戦後思想と文化」、中村政則編『近代日本の軌跡6　占領と改革』（吉川弘文館、一九九四）
・赤澤史朗「戦後日本における戦没者の「慰霊」と追悼」、『立命館大学人文科学研究所紀要』八二号、二〇〇三
・赤澤史朗『靖国神社　せめぎあう〈戦没者追悼〉のゆくえ』（岩波書店、二〇〇五）
・赤澤史朗『戦没者合祀と靖国神社』（吉川弘文館、二〇一五）

・天野恵一「〈暴力〉と〈非暴力〉運動の中の、あるいは運動としての」（フォーラム90s研究委員会編著『20世紀の政治思想と社会運動』（社会評論社、一九九八）
・有末精三『ザ・進駐軍　有末機関長の手記』（芙蓉書房、一九八四）
・淡徳三郎「新しい愛国主義のために」、『思索』通号二八、一九四九、一一
・粟屋憲太郎『現代史発掘』（大月書店、一九九六）
・粟屋憲太郎『資料日本現代史２　敗戦直後の政治と社会①』（大月書店　一九八〇）
・粟屋憲太郎「敗戦直後の神奈川県下の動向を示す警察資料」、『市史研究よこはま』第九号、一九九六
・池谷好治「旧軍人援護に関する新聞の論調」、『アジア太平洋研究科論集』No.七、二〇〇四、三
・井口和起「戦後靖国神社の国営化「運動」について」、『日本史研究』通号一二六、一九七二、六
・池田元『日本国家科学の思想』（論創社、二〇一一）
・石田雄『日本の政治と言葉・下　「平和」と「国家」』（東京大学出版会、一九八九）
・板垣正『声なき声』（原書房、一九七八）
・稲垣真美『兵役を拒否した日本人』（岩波書店、一九七二）
・一ノ瀬俊也『近代日本の徴兵制と社会』（吉川弘文館、二〇〇四）
・一ノ瀬俊也『銃後の社会史　戦死者と遺族』（吉川公文館、二〇〇五）
・伊藤智永『奇をてらわず』（講談社、二〇〇九）
・伊藤祐吏『戦後論　日本人に戦争をした「当事者意識」はあるか』（平凡社、二〇一〇）
・今井昭彦『近代日本と戦死者祭祀』（東洋書林、二〇〇五）
・岩田重則『戦死者霊魂のゆくえ』（吉川弘文館、二〇〇三）

・岩本通弥『戦没者祭祀と祖先霊の変容に関する民俗学的研究』（文部科学省科学研究費補助金研究成果報告書、二〇〇二）
・ウィリアム・P・ウッダード『天皇と神道』（サイマル出版会、一九八八）
・大江志乃夫『靖国神社』（岩波新書、一九八四）
・大熊信行「日本の愛国心論争」、『理想』通号二二四、一九五二、一
・大熊信行「国家対人間の基本問題」、『人文研究』一一号、一九五八、二
・大熊信行「祖国喪失の日本的状況」、『現代の眼』三巻七号、一九六二、七
・大熊信行「平和主義者と国家」、『中央公論』七七巻一〇号、一九六二、九
・大熊信行「愛国心―展望と問題点―」『文部時報』通号一〇二三、一九六二、一一
・大熊信行「国家・戦争そして人間」、『中央公論』七八巻二号、一九六三、二
・大熊信行「愛国心の歴史と本質」、『時』一九六七、二
・大熊信行『家庭論』（新樹社、一九六三）
・大熊信行『国家悪』（潮出版社、一九六九）
・大熊信行「祖国喪失の日本的状況」、『日本の虚妄―戦後民主主義批判』（潮出版、一九七〇）
・大嶽秀夫「吉田内閣による「再軍備」」、東北大学法学会『法学』五〇巻四号、一九八六、一〇
・大嶽秀夫編『戦後日本防衛問題資料集』第一巻（三一書房、一九九一）
・大武正人「解説ということで」、『三好十郎の手帳』（金沢文庫、一九七四）
・大武正人『三好十郎論』（五月書房、一九七四）
・大西巨人「三好十郎の詐術」、『群像』八巻九号、一九五三、八
・大沼保昭『戦争責任論序説』（東京大学出版会、一九七五）

・大濱徹也「「英霊」崇拝と天皇制」、田丸徳善、村岡空、宮田登編『日本人の宗教Ⅲ　近代と邂逅』（佼成出版社、一九七三）
・大森実『戦後秘史』全一〇巻（講談社、一九七六）
・小川武満「遺族として思うこと」、わだつみ会編『天皇制を問いつづける』（筑摩書房、一九七八）
・小川武満『平和を願う遺族の叫び』（新教出版社、一九八三）
・小熊英二『〈民主〉と〈愛国〉』（新曜社、二〇〇二）
・粕谷一希『戦後思潮』（日本経済新聞社、一九八一）
・片島紀男『三好十郎傳　悲しい火だるま』（五月書房、二〇〇四）
・神山茂夫「われらは祖国と共に」、神山茂夫編著『日本共産党戦後重要資料集』第一巻（三一書房、一九七一）
・川俣晃自「解説」、三好十郎『三好十郎の仕事』第二巻（学藝書林、一九六八）
・川村邦光『幻視する近代空間』（青弓社、一九九〇）
・川村邦光編著『戦死者のゆくえ』（青弓社、二〇〇三）
・賀屋興宣『戦前・戦後八十年』（浪曼、一九七五）
・神田文人『日本の統一戦線運動』（青木書店、一九七九）
・岸信介・矢次一夫・伊藤隆『岸信介の回想』（文藝春秋社、一九八一）
・岸本英夫「嵐の中の神社神道」、新宗連調査室編『戦後宗教回想録』（新宗教出版社、一九六三）
・北河賢三『戦後の出発』（青木書店、二〇〇〇）
・北村毅『死者たちの戦後誌―沖縄戦跡をめぐる人びとの記憶』（御茶の水書房、二〇〇九）
・木下道雄『側近日誌』（文藝春秋社、一九九〇）

・久野収「二つの平和主義」、『群像』八巻九号、一九五三、八
・久保田芳太郎「三好十郎論」、稲垣達郎監修『現代文学研究叢書Ⅰ　プロレタリア文学研究』（芳賀書店、一九六六）
・熊倉啓安『戦後平和運動史』（大月書店、一九五九）
・郡司淳『軍事援護の世界―軍隊と地域社会』（同成社、二〇〇四）
・倉沢愛子他編『岩波講座アジア・太平洋戦争２　戦争の政治学』（岩波書店、二〇〇五）
・劇団文化座編『三好十郎追悼特集『冒した者』（一九五九）
・小泉信三『小泉信三全集』第十巻（文藝春秋社、一九六七）
・高坂正顕『私見期待される人間像　増補版』（筑摩書房、一九六六）
・厚生省『続々・引揚援護の記録』（厚生省、一九六三）
・厚生省援護局『引揚げと援護三十年の歩み』（ぎょうせい、一九七八）
・厚生省社会・援護局援護課『援護法Ｑ＆Ａ』（新日本法規、二〇〇〇）
・厚生省社会・援護局援護五十年史編集委員会『援護五十年史』（ぎょうせい、一九九七）
・國學院大學研究開発推進センター編『慰霊と顕彰の間』（錦正社、二〇〇八）
・國學院大學研究開発推進センター編『霊魂・慰霊・顕彰』（錦正社、二〇一〇）
・國學院大學研究開発推進センター編『招魂と慰霊の系譜』（錦正社、二〇一三）
・国立国会図書館調査立法考査局『靖国神社問題資料集』（国立国会図書館、一九七六）
・国立国会図書館調査及び立法考査局編『新編靖国神社問題資料集』（国立国会図書館、二〇〇七）
・向坂逸郎「愛国心について」、『前進』通号三五、一九五〇、六
・向坂逸郎「再び『愛国心』について」、『前進』通号三七、一九五〇、八

・佐々木孝丸「「いかりの十郎」第一印象」、劇団文化座編『三好十郎追悼特集『冒した者』（劇団文化座、一九五九）
・座談会「世代の差違をめぐって—進歩的思潮の批判と反批判—」、『世界』通号三二、一九四八
・座談会「愛国心とは何か」、『前進』通号三六、一九五〇、七
・座談会「愛国心の検討—とくに平和の問題との関連において—」、『日本評論』二六巻四号、一九五一、四
・「座談会〝キリスト者遺族の会〟の結成を終えて」、『百万人の福音』、一九六九、八
・塩田庄兵衛「戦後日本の統一戦線運動」、労働運動史研究会編『日本の統一戦線運動』（労働旬報社、一九七六）
・重松俊明「愛国心について」、『日本評論』二一巻一一号、一九四六、一一
・宍戸恭一『現代史の視点』（深夜叢書社、一九八二）
・宍戸恭一『三好十郎との対話』（深夜叢書社、一九八三）
・清水幾太郎『愛国心』（岩波書店、一九五〇）
・清水幾太郎「節操と無節操」、『諸君』一二巻一〇号、一九八〇、一〇
・白川哲夫『「戦没者慰霊」と近代日本』（勉誠出版、二〇一五）
・神社新報企画・葦津事務所編『神社新報五十年史』（上）（神社新報社、一九九六）
・神社新報社編『神道指令と戦後の神道』（神社新報社、一九七一）
・神社本庁編『神社本庁十五年史』（神社本庁、一九六一）
・杉捷夫「平和擁護について私はこう考える」、『新日本文学』四巻七号、一九四九、八
・鈴木聿子編『未亡人たちの戦後史』上・中・下（筑波書林、一九八三）
・戦誌刊行会編『戦没者遺族の手引き（昭和60年版）』（日本遺族会、一九八四）
・総理府恩給局編『恩給百年』（総理府恩給局、一九七五）

・高桑純夫「平和と共にある愛国」、『改造』二九巻九号、一九四八、九
・高島善哉『新しい愛国心』(弘文堂、一九五〇)
・竹内好「知識人の政治参与」、『日本読書新聞』一九五三、四、一三、一面
・竹内好「平和への意志」、『群像』八巻一一号、一九五三、一〇
・竹中労「賀屋興宣と「日本遺族会」の内幕」、『新評』二一巻三号、一九七四、三
・田中單之『三好十郎論』(菁柿堂、一九九五)
・田中伸尚・田中宏・波田永実『遺族と戦後』(岩波書店、一九九五)
・田中伸尚「日本遺族会の五十年」、『世界』通号五九九、一九九四、九
・田中伸尚『「戦争の記憶」その隠蔽の構造』(緑風出版 一九九七)
・田中伸尚『さようなら、国民』(一葉社、一九九八)
・田中伸尚『靖国の戦後史』(岩波書店、二〇〇二)
・千鳥ヶ淵戦没者墓苑奉仕会『千鳥ヶ淵戦没者墓苑創建三十年史』(一九八九)
・千本秀樹『天皇制の侵略責任と戦後責任』(青木書店、一九九〇)
・角田三郎『靖国と鎮魂』(三一書房、一九七七)
・鶴見俊輔「虚無主義の形成」、思想の科学研究会編『共同研究　転向』上(平凡社、一九五九)
・同志社大学人文科学研究所編『戦時下抵抗の研究1』(みすず書房、一九六八)
・戸村政博『靖国闘争』(新教出版社、一九七〇)
・戸村政博『続・靖国闘争』(新教出版社、一九七一)
・戸村政博『靖国問題と戦争責任―続々・靖国闘争』(新教出版社、一九七三)

・戸村政博『日本のファシズムと靖国問題―新・靖国闘争』（新教出版社、一九七四）
・内閣総理大臣官房監修『田中総理大臣演説集』（日本広報協会、一九七五）
・中村直文・ＮＨＫ取材班『靖国　知られざる占領下の攻防』（ＮＨＫ出版、二〇〇七）
・中村政則編『近代日本の軌跡６　占領と改革』（吉川弘文館、一九九四）
・永平和雄「三好十郎論―その「戦後」についてのノート―」、『テアトロ』通号二八七、一九六八、七
・西川重則『靖国法案の五年』（すぐ書房、一九七四）
・西川重則「遺族の思想」、西川重則『靖国法案の五年』（すぐ書房、一九七四）
・西川重則「中曽根構想と問題点」、西川重則『靖国法案の五年』（すぐ書房、一九七四）
・西川重則「キリスト者遺族の会「戦没者遺族宣言」解説」、キリスト者遺族の会編『続「石は叫ぶ」』（キリスト者遺族の会、一九七九）
・西村明『戦後日本と戦争死者慰霊』（有志舎、二〇〇六）
・西村博子『実存への旅立ち』（而立書房、一九八九）
・仁木悦子編『妹たちのかがり火』第一集～第四集（講談社、千書房、一九七二～一九八九）
・野坂参三「民主戦線によって祖国の危機を救え」、『野坂参三選集―戦後篇』（新日本出版社、一九六七）
・波多野澄雄『国家と歴史』（中央公論新社、二〇一一）
・波田永実「遺族運動の形成と展開―講和以前と講和後」、倉沢愛子他編『岩波講座アジア・太平洋戦争２　戦争の政治学』（岩波書店、二〇〇五）
・平田哲男「日本遺族会と「英霊の顕彰」」、『歴史評論』通号三二八、一九八一、一二
・廣津和郎「多難なれども」、『群像』五巻八号、一九五〇

・広川禎秀、山田敬男編『戦後社会運動史論』（大月書店、二〇〇六）
・「平和人物大事典」刊行会編『平和人物大事典』（日本図書センター、二〇〇六）
・平和問題談話会「講和問題についての平和問題懇談会声明」、『世界』通号五一、一九五〇、三
・平和問題懇談会「三たび平和について」、『世界』通号六〇、一九五〇、一二
・藤原彰『日本軍事史』戦前編・戦後編（日本評論社、一九八七）
・婦人公論編集部『この果てに君ある如く　全国未亡人の短歌・手記』（中央公論新社、一九七八）
・本田總一郎編著『あゝ靖国神社』（旅行読売出版社、一九七〇）
・日本文化連合会『愛国心について』（日本文化連合会、一九六四）
・広瀬重夫「日本遺族会」、『自由』一二巻九号、一九七〇、九
・細谷千博、入江昭、大芝亮編『記憶としてのパールハーバー』（ミネルヴァ書房、二〇〇四）
・毎日新聞「靖国」取材班『靖国戦後秘史』（毎日新聞社、二〇〇七）
・牧野修二「浮き出した未亡人問題」、『厚生情報』四巻九号、一九四九、九
・牧野修二「戦争犠牲者運動の黎明期」、『厚生』六巻一一号、一九五一、一一
・増島宏編『日本の統一戦線』上（大月書店、一九七八）
・松尾尊兊「旧支配体制の解体」、『岩波講座　日本歴史　現代1』（岩波書店、一九七七）
・松崎憲三編『近代庶民生活の展開』（三一書房、一九九八）
・水海道美葦会「最近の未亡人のさけび」、一九四九、四、一九
・道場親信『占領と平和』（青土社、二〇〇五）
・三浦永光『戦争犠牲者と日本の戦争責任』（明石書店、一九九二）

・三好まり『泣かぬ鬼父　三好十郎』（東京白川書院、一九八一）
・村上重良『慰霊と招魂』（岩波書店、一九七四）
・森下徹「全面講和の論理と運動―日本平和推進国民会議を中心に―」、広川禎秀、山田敬男編『戦後社会運動史論』（大月書店、二〇〇六）
・靖国神社編『靖国神社百年史　資料編　上』（靖国神社、一九八四）
・矢内原伊作「平和と抵抗」、『朝日新聞』一九五三、三、一五、六面
・矢野敬一『慰霊・追悼・顕彰の近代』（吉川弘文館、二〇〇五）
・山田昭次『全国戦没者追悼式批判』（影書房、二〇一四）
・山本昭宏『教養としての戦後〈平和論〉』（イースト・プレス、二〇一六）
・吉田健二「資料紹介　民主人民連盟関係資料―民主人民連盟の組織関係資料を中心として」、『歴史評論』通号二九八、一九七五、二
・吉見義明「占領期日本の民衆意識」、『思想』通号八一一、一九九二、一一
・吉田裕『日本人の戦争観』（岩波書店、一九九五）
・読売新聞社編『愛国心について』（読売新聞社、一九七〇）
・歴史学研究会編『日本同時代史　敗戦と占領』（青木書店、一九九〇）
・労働運動史研究会編『日本の統一戦線運動』（労働旬報社、一九七六）
・和田進『戦後日本の平和意識―暮らしの中の憲法』（青木書店、一九九七）

人名索引

事項索引

著者紹介

今井 勇（いまい たけし）

1976年香川県生まれ。筑波大学博士課程人文社会科学研究科単位取得退学。博士（文学）。現在は筑波大学・東京外国語大学などで非常勤講師。2017年4月より、国立公文書館アジア歴史資料センター調査員（非常勤）。

戦後《せんご》日本《にほん》の反戦《はんせん》・平和《へいわ》と「戦没者《せんぼつしゃ》」

――遺族運動《いぞくうんどう》の展開《てんかい》と三好十郎《みよしじゅうろう》の警鐘《けいしょう》――

2017年8月10日　第1版第1刷発行

著　者――今井 勇

発行者――橋本盛作

発行所――株式会社御茶の水書房

〒113-0033 東京都文京区本郷5-30-20　電話 03-5684-0751

組版・印刷・製本――東港出版印刷

Printed in Japan　ISBN978-4-275-02068-0 C3021
